吉林师范大学学术著作出版基金资助

先秦儒家礼教思想研究

礼以成圣
礼以安伦
礼以治世

王晶 著

中国社会科学出版社

图书在版编目(CIP)数据

先秦儒家礼教思想研究 / 王晶著. —北京：中国社会科学出版社, 2021.6
ISBN 978-7-5203-8498-8

Ⅰ.①先… Ⅱ.①王… Ⅲ.①儒家—礼仪—哲学思想—中国—先秦时代 Ⅳ.①K892.9②B222.05

中国版本图书馆 CIP 数据核字(2021)第 098106 号

出 版 人	赵剑英
责任编辑	任 明
责任校对	周 昊
责任印制	郝美娜

出　　版	中国社会科学出版社
社　　址	北京鼓楼西大街甲 158 号
邮　　编	100720
网　　址	http://www.csspw.cn
发 行 部	010-84083685
门 市 部	010-84029450
经　　销	新华书店及其他书店

印刷装订	北京君升印刷有限公司
版　　次	2021 年 6 月第 1 版
印　　次	2021 年 6 月第 1 次印刷

开　　本	710×1000　1/16
印　　张	15.5
插　　页	2
字　　数	260 千字
定　　价	85.00 元

凡购买中国社会科学出版社图书，如有质量问题请与本社营销中心联系调换
电话：010-84083683
版权所有　侵权必究

目 录

引 言 …………………………………………………………… (1)
第一章 核心概念及研究范围界定 ……………………………… (3)
  一 儒家、先秦儒家 ………………………………………… (3)
    （一）儒家 ……………………………………………… (3)
    （二）先秦儒家 ………………………………………… (4)
  二 礼、礼教 ………………………………………………… (5)
    （一）礼 ………………………………………………… (5)
    （二）礼教 ……………………………………………… (5)
  三 先秦儒家礼教思想 ……………………………………… (9)
第二章 先秦儒家礼教思想之历史缘起 ………………………… (10)
  一 社会现实：由奴隶制转向封建制的时代背景 ………… (10)
    （一）经济发展 ………………………………………… (10)
    （二）政治变迁 ………………………………………… (12)
    （三）文化激荡 ………………………………………… (15)
  二 理论渊源：由神道向人道的观念转变 ………………… (18)
    （一）原始宗教，"器以藏礼" ………………………… (18)
    （二）"绝地天通"，政教合一 ………………………… (21)
    （三）制礼作乐，敬德保民 …………………………… (26)
第三章 先秦儒家礼教之理想目标 ……………………………… (31)
  一 "礼以成圣"的理想人格 ……………………………… (31)
    （一）理想人格的基本标准 …………………………… (32)
    （二）理想人格的实践序位 …………………………… (47)
  二 "礼以安伦"的理想伦理秩序 ………………………… (49)
    （一）君仁臣忠，非礼不能尊尊 ……………………… (49)
    （二）父慈子孝，非礼不能亲亲 ……………………… (56)

（三）兄友悌恭，非礼不矜不威 …………………………………… (62)
　　（四）夫义妇顺，非礼不敬不睦 …………………………………… (65)
　　（五）朋友有信，非礼不诚不庄 …………………………………… (71)
　三　"礼以治世"的理想政治 ……………………………………………… (75)
　　（一）理想政治的具体模式 ………………………………………… (75)
　　（二）理想政治的实践序位 ………………………………………… (87)

第四章　先秦儒家礼教之基本内容 ……………………………………… (91)
　一　内外兼修：礼仁、礼心、礼法之教 ………………………………… (91)
　　（一）孔子——礼仁之教 …………………………………………… (91)
　　（二）孟子——礼心之教 …………………………………………… (107)
　　（三）荀子——礼法之教 …………………………………………… (114)
　二　形质兼具：礼仪、礼义、礼制之教 ………………………………… (120)
　　（一）《仪礼》——礼仪之教 ………………………………………… (121)
　　（二）《礼记》——礼义之教 ………………………………………… (128)
　　（三）《周礼》——礼制之教 ………………………………………… (135)

第五章　先秦儒家礼教之践履途径 ……………………………………… (145)
　一　以礼修身：修身为齐家治平之本 …………………………………… (145)
　　（一）约礼——传统规俗以约之 …………………………………… (146)
　　（二）知礼——学思结合以致知 …………………………………… (150)
　　（三）践礼——知行结合以磨砺 …………………………………… (155)
　二　以礼齐家：家国一体的社会存在 …………………………………… (159)
　　（一）以"孝"为基点构建家国关系 ………………………………… (160)
　　（二）以"和"为原则维护家国秩序 ………………………………… (164)
　三　以礼治国平天下：德礼同原的建构模式 …………………………… (169)
　　（一）人性向善的道德涵育 ………………………………………… (170)
　　（二）德化政治的思想感召 ………………………………………… (176)
　　（三）礼乐教化的情绪感染 ………………………………………… (180)
　　（四）隆礼崇法的行为规范 ………………………………………… (184)
　　（五）"天下为公"的愿景展望 ……………………………………… (188)

第六章　先秦儒家礼教思想之价值意蕴及现实镜鉴 …………………… (193)
　一　先秦儒家礼教思想的价值意蕴 ……………………………………… (194)
　　（一）实现政治性与伦理化的统一 ………………………………… (194)

（二）实现统摄性与社会化的统一 …………………………（198）
　　（三）实现现实性与理想化的统一 …………………………（205）
　　（四）局限性：固守"家天下"的应然逻辑 …………………（208）
二　先秦儒家礼教思想的现实镜鉴 ………………………………（211）
　　（一）公民层面：性命之理的自觉与超越 …………………（212）
　　（二）社会层面：文明秩序的规范与维护 …………………（215）
　　（三）国家层面："德治礼序"的弘扬与摒弃 ………………（218）
结　语 ………………………………………………………………（222）
主要参考文献 ………………………………………………………（228）
后　记 ………………………………………………………………（239）

引 言

礼是先秦儒家依据人是自然属性和社会属性的统一体这一基本特征，将自然规律（天道）和社会法则（人道）归于合理规范化的价值标准和理论框架。为使人明礼，先秦儒家将抽象的"礼"转化成现实的、可操作的具体实践层面，从而使得以"礼"为内容的"教"最终得以实现。

先秦儒家礼教思想是中国传统文化的逻辑起点与核心观念之一，是中国传统社会关于个人伦理、家庭伦理、国家伦理和宇宙伦理的一整套完备的道德教育理论体系，是中国传统社会特有的与伦理政治思想相得益彰的一种教育思想和教育模式。它经历了漫长的形成发展过程，即：上古时期的习俗传承和周公的"制礼作乐"是其产生的萌芽时期；孔子将"仁"的内在精神赋予外在行为约束的礼制与礼治规范之中，使得礼教的理论得以基本形成；孟子和荀子是孔子礼教思想的继承发展者。有学者指出："儒家礼教思想是儒家教育思想的基础"。从这个意义上说，只有对儒家礼教思想进行全面梳理和系统阐释，才能更准确地把握和理解儒家教育思想。

先秦儒家礼教思想在形成和发展的过程中，逐渐将道德教育与理想教育紧密结合，构建起一个从理想人格，到理想伦理秩序，再到理想政治的逻辑层次严谨的教育价值导向和终极关怀目标体系。首先，先秦儒家从完善人性的角度出发，提出了人之所以为人的不同格位和标准，以及由"志士"，到"君子"，再到"圣人"这一理想人格实践序位的设计和追求，鼓励人们以自我道德现实水平为坐标原点，不断地夯实自身力量，以达成"礼以成圣"的理想人格目标。其次，人的社会属性，决定了人无伦外之人，以礼教伦，以礼安伦，君臣、父子、夫妻、兄弟、朋友之间讲究彝伦攸叙，以达成"礼以安伦"的理想伦理秩序目标。最后，在以个体修身为本"内圣"的基础上，开出"外王"的"王制理想"，并以王道之行下的"小康"社会和大道之行下的"大同"之世，作为达成"礼以治世"这一理想政治目标所实施的"两步走"战略。

先秦儒家为了实现"礼以成圣""礼以安伦""礼以治世"的总体目标，建构了一个十分丰富、完整、合理的礼教内容体系。内外兼修是先秦儒家选择和安排礼教内容的基本原则。孔子以"六经"为主要内容，施以礼仁之教，孟子和荀子分别对礼心和礼法之教予以阐释，既重视外在表现合乎礼仪，又重视内在道德不断提升。"三礼"作为先秦儒家礼教的理论形态和基本教材，《仪礼》是礼的外在形式方面的体现，《周礼》和《礼记》则是礼的内在本质方面的体现，三者在礼仪、礼义、礼制上的三位一体，形成了礼教内容形质兼具的基本特征。

先秦儒家在"以礼为教"的逻辑顺序中，以礼修身是最早产生、首要实施的践履途径。依据以礼修身的客观规律和内在属性，可以将其概括为约礼——传统规俗以约之、知礼——学思结合以致知、践礼——知行结合以磨砺三个递进的层次。然而，修身正己并不是礼教践履的最终目的，礼教实践的本质在于外施于人。齐家作为外施于人的第一个层面，以"孝"为基点构建家国关系，以"和"为原则维护家国秩序，从而将中国传统文化中的"家"与"国"相互联结，形成了家国同构、家国合一的特殊关系。以此为基，先秦儒家通过人性向善的道德涵育、德化政治的思想感召、礼乐教化的情绪感染、隆礼崇法的行为规范、"天下为公"的愿景展望等途径，作为治国平天下的求索路径和理想归依。

诚然，先秦儒家礼教思想在实现政治性与伦理化统一、统摄性与社会化统一、现实性与理想化统一等理性价值的同时，由于所处历史时代阶级属性的影响，也存在着固守"家天下"的应然逻辑的局限性，对其进行深刻反思，同样是我们今天探讨礼教思想现实镜鉴的价值所在。但瑕不掩瑜，先秦儒家礼教思想从生命个体到信仰追求、从社会秩序到国家制度所折射出的文化精神，维度之广阔，意义之深远，于现代公民性命之理的自觉与超越、社会文明秩序的规范与维护、国家"德治礼序"的传承与摒弃，已然提供了遵循，指明了路径。因此，对先秦儒家礼教思想的深刻追问应该是人类慎终追远的自我觉醒。

第一章　核心概念及研究范围界定

黑格尔曾经说过：人们经常挂在嘴边的名词，往往是最无知的。因此，在开展研究之前，对相关概念作出合理的解释和明确的界定是十分必要的。美国社会学家古德认为，"要给研究的对象下一个正式而又明确的定义，要比作研究本身困难得多"①。这是因为，人们用以指称和把握对象的任何一个名词，都既可能是关于对象的规定性的概念，也可能是关于对象的经验性的名称。名称只是一种熟知，一种常识，概念则是一种真知，一种理论。② 把众所周知的名称升华为真知的概念，是我们开展理论研究的前提。因此，本章将对研究中涉及的主要概念进行界定，为后续研究奠定学理基础。

一　儒家、先秦儒家

（一）儒家

"儒"，最初是作为一种职业的存在，通常有两种解释：一是指术士化的儒。许慎《说文解字》将其解释为："柔也，术士之称。"《国故论衡·原儒》亦云："儒本求雨之师，故衍化为术士之称。"二是指从事教化的儒。《汉书·艺文志》云："儒家者流，盖出于司徒之官，助人君顺阴阳、明教化者也。"冯友兰先生在对"儒"进行考察时，认为"儒指以教书相礼等为职业之一种人"③。

---

① ［美］威廉·J. 古德：《家庭》，魏章玲译，社会科学文献出版社1986年版，第11页。
② 孙正聿：《孙正聿讲演录》，长春出版社2011年版，第1页。
③ 冯友兰：《中国哲学史附录（下）——原儒墨》，华东师范大学出版社2000年版，第349页。

从上述来看，"儒"作为一种职业，在孔子之前即已存在。后来随着"儒"这一职业队伍的壮大，出现了由孔子发轫，作为学派或者团体的儒家，他们"不止于以教书相礼为事，而且欲以昔日之礼乐制度平治天下，又有予昔之礼乐制度以理论的根据者，此等人即后来之儒家"①。从中可见，"儒家"与"礼"的渊源颇深。儒家不仅要对礼熟知，教书相礼，更要不断追寻和探求礼的价值理念，为规范社会秩序、平治天下提供理论依据。这也是本书所讨论的"儒家"的研究范围。

(二) 先秦儒家

按照时代划分，儒家可以分为先秦儒家、汉代儒家和宋明理学。② 实际上，还应该加上以熊十力、梁漱溟、张君劢和牟宗三等为代表的新儒家。以上划分为三个阶段也好，四个阶段也罢，毋庸置疑的是，在所有发展阶段当中，先秦儒家是儒家发展的第一个阶段，也是最重要的一个阶段。原因在于，先秦时期是一个社会经济、政治、文化经历深刻变革，礼崩乐坏，激烈动荡，可被喻为"天地一大变局"的重大转型时期。也正是在此时，作为中国传统原初文化和核心文化的先秦儒家，通过礼教的实施，为"经国家，定社稷，序民人"③，重建伦理秩序，重塑道德精神，描绘了宏伟的蓝图，作出了卓著的努力，这对于我们解决和处理当今社会转型时期所出现的各种矛盾和问题，做好传统与现实的对接工作意义重大。这是本书之所以将研究的范围界定为先秦儒家的主要原因。

至于"先秦儒家"本身在时间范围上的界定，笔者认为，可以借用学者魏衍华在《原始儒学：早期中国的大成智慧》一文中关于"原始儒学"的构成的观点，即由"前孔子时代的孕育、孔子时代的初创及战国时代儒学的传播与发展三个阶段组成"④。作为学派的儒家，虽然由孔子发轫，但其儒家思想的形成一定是在前孔子时代就已经开始孕育、生发，

---

① 冯友兰：《中国哲学史附录（下）——原儒墨》，华东师范大学出版社2000年版，第363页。
② 薛晓萍：《先秦儒家道德价值思想及其现代启示研究》，博士学位论文，河北师范大学，2010年。
③ 《左传·隐公十一年》。
④ 魏衍华：《原始儒学：早期中国的大成智慧——孔子思想与先秦社会互动研究》，博士学位论文，曲阜师范大学，2010年。

正因为有了周公的制礼作乐，才催生了孔子的"克己复礼"，然后又有孟子、荀子等儒家学者的继承与发展。从这个意义上说，本研究的"先秦儒家"就包括前孔子时代、孔子时代和战国时代的儒家学派。

二 礼、礼教

（一）礼

正如前面所述，"礼"是一个与中华民族文明同步形成、同步发展，同时又是一个与中华文化几乎涵盖相同范围的概念。基于此，本书拟从历史的视角，从社会发展的不同阶段，并从不同的层面和不同的范围，来对其进行界定。就礼对人类文明的贡献而言，礼是中华民族在人类文明发展史上具有卓著贡献的重要标志，是人类区别于动物、野蛮区别于文明的分水岭。礼又是先秦儒家依据人是自然属性与社会属性统一体这一基本特征，将自然规律和社会法则归于合理规范化的价值标准和理论框架。就礼的范围而言，礼既可以分为制度之礼、仪式之礼、器物之礼、风俗之礼等等，也可以对应地将其分为礼制、礼仪、礼义、礼器、礼俗等。礼制是被制度化并要求人们强制执行的行为规范和准则；礼仪是人们应该遵循的行为规范和行为准则；礼义是礼的本质或规律；礼器是实施和执行礼时体现礼的器物；礼俗则是在日常生活中约定俗成的习俗或仪式。就礼在不同的社会发展阶段而言，原始社会的礼是原始人对于生产和生活、习惯和经验、知识和信仰等方面积累而成的大文化系统；进入阶级社会以后，则又添加了社会政治伦理意义，成为具有等级差别，维护社会和谐与稳定的工具。综上所述，本书所指的"礼"，是最宽泛意义上的"礼"，包含上述列举的全部意义。需要说明的是，这些意义并不是同时存在和形成的，而是在长期的发展过程中不断丰富和损益，最终成为一个复杂的历史文化概念。

（二）礼教

在明确和界定"礼教"这一概念之前，应该首先明确礼教与封建礼教、礼教与宗教的区别。

1. 礼教有别于封建礼教

"礼教"和"封建礼教"是两个内涵不尽相同的概念，但二者具有相互契合之处，"礼教"在一个民族历史文化体系中，是全体民族成员的政治伦理文化认同，它具有民族共生历时性的不同特点，又具有民族共生共时性的同一性。历史传承机制将"礼教"与"封建礼教"历史阶段性文化命脉链接，"封建礼教"则与具有历史共时性的普世价值融合在一起。如作为"五常"之一的"礼"，古今中外都可以适用。有学者指出，在孕育中华民族的"伦理共识"与"文化认同"历史前进过程中，包括"礼"在内的仁义礼智信五常等"是中华民族的核心价值观念，一直到今天还活生生地扎根在老百姓之中，继续为中华民族的成长与复兴起着积极的作用"[①]。我们当今探究"礼教不同于封建礼教"这个问题的时候，既要区分中华民族不同历史时段的礼教内容，如孔子所作的对殷商和西周的礼制与礼教的"损益"那样，同时更要注重对民族文化认同和各个历史时期"伦理共识"性礼教内容与形式的普世性理性价值与工具价值的仔细析分，作出赋予时代精神内涵发展的现代化转换，贯穿在现代学校教育、社会教育和家庭教育以及不同社会群体组织和公民个人的自我教育之中。

针对列文森在《儒教中国及其现代命运》中将儒家传统博物馆化，现代新儒学的杰出代表杜维明将"儒教中国"与"儒学传统"做了明确的界定与区分，指出二者是"既不属于同一类型的历史现象，又不属于同一层次的价值系统"[②]的两个概念。"封建礼教"与"礼教"的分疏，同样适用于此标准。"封建礼教"是封建社会所特有的产物，是封建制度和封建意识形态在礼教中的反映，人们通常所说的封建遗毒是指封建礼教而言，其实质是"以政治化的儒家伦理为主导思想的中国传统封建社会的意识形态及其在现代文化中各种曲折的表现"[③]，而"礼教"（儒家礼教）则是对政权化的儒家进行自觉反省，主动地、批判地创造其人文价值，并转化为意识形态，经历世俗化的过程，最终融入民众生活，使之成

[①] 郭齐勇：《"四书学"的过去与未来——序新版〈四书章句集注〉》，岳麓书社2008年版，第2页。
[②] 杜维明：《儒学第三期发展的前景问题》，台湾联经出版事业公司1989年版，第296页。
[③] 杜维明：《儒学第三期发展的前景问题》，台湾联经出版事业公司1989年版，第296页。

为中国传统社会的一种生活模式、心理定式和情感取向，从而实现了先秦儒家礼教思想与现实生活世界的高度统一。"夫礼，天之经也，地之义也，民之行也"①，在一定程度上，礼教甚至已经成为人类生存和人类文明的共同理想，在人类生存的共同时空中，指引着人们按照正当的途径去满足自己的需要，并能够有效地化解人的需要而造成的相互冲突。因此，不能以偏概全地将先秦儒家礼教与封建礼教混同起来，这种做法既不符合历史真相，也是对民族文化传统的扭曲、误读和不负责任。

2. 礼教有别于宗教

中国的礼教与宗教的"不同"是不言而喻的。但由于近代以来，有学者把儒家的"礼教"宗教化，将"孔教"植于宗教之列，所以有必要在这里对礼教与宗教之"不同"作出简要析分。笔者认为，中国的礼教不同于世界三大宗教和中国本土的道教，尽管礼教和宗教都是形而上学的社会意识形态，但"中国的礼教，乃是以天道义理设教"②。礼教中的"教"，指的是教化，是关于社会政治、经济、科技、文化、道德、法律等一切社会治理理念和社会制度传承传播的实现形式，它追求的是从个人修身齐家，进而实现治国平天下的性命之理、治家治国治世之理，即个人道德与社会道德的高度契合与完美统一。西方的宗教则是人们对神道的敬仰与崇拜，马克思对宗教的原初解释是："一切宗教都不过是支配着人们日常生活的外部力量在人们头脑中的幻想的反映，在这种反映中，人间的力量采取了超人间的力量的形式。"③ 宗教信仰者对这种现实世界之外的超自然神秘力量，寄予虚妄的敬畏与虔诚，相信这种神秘力量可以主宰一切，能够统摄万物，具有绝对权威，从而祈求佑护。也就是说，宗教之所以成为宗教，有一个必要条件，那就是必须要有一个至高无上的神，如基督教崇奉耶稣，伊斯兰教崇奉穆罕默德，佛教崇奉释迦牟尼。有学者将"圣人"——孔子，看作是礼教的"神"，并将其等同于宗教的教主。诚然，人们对于孔子是尊崇和敬仰的，但毋庸置疑的是，这种尊崇和敬仰本乎孔子的思想学说顺应了个人修身、国家强盛的根本需求，如司马迁所言："《诗》有之：'高山仰止，景行行止。'虽不能至，然心向往之。余

---

① 《左传·昭公二十五年》。
② 司马云杰：《礼教与宗教》，《文化学刊》2012年第5期。
③ 马克思、恩格斯：《马克思恩格斯选集》（第三卷），人民出版社1995年版，第354页。

读孔氏书,想见其为人。适鲁,观仲尼庙堂车服礼器,诸生以时习礼其家,余祇回留之不能去云。天下君王至于贤人众矣,当时则荣,没则已焉。孔子布衣,传十余世,学者宗之。自天子王侯,中国言六艺者折中於夫子,可谓至圣矣!"① 可见,作为布衣出身的先秦儒家学者,司马迁以降历朝尊奉的至圣先师——孔子,既不是"支配着人们日常生活的外部力量在人们头脑中的幻想的反映",也不是"人间的力量采取了超人间的力量的形式",而是实实在在的作为古代先师的人本身,他创立的学说是"儒学作为一种政治伦理学说和国家政权相结合而取得垄断或独尊的学术地位的标志,而不是宗教的'外在特征'"②。因此,将本于天道法则,教化天下人民的礼教等同于宗教是不恰当的。

3. 何谓礼教

人作为生命个体,是自然属性与社会属性的一体化统一结合,即所谓天性与群体性的一体化结合,天性是人与生俱来的自然性,在其成长发展过程中,以自然性为前提和基础,不断增长增强其人道主义精神生命,如《中庸》开篇所言:"天命之谓性,率性之谓道,修道之谓教。"在子思看来,"天命之谓性",意为人之性源自于天,但人的自然天性在后天接受道德教化中,即"修道"过程中基于欲利的追求,而积淀社会性,如荀子所言:"欲不待可得,所受乎天也。"③ 如何"率性之谓道",循其性之自然,将天道(自然规律)和人道(社会法则)归于合理规范化,即先秦儒家制"礼"的原初之义。"礼","从示从豊。履也,所以事神致福也"④,由祭祀时所用的器物,引申为重要仪式,进而逐步抽象化,扩展适用于君臣之义、父子之伦、夫妇之别、长幼之序、贵贱之等、爵赏之施、上下之际等社会生活的方方面面,成为中国传统社会"定亲疏,决嫌疑,别同异,明是非"⑤ 的礼仪,成为维系家国人际关系的一种社会意识形态。人之所以需要"礼",是因为"礼"使人区别于动物,使人成为社会的人,"有礼则安,无礼则危"⑥,人的一举一动、一言一行都要合于

---

① 司马迁:《史记》,中华书局2006年版,第331页。
② 林金水:《儒教不是宗教——试论利玛窦对儒教的看法》,《福建师大学报》1983年第3期。
③ 《荀子·正名》。
④ 许慎:《说文解字》,上海古籍出版社2007年版,第2页。
⑤ 《礼记·曲礼》。
⑥ 《礼记·曲礼》。

礼。为使人明"礼",使人的思想和行为合乎于天道和人道的标准与要求,就要施"教",即"修道之谓教"。"教","从攴从孝。上所施,下所效也。凡教之属皆从教"①,先秦儒家学者在制"礼"的基础上,将抽象的"礼"转化成现实的、可操作的具体实践层面,由"以礼修身""以礼齐家""以礼治国"和"以礼平天下"完成"礼"的一系列"内圣外王"的过程。至此,自"性"而"道",自"道"而"教",性—道—教形成一体的、连贯的教育机制。"性"是"教"的本原,是"教"得以发生和存在的基础与前提;"道"是"教"的规律,是"教"得以开展和实施的原则与途径;有了"性"和"道",使得以"礼"为教育内容的"教"最终得以实现。

综上所述,"礼教"作为对"礼"进行传播、普及和承续的手段与途径,在狭义上,通过礼仪的传授和实践,以达到礼义精神的传播和道德品质的培养;在广义上,通过实施风俗习惯和伦理道德,以化成人性、化成天下。

三 先秦儒家礼教思想

先秦儒家礼教思想是中国传统社会关于个人伦理、家庭伦理、国家伦理、宇宙伦理的一整套完备的道德教育理论体系,是中国传统社会特有的与伦理政治思想相得益彰的一种教育思想和教育模式,经历了漫长的形成发展过程,即:上古时期的习俗传承和周公的"制礼作乐"是其产生的萌芽时期;孔子将"仁"的内在精神赋予外在行为约束的礼制与礼治规范之中,使得礼教的理论得以基本形成;孟子和荀子是孔子礼教思想的继承发展者。先秦儒家礼教思想是中国传统文化的核心和灵魂,"是中华文明的基因",即使是对礼教价值持批判否定的蔡尚思先生也曾说过:"中国思想文化史不限于儒家,而不能不承认儒家是其中心;儒家思想不限于礼教,而不能不承认礼教是其中心。"② 近代以前,礼教思想已然内化为中华民族的精神价值,内化为国民追求自身价值的目标追求。

---

① 许慎:《说文解字》,上海古籍出版社2007年版,第2页。
② 蔡尚思:《中国礼教思想史》,上海古籍出版社2006年版,第7页(绪论)。

第二章 先秦儒家礼教思想之历史缘起

现实是历史的传承与延续。"历史状态是人文学科构建的重要组成部分，是研究的逻辑起点。没有史的研究的深厚根基，学科理论体系建设是难以健全的，蔑视历史的价值只会带来学科理论的苍白。"[①] 在梳理先秦儒家礼教思想的精髓和内在肌理之前，有必要对该思想形成发展的时代背景和理论渊源加以追溯。

一 社会现实：由奴隶制转向封建制的时代背景

任何一种思想学说或理论形态的形成与发展，都必然有其存在的社会现实条件，并首先与这个社会的经济形态和经济基础相联系，进而与由此导致的上层建筑领域中的政治、文化等一系列因素相联系。以井田制逐渐向土地私有制过渡，分封制逐渐向郡县制过渡，宗法制逐渐向被加强的阶级和政治关系过渡，以及"礼乐治世"逐渐向"礼崩乐坏"过渡为标志，这一奴隶社会从全盛到衰落乃至转化为封建社会的时代背景，是先秦儒家礼教思想产生的社会现实条件。

（一）经济发展

先秦时期是中华民族历史上第一个也是极其重要的一个社会转型期。首先表现在生产方式以农业为主而带来的生产力的迅猛发展，以及由此引发的经济关系的变革。

---

① 张世欣：《中国古代思想道德教育史》，浙江大学出版社2010年版，第2页。

以农为主，铁器普及。① 根据《论语·宪问》"禹稷躬稼而有天下"的记载，农业虽然在夏代经济中已经占有一定地位，但生产方式仍以原始的采集狩猎为主。到了商周时期，耕种农业和畜牧业开始占据主导地位，以木石制造的耒、耜、镰、耨、钱等生产工具的使用，促使农业生产有了显著的提高。直到春秋时期，社会形态从奴隶制向封建制过渡，生产力迅速发展，原来只在武器上使用的铁器普遍作为农业工具应用，耕作方式由原来的"耒耜"和"耦耕"转变成牛拉铁犁，为农业带来了极大的便利，农业耕种更有效率。至此，以铁器生产工具的使用和牛耕的推广为标志，实现了历史上的"第一次农业革命"。与此同时，独立自由的手工业阶层开始壮大，不仅有铜器和铁器的制造者，也有诸如《诗经》中提到的养蚕、织帛、染色、刺绣纺织等手工业者，打破了西周以来"工商食官"的僵死局面。农业和手工业的发展带来了商业的繁荣，《诗经》有"如贾三倍，君子是识"，做生意有三倍之利，何乐而不为呢？《周易》载"日中作市，召集天下人民，即天下的货物，交易而退，各得其所"，指的就是当时典型的集市商业。商业活动中心逐渐形成，贸易范围逐渐扩大，一批商业富贾逐渐涌出，如弃官从商、三掷千金的范蠡，家累千金、结驷连骑的大商人子贡，以牛犒赏秦师的郑高等。总之，先秦时期经济发展飞速提高，生产力得到迅猛发展。

井田废除，经济变革。伴随着生产力的发展，剩余产品得以出现，争夺土地的斗争日益激烈，经济基础也随之发生变革，并导致剥削方式发生变化。自商至春秋以前，土地实行国有制，"溥天之下，莫非王土，率土之滨，莫非王臣"，土地明确为国家所有，实行井田制。《诗经·雅·大田》载："雨我公田，遂及我私"，孟子曾对井田制作过如下描述："方里而井，井九百亩，其中为公田。八家皆私百亩，同养公田；公事毕，然后敢治私事，所以别野人也。"② 老百姓首先要为天子和贵族们，在划定的属于国家的"公田"上无偿参加劳动和服役，然后才能忙于自己家所属的"私田"，以完成维持生计的耕作。私田产出虽归于耕种者所有，但要

---

① 铁器的使用，是人类社会进步的重要里程碑。恩格斯认为，"铁是在历史上起过革命作用的各种原料中最后的和最重要的一种原料"。（参见《马克思恩格斯选集》（第四卷），人民出版社1972年版，第159页。）

② 《孟子·滕文公上》。

参与定期重新分配，且不能随意买卖，奉行"田里不粥"的原则。到了春秋时期，随着西周王室的衰落，土地占有权与政治权利息息相关，诸侯视封国为己有，卿大夫视采邑为己有，扩大封地，强占属地，霸占土地事件层出不穷，屡见不鲜。同时，随着铁制农具的使用和社会生产力的逐步发展，家庭个体生产日益活跃兴盛，终于使得西周宗法关系下的分封制和井田制的公作制度走到穷途末路，"籍田以力"的剥削方式难于维持。各诸侯国开始先后实行田制改革或租税改革，如齐国实行"相地而衰征"，按土质好坏和面积大小而征收地租的新制度，以及"均地分民"和"民民分货"的政策，为以家庭为主体的"小农经济"的形成和发展奠定了基础；楚国实行"量入修赋"，鲁国实行"初税亩"，逐步形成了封建土地所有制的剥削方式。剥削方式的改变，反映了经济基础的变革，诸侯、卿大夫逐渐成为中国历史上第一代封建地主，新兴地主阶级力量的壮大，为政治制度的变革提供了契机和条件。

（二）政治变迁

史前时期，人类刚刚从动物界中得以分离，没有阶级和君臣之分，也就没有道德可言，"其民麋鹿禽兽，少者使长，长者畏壮，有力者贤，暴傲者尊，日夜相残，无时休息，以尽其类"[①]，人类社会基本处于一种无序状态。尧、舜、禹时代，实行禅让制和举荐制相结合的政治体制，有君主与地方首领之分，存在初步的等级差别。禹的儿子——启继承君权以后，"公天下"的传统有所改变，中国自此步入新的历史时期。夏、商、西周时期是中国早期国家形成发展的阶段，形成了以王权为核心的中国古代早期政治制度，夏朝实行王位世袭制，西周确立分封制、宗法制和礼乐制度，三代的国家机构是以血缘关系为纽带的家长制家庭关系的国家化，早期氏族公社时期家长的绝对权力演变为专制君主的权利，使得中国走上了君主专制的道路。君主专制制度的不断发展，是夏、商、周三代社会政治制度发展的主要线索，此时，尽管政治等级存在对立，但社会结构相对稳定。春秋以降，夏商周时期形成的中国早期国家的政治和经济制度逐渐解体，政治形势也发生了显著变化，主要表现在：

王纲解纽，天子式微。公元前771年，以西周最后一个君主——幽王

[①] 《吕氏春秋》。

被杀为标志,曾经强极一时的西周王朝宣告灭亡。此时,代表天子权威的,对诸侯执行的巡狩制度面临瓦解。与此同时,诸侯对周天子一直担负的各种义务,诸如贡赋、朝聘等,也都不复存在。《左传》桓公五年载,"王夺郑伯政,郑伯不朝",公元前707年,周恒王因任卿大夫的郑庄公,假借王命讨伐宋国,免去其卿士职权,郑庄公竟然与王室分庭抗礼,一连五年不肯入朝。此时,诸侯不贡不朝之事屡见不鲜。更有甚者,不乏诸侯公然以武力与周天子相抗衡,为争夺领地以下犯上。《左传》桓公五年载,周恒王曾率领虢、陈、蔡、卫四国军队讨伐郑国,而在拉开战幕之后,蔡、卫、陈却逃之夭夭,郑国军队乘虚而入,四面合围,把周天子打得落花流水,"祝聃射王中肩",周恒王自己也被射中右肩。其后,齐桓公和晋文公打着"尊王攘夷"的旗号,逐渐走向挟天子以令诸侯、代命天下的局面,周王室的地位已经沦落为一般的诸侯国。这一时期,周王室的经济状况也极其拮据悲惨。公元前719年,周平王死后,由于下葬用具不足,派人到鲁国求赗。鲁文公八年,周襄王死,王室又派毛伯卫到鲁国求金以葬。可见,此时的周天子已经失去了控制诸侯国的政治、经济和军事实力,只是名义上的共主,徒具天子虚名,在春秋时期的政治生活中,周王室几乎没有起过任何实际作用。

诸侯争霸,兵革不休。在失去周王室统治控制的情况下,各诸侯国为了争夺霸主地位,竞相扩张自己的领地,兼并他国的领土,频繁发动战争,进入了"礼乐征伐自诸侯出"的时代。各诸侯国"捐礼让而贵战争,弃仁义而用诈谲,苟以取强而已矣"①,据《春秋》所记载的情况统计,在250多年的春秋时代,有36个君主(诸侯)被大臣(贵族)杀害,72个诸侯国没落;言"侵"者60次,言"伐"者212次,言"围"者40次,言"师灭"者3次,言"战"者23次,言"入"者27次,言"进"者2次,言"袭"者1次,言"取"、言"灭"者不可胜计;发生大小战争222次,战争惨烈程度空前绝后,"争地以战,杀人盈野;争城之战,杀人盈城"的现象经常发生。② 大国的争霸战争愈演愈烈,一些小而弱的诸侯国陆续被吞并,到战国初,见诸文献的只有20余国。在那个时代,"篡盗之人,列为侯王;诈谲之国,兴立为强。是以传相放效,后

---

① 《战国策·书录》。
② 王兴周:《重建社会秩序的先秦思想》,《社会》2006年第5期。

生师之，遂相吞灭，并大兼小，暴师经岁，流血满野，父子不相亲，兄弟不相安，夫妇离散，莫保其命，滑然道德绝矣"①。顾炎武在《日知录》中对春秋和战国时期的政治现象进行了比较，指出：

> 春秋时犹尊礼重信，而七国则绝不言礼与信矣；春秋时犹宗周王，而七国则绝不言王矣；春秋时犹严祭祀、重聘享，而七国则无其事矣；春秋时犹论宗姓氏族，而七国则无一言及之矣；春秋时犹宴会赋诗，而七国则不闻矣；春秋时犹有赴告策书，而七国则无有矣，邦无定交，士无定主，此皆变于一百三十三年之间，史之阙文，而后人可以意推者也，不待始皇之并天下，而文、武之道尽矣。②

不安其位，社会失序。如果说春秋初期是诸侯争霸，"礼乐征伐自诸侯出"的时代，那么春秋中后期就是列国卿大夫互相兼并，"礼乐征伐自大夫出"的时代。之所以造成这种局面，其主要原因在于春秋以来战争频仍。战争使得由卿大夫担任的武将成为社会的主要政治势力，从而使得他们在争霸的战争中逐渐发展了自己的政治实力和军事实力，同时因占有大量的封邑，经济实力也很可观，势力日益膨胀，对国政操控能力越来越强，具备了取代诸侯公室的条件。因此，当时卿大夫攫取政权而独断专政的局面时有发生，司马迁在评论这一段历史时说："《春秋》之中，弑君三十六，亡国五十二，诸侯奔走不得保其社稷者不可胜数。"③ 各国的卿大夫俨然如一国之君，如鲁国三桓曾在襄公十一年"作三军，三分公室"，后来又"四分公室"，直到取得独立政权，而此时鲁国已经"如小侯，卑于三桓之家"④。再如，齐国田氏用小斗进、大斗出的办法收买民心，用分牛肉、给布帛的方式稳定军心，最终将齐国政权据为己有。晋国六卿则通过先瓜分、再争夺的途径，确立了韩、赵、魏三国。伴随着卿大夫的崛起，卿大夫的家臣也开始异常活跃。家臣本是效忠卿大夫的臣僚，有的是重要谋臣，有的参与大夫的废立，有的代表卿大夫参与列国会盟，

---

① （西汉）刘向著，贺伟、侯仰军点校：《战国策》（序言），齐鲁书社 2005 年版，第 2 页。
② 顾炎武：《日知录》（卷十三），商务印书馆 1998 年版，第 680—681 页。
③ 《史记·太史公自序》。
④ 《史记·鲁世家》。

后来因不安其位，欲求得更高的社会地位，不断积聚权力，开始作为一个新的社会阶层出现，如"陪臣执国命"的鲁国季氏阳虎，晋国赵氏的董安余等。这些矛盾的出现和扩大，导致了西周时期建立起来的政治统治秩序逐步瓦解，原有的社会等级结构日益解体。

不慈不孝，逆伦败德。在周末春秋这段时期，由于诸侯王蔑视周王礼制，诸侯国内，大夫势力与日俱增，把持国政排斥公族，腐败堕落奢侈违礼之事层出不穷。在社会大环境的影响之下，伴随着宗法等级制度的破坏，家族内部伦理关系和家庭血缘亲情关系也趋于淡漠，祖宗的成法被废弃，曾经的父亲慈爱，儿子孝敬；兄长仁爱，弟弟恭敬；丈夫温和，妻子柔顺；婆婆慈爱，儿媳顺从的人和家睦渐行渐远，曾经的祭祀相福、死丧相恤、哭泣相哀、居处相乐、以礼相待的彬彬有礼也不复存在，周代建构的礼乐文明秩序受到了前所未有的挑战，违礼僭越之事、逆伦败德之丑行司空见惯，频频发生，传统的价值观念被扭曲，以至出现了君不君臣不臣，纲纪紊乱，不慈不孝，无兄无悌，朋友无信，道德沦丧，人性泯灭，尔虞我诈，世风日下，礼废乐坏的混乱局面。墨子曾对此时的社会状况给予了深刻的揭露：

> 今若国之与国之相攻，家之与家之相篡，人之与人之相贼；君臣不惠忠，父子不慈孝，兄弟不和调，此则天下之害也。……今人独知爱其身，不爱人之身……天下之人皆不相爱，强必执弱，富必侮贫，贵必敖贱，诈必欺愚。①

人类历史表明，社会局面的极度动荡和失序往往将催生新的社会意识的觉醒，在这样一个社会现实面前，如何建设和谐有序社会，成为摆在历史和时代面前的一项重大课题。

（三）文化激荡

在春秋中后期，生产力的发展导致在经济基础、政治基础上出现了与周礼要求不相融的现实局面。事实证明，经济基础和上层建筑之政治基础一旦变化，构建于政治基础之上的文化体系也必然随之发生变化。

---

① 《墨子·兼爱》。

礼崩乐坏，寻求秩序。春秋时期，是中国古代从奴隶制向封建制过渡的时期，也是新旧制度交替的时期。周天子共主地位的沦陷，诸侯争霸、大夫擅权、陪臣执国命所反映的君臣之间或士大夫之间的价值与行为规则的颠覆，致使三代以来被视为天之所命的社会等级秩序遭到严重破坏，周代封建制度的规章制度和文化秩序遭遇重大变局，礼乐制度因失却其神秘光环和王权保障而崩坏。《论语·八佾》中"八佾舞于庭，是可忍而孰不可忍"的记载是一个典型的事例。佾是指古代奏乐舞蹈的行列。一佾是八个人的行列，八佾即为八八六十四个人的行列。按照周礼的规定，士只能用二佾，卿大夫只能用四佾，诸侯只能用六佾，只有天子才能用八佾。而鲁国卿大夫季孙氏却无视周礼，用了八佾。因此，一生以恢复周礼为己任而四处游说，奔走呼号的孔子，对于这种破坏周礼等级的僭越行为极为不满，在议论季氏时，对他的行径表示了强烈的谴责，愤怒地说："在他的家庙的庭院里竟然明目张胆地违背周礼，用八佾奏乐舞蹈，真是无法容忍！"《论语·阳货》载："君子三年不为礼，礼必坏；三年不为乐，乐必崩。"世人疾呼"礼崩乐坏"。"礼崩乐坏"是天命神学遭到怀疑、批判、毁弃，礼的神学依据被无情剥夺，道德审判已无力阻止愈演愈烈违礼越礼行为的必然结果。但从另一个角度来说，这一"礼崩乐坏"时期，"也是礼学兴起时期。当礼被视为神圣的存在时，礼治因礼的神学光环而无须证明，并被认为理所当然；当礼的神性的一面被无情剥夺，道德审判与谩骂诅咒无力阻挡愈演愈烈的违礼越礼行为，礼的存在的合理性需要理性的审视、智慧的关照，礼治的价值需要被证明时，礼才进入学术的视野"①。社会发展的车轮不会因此而停滞，文明社会的形成过程终究是文明自身不断纠错的过程。在此次历史转折中，这种不安于天命的行为，在某种程度上激发了关于恢复乃至于重建社会秩序的大讨论，"如何为政？如何整治社会秩序？"逐渐成为政治家和思想家所关注的中心问题，于是体现人道觉醒的德礼观念便在礼崩乐坏之后进入政治家和思想者的思想世界并广泛地渗透延展开来，"百家争鸣"的学术环境因此而萌生。

士之崛起，百家争鸣。"礼崩乐坏"虽然造成了四分五裂、社会动荡的混乱局势，但此时期却少有政治禁锢，成就了更加宽松自由、不定于一尊的思想环境。一方面，贵族地位下降，庶民地位上升，各国统治者礼贤

---

① 陆建华：《荀子礼学研究》，安徽大学出版社2004年版，第9页。

下士的风气大盛，新的社会阶层——士开始出现并日益壮大起来。士阶层是"无恒产而有恒心"的特殊群体，相当于我们今天所言的知识分子。相对于无"恒产"的知识分子而言，那些农民阶级、手工业者阶级和商人阶级是有"恒产"的，这些"恒产"是他们赖以生存的物质基础，一旦失去，则会对社会生活秩序和生产秩序构成强大的威胁。士阶层与这些有"恒产"阶层之间的不同之处，则在于他们对国家、对社会、对人民具有高度责任感和义务感的特殊社会群体。他们以自身所具备的知识和能力，通过"学而优则仕"的途径为国家服务。当权的统治者们正是看重知识分子这个新的社会阶层除了知识之外一无所有，而且由于他们没有"恒产"，不会对自己造成任何威胁这一特点，才不约而同地把目光纷纷集中到知识分子阶层的身上，认为自己找到了真正能够依靠的社会力量，希望通过支持知识分子而力求保全自己。另一方面，社会动荡，官学衰微，贤能之士流散民间，士人们有独立的人格，可以自由地表达自己的思想，聚众讲学之风应运而生，这些社会条件促进了诸子百家的形成的和百家争鸣的文化盛况。诸子百家针对三代礼治由盛而衰、由衰而毁所导致的社会动荡，回望历史，面对现实，根据自己的学术渊源、立言宗旨、为学方法和关注问题上的差异，提出了各自不同的主张。以孔、孟、荀为代表的儒家学派，是周礼的践行者和守护者，他们立场鲜明地以维护周礼为己任，希望以此来唤醒当时利欲熏心社会中人们尚未泯灭的仁爱之心。孔子认为，如果能将这种仁爱之心通过礼乐制度加以推广，天下必将实现三代之治的美好愿景。孟子继承并发展了孔子的人性善学说，主张施行仁政，以民为本。荀子则从性恶论出发，强调后天教育的作用，以期通过礼乐的约束和教化来实现社会的和谐。对三代礼乐制度价值持批判反对意见的以老庄墨法为代表。道家老庄崇尚自然之道，认为礼乐扰乱了人的纯朴天性，主张"无为而无不为"，寄希望于返回到小国寡民、老死不相往来的原始社会。墨子提出"兼爱""非攻"的主张，呼吁当权者应该从底层人民的实际生活状况出发，解决老百姓最基本的生存和生活问题。以韩非子为代表的法家主张实行君主独裁，厉行法治，对礼乐制度不屑一顾，甚至认为礼乐在某种程度上是法治的羁绊。总之，春秋战国时期出现的百家争鸣是中国历史上的第一次学术高潮，其学术思想对后世政治和意识形态的影响极其深远。

先秦时期是人类精神文化觉醒的时代，德国哲学家雅斯贝尔斯将其称为人类文明的"轴心时代"。中国在此段历史时期中，尤其是春秋战国时期，诸子峰起、学派林立的文化格局基本形成，重个人修养、重伦理道德、重实用理性的价值判断标准基本树立，以对客观事物的自觉体悟和整体把握为特征的思维方法基本定型，这便是中国的"轴心时代"。先秦儒家礼教思想也正是在此时期形成并逐步发展起来的一整套庞大复杂的文化体系之一。它涉及人们的生活方式、伦理规范和社会制度，涵盖了从典章制度到精神信仰的各个层面。

二 理论渊源：由神道向人道的观念转变

以上是对先秦儒家礼教思想产生的经济、政治、文化等社会现实情况的逐一分析，下面将从思想史与社会史统一的视角考查其理论渊源。殷商以前，"天"被奉为绝对权威，一切均由天命决定。殷商以后，人们逐渐意识到"天命靡常"，要通过自己的主观努力去积极地"受命"。先秦儒家既以神、天、命作为重要的思想工具，强调神道设教，同时也强调人的主体能动性与创造性，从而体现为天人合一、天人合德的伦理道德。从这个意义上说，由神道向人道的观念转变是先秦儒家礼教思想产生的理论根源，并在天人之道的矛盾对立中不断发展演变。具体来说，礼与原始宗教天然地结合在一起，尚处于"自发状态"；随着人类财富的积累与精神智识的增长，人们将宗教性礼乐与日常的饮食、婚姻等生活习俗相结合，逐步由自发的、模糊的文化活动形式向清晰的、系统的政治教育活动发展；到了西周中期始至春秋末年止的周礼时期，在经过周公制礼作乐之后，实现了对礼乐文化的重大突破，而开始进入理性的礼乐文明阶段。

（一）原始宗教，"器以藏礼"

从历史发展的角度来说，礼起源于原始宗教祭祀仪式。正如英国人类学家马林诺夫斯基所说："对于野蛮人，一切都是宗教，因为野蛮人恒常都是生活在神秘主义和仪式主义的世界里面。"[①] 礼最初是原始人们对天和地等自然界事物的敬畏与崇拜。自有人类社会，便有思想产生，但在人

---

① ［英］马林诺夫斯基：《巫术、科学、宗教与神话》，李安宅译，中国民间文艺出版社1986年版，第8页。

类思想进化发展的早期，由于生产力水平低下，人们对自然现象、自然规律，以及对人自身的认识十分有限，使得他们对斗转星移的更迭、风雨雷电的交加、春夏秋冬的交替，土地、山林、川谷、河流的变迁不能作出正确的解释，面对自然灾害的威胁、疾病的侵害和猛兽的袭击，原始人们无法控制、防范和抵御，社会生活和精神生活都处于野蛮和蒙昧的状态，因而把自然界看作是一种与自己完全对立，同时又有着无比强大威慑力的异己力量，由此产生了神秘、敬畏和崇拜的心理。尤其是以"天"的命定性为典型代表，人们把自己所面对的自然界出现的一切神秘现象全部认定和归结为"天"的作用，"天"在自然界众神中获得了至高无上的权威，被当作一种特殊的、超人类意志的神而被顶礼膜拜，直到今天，中国人"对于'天哪'的慨叹，类如西方人对'上帝呀'的呼唤"[1]。在这种敬畏和崇拜心理的支配下，原始人们在头脑中编织着离奇古怪的神话世界，并把这个世界中的一切事物和现象都加以神化，赋予灵魂，正如《礼记·祭法》记载："山林、川谷、丘陵能出云，为风雨，见怪物，皆曰神。"由此产生了"万物有灵"的原始宗教观念，在这种观念的支配下，进而创造了包括自然崇拜、鬼神崇拜、图腾崇拜、祖仙崇拜等各种形式的神灵崇拜。人们生活在众多神灵的支配下，既然不可违逆，不可反抗，那就遵从，那就顺服，人们通过祈祷、献祭等温和虔诚的态度与方式，去安抚、愉悦、效忠变幻莫测的神灵，以期自然界能够符合人们的愿望，带来风调雨顺、五谷丰登、神灵祐护的好愿景，如《周颂·丰年》记载："为酒为醴，蒸畀祖妣。以洽百礼，降福孔皆。"由此出现了"有天下者祭百神"[2]的现象。"当这些神灵崇拜的仪式在特定的时间，用特定的方式反复举行，并被固定下来时，就成了原始先民们生活中的一种礼仪习俗"[3]。

中国古代的"神"的范围很广泛，大抵上可以分为自然神和人间神两大类。自然神有天上诸神如日月星辰，气象诸神如风雨云雷，地上诸神如土地山林川谷，时令诸神如四季寒暑，以及东南西北四方位诸神等；人间神有祖先神、圣王贤哲神，灵鬼魂魄神等。在对诸神的祭祀奉仰中，一整套程式化的祀神模式在人们的生活中不断积累固化，并以"礼"这一

---

[1] 李丽丽：《先秦儒家和谐教育思想研究》，博士论文，东北师范大学，2011年。
[2] 《礼记·祭法》。
[3] 李春青：《先秦文艺思想史》（上册），北京师范大学出版社2012年版，第211页。

宗教祭仪的方式得以运行延续下来。《礼记·祭义》云：

> 天下之礼，致反始也，致鬼神也，致和用也，致义也，致让也。致反始，以厚其本也；致鬼神，以尊上也；致物用，以立民纪也；致义，则上下不悖逆矣；致让，以去争也；合此五者，以治天下之礼也，虽有奇邪而不治者，则微矣。

其中，致反始、致鬼神就是以祖先崇拜为核心信仰的"礼"的宗教属性的体现。

礼起源于宗教祭祀仪式，祭祀就要对神恭敬虔诚，就要履行一定的仪式，遵守一定的规则，就一定不会缺少体现仪式感的载体，这时用以表达虔诚和敬畏，体现仪式感的重要载体——器物就出现了。人们按照自己的愿望，对祭祀中使用的器物强制性地赋予某种神秘的、威严的至上力量，器物成为了具有特殊的、神圣意义的、"礼"的物化和具象化的体现方式。这从词源学的考辨中也可窥见一斑，"礼"，"从示从豊。履也，所以事神致福也。"① "示"意指神明通过自然现象给人们以吉凶的"启示"；"豊"是行礼之器，从豆象形，与"礼"同音，是对祭祀中使用的祭器形象的模刻。礼最早指的是用器皿盛放着两串玉来祭献神灵，后来则指一切祭祀神灵之事。正所谓言之以礼，必不离器，器以藏礼。"从考古材料来看，早在 6000 年以前，在中原濮阳西水坡大墓中出土的一些器物已具有礼器的特征。稍后，在黄河和长江中下游地区距今 5000 年前至 4000 年前之间的大汶口文化晚期、山东龙山文化、中原龙山文化、薛家岗文化、良渚文化以及更早一些的辽西燕山地区红山文化出土的玉器、漆木器和某些特殊陶器，与后代的礼器性质类似。"② 今天，人们仍然可以通过龙山文化遗址出土的彩绘龙盘以及良渚文化遗址出土的玉琮和玉璧，得以想见远古先祖祭祀的端倪。作为祭器和礼器，玉器大致有璧、璋、琥、琮、圭和璜六类，常常在国家祭祀大典中，用作祭天和祭神等。以玉作器，礼天地四方：以苍璧礼天，以黄琮礼地，以青圭礼东方，以赤璋礼南方，以白琥礼西方，以玄璜礼北方。器者，道之器。《周易·系辞上》云："形而上

---

① 许慎：《说文解字》，上海古籍出版社 2007 年版，第 2 页。
② 转引自刘丰《先秦礼学思想与社会的整合》，中国人民大学出版社 2003 年版，第 34 页。

者谓之道，形而下者谓之器。"寓礼意于礼器，也就是器以藏礼。据文献记载，在虞、夏、商、周四代，对祭祀器物的规定极其详细，"包括乘车的形制、用旗、用马、用牲的颜色，祭器的种类、材质、制作工艺，祭祀乐舞的舞服、舞具、舞名、乐名、乐器，乃至祭献的物品、酒水，祭祀时穿用的服饰等，都有一定的规定，并形成四代不同的天子礼制"①。随着时间的推移，尤其到了商周时期，礼器逐渐发展成为政治权力和"礼治"的象征。人们开始按照礼的要求，将不同的礼器作为身份地位、权力等级、尊卑关系的象征，作为表达虔诚敬畏、信仰崇尚的器具，从而使得礼器具有了特殊的意义。反过来，也通过礼器制约和支配着人们对待它们的态度。于是，这些礼器成为被赋予了某种制度的社会文化符号，体现的是现实社会人生世界的秩序规则。纵观人类历史的发展过程，这种祭祀奉神、祈求祐护的原始宗教仪式似乎在世界上其他国家和民族的原始时期也都曾经出现过，但只有在中国演变发展为叹为观止的礼文化，曾经影响并将会一直影响中华民族的伦理观念、价值取向、道德意识和文化心态等方面。

（二）"绝地天通"，政教合一

巫史传统是中国文明两大征候之一。② 先秦儒家礼教脱胎于原始祭祀巫术，具有浓厚的宗教崇拜色彩。随着人类财富的积累与精神智识的增长，"由各原始人群都曾有过的巫术活动，结合、统领、规划从饮食、婚姻等开始的生活习俗，转换性地创造出一整套社会秩序和日常生活规范的

---

① 陈来：《古代宗教与伦理——儒家思想的根源》，生活·读书·新知三联书店 2009 年版，第 253 页。
② 李泽厚先生在 2015 年出版的《由巫到礼 释礼归仁》一书中认为：中国文明有两大征候特别重要，一是以血缘宗法家族为纽带的氏族体制（Tribe System），一是理性化了的巫史传统（Shamanism Rationalized）。两者紧密相连，结成一体；并长久以各种形态延续至今。理性化了的巫史传统，其核心是由"巫"到"礼"，具体是指"巫术中那些模糊、多元、不确定却在行走中的神明变成了'礼'在履践中的神圣性，它的内心状态变成了那同样是模糊、多元、不确定却在行走中的'天道''天命'出现在自己（个体）行为活动中的神圣感、使命感、责任感"，这是政治方面。在社会方面，由礼教所构建形成了"中国生活方式"（重现世生活、人伦关系、情感价值，并把它们提升为神圣性的信仰），并以此既抵制又容纳和同化了许多不同的族群、文化和宗教。（参见李泽厚《由巫到礼 释礼归仁》，生活·读书·新知三联书店 2015 年版，第 4、101 页。

礼仪制度"①，使得原始宏大的以表达"荐之上帝，以配祖考"为目的的宗教性礼乐逐步向祭政合一，王礼天下的社会治理模式演进，礼教呈现出逐步由综合性、混沌的模糊文化活动形式向清晰化、系统化的政治教育活动发展。也就是说，礼由祭祀而来，逐渐呈现出形成涉关社会方方面面的政治文化体系的发展态势。而在这一过程中，"绝地天通"起了决定性的关键作用，它使得天地得以隔绝相分，人神得以分离不扰，人心得以矫正服膺，有序化、制度化的"民神不杂、民神异业"的治世秩序得以重建。

"绝地天通"一词，最早出现在《尚书·周书》中，"乃命重、黎，绝地天通，罔有降格"，记载的是西周前期周穆王所追溯的帝舜事迹。而对此最早的解释则见于《国语·楚语下》记载的春秋晚期楚昭王和观射父的一番对话：

> 昭王问于观射父，曰："《周书》所谓'重、黎寔使天地不通'者，何也？若无然，民将能登天乎？"

楚昭王向自己的臣属观射父提出了一个百思不得其解的问题："《周书》上面提到的重和黎使得天地无法相通，是为什么呢？如非如此，人类就可以到天上去吗？"

> 对曰："非此之谓也。古者民神不杂。民之精爽不携贰者，而又能齐肃衷正，其智能上下比义，其圣能光远宣朗，其明能光照之，其聪能听彻之，如是则明神降之，在男曰觋，在女曰巫。是使制神之处位次主，而为之牲器时服，而后使先圣之后之有光烈；而能知山川之号、高祖之主、宗庙之事、昭穆之世、齐敬之勤、礼节之宜、威仪之则、容貌之崇、忠信之质、禋絜之服，而敬恭明神者，以为之祝。使名姓之后，能知四时之生、牺牲之物、玉帛之类、采服之仪、彝器之量、次主之度、屏摄之位、坛场之所、上下之神、氏姓之出；而心率旧典者，为之宗。于是乎有天地神民类物之官，是谓五官，各司其序，不相乱也。民是以能有忠信，神是以能有明德，民神异业，敬而

---

① 李泽厚：《由巫到礼　释礼归仁》，三联书店2015年版，第40页。

不渎。故神降之嘉生，民以物享，祸灾不至，求用不匮。"

观射父作为楚国卜尹（相当于国家宗教事务部最高级长官），学识渊博，他担心楚昭王受人串唆，打起上天做神仙的盘算，就正色端容地回答道：《周书》说的不是这个意思。上古的时候，民和神并不混杂。和天上神明打交道是人群中仅有的少数几个人，这些人必须具备一定的能力，精神信仰专注不二，态度恭敬而中正。只有这样，他们的才智才能使得天地上下各得其宜，他们的圣明才能光芒远射，他们的目光才能明亮从而洞察一切，他们的听觉才能灵敏从而通达四方。这样，天上的神明才能降临到他们的身上，给予他们启示，并进而告知所有人。这些人，男的叫做觋，女的叫做巫。只有这些人知道天上神明的等级尊卑，进而制定出相应的祭礼，指导人民在祭祀上，当用何等的牲畜作为牺牲，规定祭器和服饰的规格。在他们的授权下，先圣的后代中，挑选出拥有功德、懂得山川之名位、祖庙之神主、宗庙之事务、昭穆之秩序的人。同时，这个人还能够注重礼节是否得当，威仪是否遵循规则，容貌是否修饰、祭服是否洁净。这样证明了他（先圣的后人）确实是侍奉神明的态度恭敬而又认真的人，这才让他担任太祝。在他们的授权下，有姓氏的大家族的后人之中，挑选出深切了解四季谷物之生长，祭祀所进献的牲畜的分别、玉帛的种类、采服的礼仪、祭器的多少、尊卑的先后、站立的位置、设坛的所在的人。这个人同时还熟谙天上地下所有神仙的谱系、姓氏之所出。这样证明他（有姓氏的大家族的后人）确实能以一颗坚定的心奉行旧法，这才让他担任宗伯。于是，人间就有掌管天地祭祀、让上神和下民得以沟通，进而分别善恶，使百姓得以安居乐业的官员们。这些官员所构成的官僚系统，被称为"五官"。在"五官"这一官僚系统的治理下，各个主管部门各司其职，而不越权行事，都很专业，这样就不会带来混乱。百姓具有忠信的美德，神明能昭显他们的功德，这正是因为民事和神事之间不相混杂的缘故。"五官"这一官僚系统对于民事和神事都很重视，恭敬而不轻慢。这样民与神相安，才有了太平盛世。在这样的太平盛世中，神灵降福，谷物生长。百姓再将收成献祭给神明，得以祸乱灾害不来，财用也不匮乏。

及少昊之衰也，九黎乱德，民神杂糅，不可方物。夫人作享，家为巫史，无有要质。民匮于祀，而不知其福。蒸享无度，民神同位。民渎齐盟，无有严威。神狎民则，不蠲其为。嘉生不降，无物以享。祸灾荐臻，莫尽其气。颛顼受之，乃命南正重司天以属神，命或。正黎司地以属民，使复旧常，无相侵渎，是谓绝地天通。①

然而在少昊氏青阳主政期间，黄帝王朝中衰。东夷集团中以蚩尤的旧部九黎各氏族为首，扰乱历代以来形成的"五官"德政，使得民事和神事之间失去了界限，一切都混淆起来，失去了控制。人人都可以举行祭祀，每个大家族都有自己的巫史，于是各氏族之间慢慢有了隔阂，进而彼此之间失去了信任。结果是百姓们既困于祭祀的负担，却又得不到神明的福报。祭祀没了法度，民和神处于同等的地位。老百姓对于盟誓也开始不放在心上，没了敬畏之心。天上的神明也就不把老百姓放在心上了。于是谷物再不能得到丰收，再厚重的祭祀神明也不看重，祸乱灾害频繁降临，君主也不能享有天命了。帝颛顼决意扭转这一局面，于是天命就降临在了他的身上，他果断命令南正重主管祭天，专注于神事，火正黎主管祭地，专注于民事。使前代之典章制度得以重新恢复，民事和神事再度得以分开。让人民不再无度的祭祀，任意打扰天上的神明，而由政府任命的官员全权负责。这就是所谓的"绝地天通"。

表面上看，"绝地天通"是对人神任意沟通混乱状态所进行的一次大规模的整饬和理顺。然而就其时代背景来看，颛顼、重、黎所处的时代，是中国从原始社会向阶级社会过渡的时代，也是文明和国家形成的时代，"绝地天通"正是在此背景下，所催生释放出来的构建"政教合一"之政治制度的动力。如果说"绝地天通"之前，人事活动极力地顺应自然规律，与自然节律的变化相一致，遵守民事与天时的相合，那么"绝地天通"之后，专职巫觋垄断了与神沟通的权力，其巫王合一的实质，注定了与神交流的巫同时就是处于统治地位的王，王作为统治者，具有通天通神的特权，民众与天神的沟通要以巫王为中介，此时民事与天时的相合就转变为时政与天时的相合。以《礼记·月令》为典型的政令与天时相配合的思想，其依天地四时而为纲，所言者皆为元首之事，"所谓'月'，乃包举天时；所谓'令'，即其所列举之政事。故合'月''令'而言，

---

① 《国语·楚语下》。

恰为'承天以治人'之一施政纲领"①。也就是说,《月令》是为统一的中央集权政权制定的行政月历。具体来说,"以一年十二个月为纲,把五方、五行、天象、帝神、五色、音律、祭祀、物候、人事等各方面的内容都安排进去,但其中心是王居明堂以行政令,要王的政治要与天时、自然相符合"②。所以,《月令》也被称为"王礼"。这样,对自然的认识就与现实社会的政治观念紧密结合在一起,成为集自然、社会、政治于一体,政权和神权合二为一的政治制度,即"政教合一",亦即"天王合一"。这种全方位一体模式,"惟其中国专制的官僚的政治自始就动员了或利用了各种社会文化的因素以扩大其影响,故官僚政治的支配的、贯彻的作用,就逐渐把它自己造成一种思想上、生活上的天罗地网,使全体生息在这种政治局面下的官吏与人民,支配者与被支配者都不知不觉地把这种政治形态看为最自然最合理的政治形态"③,这使得君主为自己实行统治、畅通政令找到了合理的依据与遵循,君主自然而然地成为了顺天守时、奉天承运、承天治人的现实载体,君主专制的合理性和必然性得以成功论证。

"绝地天通"虽然不能以其历史真实性进行考察,"不是一个事实上的历史事件,但它毫无疑问是一次观念上的历史事件。这次观念事件所标志的,是中国的形而上学在轴心时期的初步建构……这种形而上学在制度建构上的落实,便是专制秩序的建立,亦即礼制的确立"④。也就是说,它成就了中国上古所独有的"由巫到礼"的理性化道路,注定了中华民族与世界上许多其他民族从巫术走向宗教不同,中国是从"巫"走向了"礼",这奠定了中国文化的基本精神和主要特质,是中国没有成为宗教国家的原始根由,同时也为儒家礼教的形成与发展提供了必要前提和现实依据。

---

① 王梦鸥:《礼记·月令校读后记》,载李曰刚等《三礼论文集》,黎明文化事业股份有限公司1982年版,第251页。
② 刘丰:《先秦礼学思想与社会的整合》,中国人民大学出版社2003年版,第67页。
③ 王亚南:《中国官僚政治研究》,中国社会科学出版社1981年版,第43页。
④ 黄玉顺:《绝地天通——天地人神的原始本真关系的蜕变》,《哲学动态》2005年第5期。

（三）制礼作乐，敬德保民

从理论上说，礼教的起源应该与礼制的问世同步肇始发生。《通典》中记载了中国在上古有虞氏时代，礼制开始萌芽的相关情况：

> 伏羲以俪皮为礼，作瑟以为乐，可为嘉礼；神农播种，始诸饮食，致敬鬼神，蜡为田祭，可为吉礼；黄帝与蚩尤战於涿鹿，可为军礼；九牧倡教，可为宾礼；《易》称古者葬於中野，可为凶礼。又"修贽类帝"则吉礼也，"釐降嫔虞"则嘉礼也，"群后四朝"则宾礼也，"征於有苗"则军礼也，"遏密八音"则凶礼也。故自伏羲以来，五礼始彰。尧舜之时，五礼咸备，而直云"典朕三礼"者，据事天事地与人为三耳。①

虽然上述记载属于古代神话传说范畴，其真实性和可靠性无法考据论证，但历代儒家学者不断强调礼制滥觞发源于伏羲，实际上在他们尊礼崇礼情结的背后，体现的是礼为华夏之标志性特征这一观念。这也通常被认为是礼制产生发展的端倪。

历经夏商礼乐文化的积累，学者们普遍认为，礼制的初步完备成于周公。周公制礼作乐，实现了对原始礼乐文明的重大突破，从而进入理性礼乐文明阶段，正所谓"没有周公，就不会有传世的礼乐文明；没有周公，就没有儒家的历史渊源；没有儒家，中国传统的文明可能是另一种精神状态"②。

周公姓姬，名旦，谥文公，因其采邑在周地，因此被称为周公。周公曾协助周武王伐纣灭商，是西周灭殷商的亲身参加者和历史见证者，深得武王器重。灭商两年后，武王去世，其子继位（成王），因年幼威不慑众，叛乱篡夺王位之事时有发生。同时，尽管周已克殷，但新的统治秩序尚未确立，殷贵族的复国势力仍很强大，内忧外攘、国运危急之际，周公不畏人言，"继文王之业，持天下之政，以股肱周室，辅翼成王"③，终于

---

① 杜佑：《通典》（卷四十一），中华书局1998年版，第1119页。
② 杨向奎：《宗周社会与礼乐文明》，人民出版社1997年版，第141页。
③ 张双棣：《淮南子校释》，北京大学出版社1987年版。

完成了周武王未竟之大业，主要表现在周公构建实施了西周的耕田制、分封制、宗法制和礼制，而后"成王既壮，能从政事，周公受封于鲁，以此移风易俗"①，成为西周王朝的奠基人。孔子作为儒家学派的奠基人，受周公的影响至切至深，对周公的尊仰之情自心底而发，孔子曾经说："甚矣吾衰也！久矣吾不复梦见周公！"② 孔子对周公可谓魂牵梦绕，以致后人尊孔子为"至圣"，而称周公为"元圣"。人们言孔子通常也必先提"周公"，历史上"周孔之教"的称谓意在于此。明人陈凤梧在为周公庙所题的《元圣文宪王像赞》中写道："天生元圣，道隆德备。制礼作乐，经天纬地。上承文武，下启孔颜。功在万世，位参两位。"③ 著名史学家夏曾佑对周公曾给予极高评价，认为"孔子之前，黄帝之后，于中国大有关系者，周公一人而已"④。因此，研究中国古代教育不能不考虑周公的地位与作用。有关周公卓著的历史功绩，在《史记》《尚书》《国语》《左传》《荀子》等古文献中记载颇多。

周公"制礼作乐"，已经成为后世较为一致的观点和看法。《尚书大传》中记载：

> 周公摄政，一年救乱，二年克殷，三年践奄，四年建侯卫，五年营成周，六年制礼作乐，七年致政成王。⑤

可见，周公在摄政第六年有制礼作乐之事，这是较为明确的记载。但实际上，关于周公制礼作乐，最早的表述则记载于《左传·文十八年》：

> 季文子使太史克对曰："先大夫臧文仲，教行父事君之礼，行父奉以周旋，弗敢失队，曰：'见有礼于其君者事之，如孝子之养父母也；见无礼于其君者诛之，如鹰鹯之逐鸟雀也。'先君周公制周礼曰：'则以观德，德以处事，事以度功，功以食民。'作《誓命》曰：'毁则为贼，掩贼为藏，窃贿为盗，盗器为奸。主藏之名，赖奸之

---

① 张双棣：《淮南子校释》，北京大学出版社1987年版。
② 《论语·述而》。
③ 杨朝明：《周公事迹研究》，中州古籍出版社2002年版，第3页。
④ 夏曾佑：《中国古代史》，商务印书馆1935年版，第22页。
⑤ 郑玄注，陈寿祺辑校：《尚书大传》（卷二），上海商务印书馆1937年版，第62页。

用，为大凶德，有常无赦，在九刑不忘。'"①

季文子是鲁国的国相，鲁是周公之子伯禽的封国，季文子面对鲁宣公要将杀父不孝、偷窃求荣、毁弃礼法的莒国的太子仆留在身边，在劝诫鲁宣公时，所表现出来的对西周礼法的极力维护，提到"先君周公制周礼"，并指出其目的在于"则以观德，德以处事，事以度功，功以食民"，是说礼法的原则是用来衡量观察德行的，德行是用来处理事务的，事务是用来衡量功绩的，功绩是用来供养人民的。从中可以看出，周公制礼作乐的动机和目的，源于对"敬德保民"重要性的认识。

周公成就西周王室大业与他开明而远大的政治抱负有关，而他的政治抱负的施展发端于他的"敬德保民"思想的确立。周公之所以重视"敬德保民"，将其视为国家治理的基本原则和社会发展的前提条件，是与他亲历西周灭殷这一历史剧变分不开的。夏、商两代的败亡，特别是经历了武王讨伐纣王，以弱胜强，以小邦败大邑，灭殷商的历史际遇和时代巨变，使得周公不得不对历史经验进行认真的反思和总结。一方面，周公对人们一直以来所信奉的"天命靡常"产生了质疑。另一方面，他也清楚地认识到人民群众力量的伟大与民情民意不可违逆的现实意义。这与殷商时期重神灵，大小事情均由占卜和祭祀决定的思想观念形成强烈对比，殷商注重祭祀，"殷人尊神，率民以事神，先鬼而后礼，先罚而后赏，尊而不亲"②，而西周时期则由重神灵转向重人事，"周人尊礼尚施，事鬼敬神而远之，近人而忠焉，其赏罚用爵列，亲而不尊"③。强调敬德保民，通过礼乐教化实现其有效统治，这是西周文化与殷商文化的一个很大的不同之处。周公认识到要想"永享天命"，就要倡导和实施"敬德保民"的治国方针和治世思想，这对于后世先秦儒家所秉持的天人观念和人本思想的形成具有重要的影响。为了实施"敬德保民"的治国方针，周公大兴礼乐之制，与《尚书大传》记载类似的说法还可以在《礼记·明堂位》看到：

---

① 孔颖达：《春秋左传正义·十三经注疏》（下）上海古籍出版社1997年版，第1861页。
② 《礼记·表记》。
③ 《礼记·表记》。

第二章 先秦儒家礼教思想之历史缘起

武王崩，成王幼弱，周公践天子之位以治天下。六年朝诸侯于明堂，制礼作乐，颁度量而天下大服。①

从以上资料中，我们可以看到，先秦时期确有周公"制礼作乐"之事。周公试图将"以祭神（祖先）为核心的原始礼仪，加以改造制作，予以系统化、扩展化，成为一整套早期奴隶制的习惯统治法规（'仪制'）"②。这个习惯统治法规（"仪制"）"并非仅仅局限于具体的礼乐条目，而是作为一个有机的整体，包含了天命观、德治观、宗法、分封、乐舞、威仪以及各种礼仪规定"③，将周人对天命、道德、行为规范等范畴的观点系统地表达出来，其目的在于使人"明伦""尊德"。它不仅是统治阶级的礼义规范，而且也能够对广大民众日常中的迎来送往、待人接物、婚丧嫁娶等方方面面的社会生活做出解释和规范，并为民众所认同和遵守，逐步成为全社会共同遵循的制度、法律与道德规范。其意义在于，不但匡正了周室，纯化了民俗，敦厚了民风，而且繁荣了当时的经济、文化和教育。"在一个阶级统治另一个阶级的社会里，统治阶级为了贯彻其阶级意志、推行其政治设施来确保它所统治的社会的正常秩序，需要建立一些制度规程。在古代历史上，很大一部分制度规程就是'礼'。"④ "礼以政体，政以正民"，制订制度的目的是规范、校正世人的言行举止，使其合乎规矩、合乎礼数。有了制度，还须辅以必要的宣传和教育，如此，制度才能得以顺利贯彻和实施。

发展到周代中后期，礼乐制度已经基本形成了与国家政治、法律制度相互契合、相互贯通的稳定状态，礼与广大民众的日常生活紧密结合、息息相关，实现了通过宗法等级制的礼来完善奖惩赏罚的规范功能。《诗经·国风·相鼠》曰："相鼠有体，人而无礼。人而无礼，胡不遄死！"这里的"无礼"，即不知礼仪、不遵礼仪。从中可以看出，"礼"在世人的认知中已经具有了礼法和礼仪的意义。由此，我们可以推断，作为维护社会统治秩序和国家治理秩序的礼乐教化真正起源于西周时期。"自周公

---

① 《礼记·明堂位》。
② 李泽厚：《中国古代思想史论》，人民出版社 1985 年版，第 10 页。
③ 张焕君：《制礼作乐——先秦儒家礼学的形成与特征》，中国社会科学出版社 2010 年版，第 96 页。
④ 陈戍国：《中国礼制史》（先秦卷），湖南教育出版社 2011 年版，第 6 页。

以道德为宗旨制礼作乐之后,经过孔子对礼乐的再次加工整理,遂使中国社会绵延两千余年的基调得以确定。"① 先秦儒家礼教思想正是在这样的时代背景和历史变化中孕育形成。

---

① 张焕君:《制礼作乐——先秦儒家礼学的形成与特征》,中国社会科学出版社2010年版,第56页。

第三章 先秦儒家礼教之理想目标

有学者指出："中华礼制自诞生之日起就具备了教化功能，并在演化过程中逐渐将道德教育与理想教育紧密结合，强调自幼及长、礼教终生，提倡仁爱精神、忠恕之道，注重培养道德人格、建设礼仪之邦。"[①] 在一定意义上，先秦儒家礼教思想于创立之初以及在不断演化的过程中，逐渐构建起一个从人格理想到社会理想，分层次、渐进上升式的教育价值导向和终极理想关怀体系。这里，我们将其描述为"礼以成圣""礼以安伦""礼以治世"，分别对应着先秦儒家礼教在理想人格、理想伦理秩序、理想政治上的培养目标。

一 "礼以成圣"的理想人格

先秦儒家理想人格的培养是与其对人性问题的认识紧密联系在一起的。先秦儒家一向重视和关注人性问题，但在致思的取向上与西方思想家有所不同，西方思想家关注人性的本体，而先秦儒家关注的是人应当如何认识自己，人要怎样才能实现人之为人的价值的问题，即所谓的人性的善恶问题。自孔子提出"性相近也，习相远也"[②] 的命题之后，思孟学派强调并发挥了孔子的"性相近"的思想，提出了性善论的人性学说，荀子则发挥孔子的"习相远"思想，提出"性恶论"主张。尽管先秦儒家在人性问题上提出了不同的学说，具有善恶双重设计的特点，但对人性完善的必要性和可能性，以及人性完善的内在依据，如何完善人性等问题的探讨和阐释，都包含着对人格理想的认知、理解、设计与追求。

所谓人格，是人之所以成之为人的格位和标准，是作为一个人应该有

---

① 汤勤福：《中华礼制变迁的现代启示》，《人民日报》2016年3月25日。
② 《论语·阳货》。

的尊严、价值和品格的总和。它可以不依存于人的躯体，不依存于人所处的物质生活条件，而完全以独立的方式存在于人的精神文化维度之中。先秦儒家将道德作为人的本根，他们所追求和设计的理想人格，即具有自我意识、自我控制能力和道德完善的人，反映了先秦儒家礼教在培养"礼以成圣"这一总体目标上的设计和追求。

（一）理想人格的基本标准

理想人格是人们通过夯实自身力量所追求的精神价值目标和对美好人生形象的预设。孔子是儒学的开创者，也是首先关注培养人的标准问题的教育家。他提出教育"要培养'志于道'，'志于仁'的志士、君子和成人"①。孟子在继承孔子以来儒家注重培养"君子"理想人格的基础上，提出了不仅要培养温文尔雅、谦恭守礼，还要培养具有豪杰气象、特立独行的"大丈夫"这一理想人格的标准范型。荀子从礼法兼治的政治思想出发，强调"学恶乎始？恶乎终？曰……其义则始乎为士，终乎为圣人"②，明确了教育的目的在于培养为国家政权服务的各级官吏，这就要求既具有儒者的广博学识与高尚品格，又具有治国的才能与理政的胆识，即"好法而行"的士、"笃志而体"的君子和"齐明而不竭"的圣人。可见，关于理想人格，儒家有很多不同的称谓，诸如上述的志士、仁人、君子、大丈夫、成人、圣人等，并且先秦儒家将每一种理想人格都赋予了特定的内涵。下面，我们选择具有代表性的几种人格加以梳理概括，以窥儒家理想人格的基本特征。

1."志士"人格

士是春秋战国时期伴随着文化下移、学术下移而崛起的一个特殊的阶层。实际上，士早在西周时期是宗法制度的产物，是以血缘关系结成纽带的人群。正如《孟子·万章下》中记载：

> 君一位，卿一位，大夫一位，上士一位，中士一位，下士一位，凡六等。

---

① 王凌皓：《中国教育史论》，吉林人民出版社 2000 年版，第 12 页。
② 《荀子·劝学》。

士被孟子分为上中下三等，卿大夫的嫡长子在继承父位之后仍然是卿大夫，其余诸子则成为士；士的嫡长子仍为士，其余诸子则成为庶人。春秋战国以后，士发展成为具有一定知识和技能，而不再与血缘关系有关的一个阶层。这个阶层中，又不断涌现出一批批优秀之士，他们不仅知识广博、技能熟练，而且有志于道，有志于仁，热爱国家，关注时事，关心民众，成为当时社会发展中强大的中坚力量。先秦儒家学者对于士的高度关注和称道赞誉，不断建构、鼓舞、充实着士阶层的精神价值，不仅对之后相当于士的知识分子阶层，而且对整个中华民族个性特征的形成与发展，都产生了深远影响。

孔子作为儒学的开拓者，在《论语》中对士的论述就有15次之多。在论述中，孔子对士给予了高度的评价，也寄予了深切的厚望，希望他们能够担当起社会变革的历史重任和复兴周礼的时代使命，并进而提出了严格的要求与标准、殷切的期望与希冀。具体来说，士应该具有如下品德：

首先，士要做到志于道，不可以贪图享受。孔子告诫他的学生要做到"士志于道，而耻恶衣恶食者，未足与议也"①。也就是说，士的志向在于道，而不应该为衣食所累，正所谓"君子谋道不谋食"，"君子忧道不忧贫"②，如果一个士，因为自己穿得不够华丽，吃得不够美味而觉得耻辱，那是不值得与他交友并进而讨论道的。孔子自身也是这样做的，他一生以"朝闻道，夕死可矣"③ 的不懈奋斗始终追求着道，以"饭疏食饮水，曲肱而枕之，乐亦在其中矣。不义而富且贵，于我如浮云"④ 的豪迈精神，强调着对道的追求要高于对物质的追求。尽管孔子在社会中几经周折，始终郁郁不得志，但他把这种志道和弘道的希望完全寄托在他的学生身上，当他看到他的学生颜回虽然生活清贫，但却甘之如饴，安贫乐道，"其心三月不违仁"时，他便对其大加赞许：

贤哉，回也！一箪食，一瓢饮，在陋巷，人不堪其忧，回也不改其乐。贤哉，回也！⑤

---

① 《论语·里仁》。
② 《论语·卫灵公》。
③ 《论语·里仁》。
④ 《论语·述而》。
⑤ 《论语·雍也》。

子夏则决心"学以致其道"。

其次,士要做到"行己有耻","不辱君命"。孔子的学生——商人子贡曾经问过孔子:"何如斯可谓之士矣?"什么样的人可以称之为真正的士呢?子曰:"行己有耻,使于四方,不辱君命,可谓士矣。"① 也就是说,士要能够分辨出羞耻廉辱,在出使他国时,要对自己的行为负责,不能辱没国君交给他的使命,这样的人可以称得上士了。子贡又问:"敢问其次。"曰:"宗族称孝焉,乡党称弟焉。"宗族中的人能够称赞他孝顺父母,本乡的人都称赞他尊敬兄长。再问:"敢问其次。"曰:"言必信,行必果,硁硁然小人哉!抑亦可以为次矣。"说话诚实守信,行为坚定果决,这种人浅薄而固执,只管自己贯彻言行,但是也有德行,或许也可以算是士吧。可见,"言必信,行必果"是士的底线,而能够为国家效力的优秀人士才可以真正称得上士。

最后,士要做到宁可牺牲自己,也要成全仁义。孔子强调志士要做到"守死善道",要讲求"无求生以害人,有杀身以成仁"②。当士面临仁义与生命的抉择与考验时,要坚持操守而风骨崚嶒,具有杀身成仁、舍生取义的弘毅精神。要宁可献出宝贵的生命,也要追求无价的仁义。正是在孔子的谆谆教诲之下,曾参在临终前还殷切地嘱托他的学生:

> 士不可以不弘毅,任重而道远。仁以为己任,不亦重乎?死而后已,不亦远乎?③

作为一个士人,必须要有宽广和坚韧的品质,因为自己责任重大,道路遥远。为了实现这个目标,士要有果敢坚毅的精神,持之以恒,死而后已。

孟子作为孔子思想的继承者,也有一些关于士的论述。概括起来,主要体现在以下两点:

首先,士要做到"无恒产而有恒心"。《孟子·梁惠王上》中记载:"无恒产而有恒心者,惟士为能。"意思是说,没有固定的资产和收入,

---

① 《论语·子路》。
② 《论语·卫灵公》。
③ 《论语·泰伯》。

却有经常向善的心志，具有一定的道德水准，只有士人才能做到。而对于普通的老百姓而言，如果没有固定的资产或者稳定的产业收入，则不可能有经常向善的心志，也不会具有一定的道德标准和行为准则，那样的话，放肆、怪癖、淫邪、奢侈的种种坏事也就没有不做的了。这是孟子论述的士所应该具备的品质，同时也是关于财产与道德之间的关系，一方面体现了孟子对士所寄予的殷切希望和期冀，同时也体现了孟子对民众教化的重视，但他不是站在空中楼阁上发空论，而是主张给予老百姓产业之后才具备教化的基础。

其次，士要做到志向远大，情操高尚。《孟子·滕文公下》记载：

> 昔齐景公田，招虞人以旌，不至，将杀之。"志士不忘在沟壑，勇士不忘丧其元"，孔子奚取焉？取非其招不往也。

意思是说，齐景公打猎时曾经用旌旗——一种用羽毛装饰的旗子招呼猎场管理人员，管理人员认为不符合礼仪而不肯来。齐景公很生气，想把他杀掉。这个猎场管理员，堪称有志之士，不怕被抛尸山野，不怕被砍掉头颅。孔子对此是大加赞赏的。看得出来，孟子通过孔子对虞人赞赏这一件事，表明了孟子对士的志向和情操的期待。

荀子秉持礼法兼治的政治理想，要求教育要培养爱好礼法并尽力遵行进而推行礼法的贤能之士。在荀子看来，士是从事具体工作实践，冲在第一线并有能力的办事人员，所以说"好法而行，士也"[①]。荀子又根据士的不同特点和能力，将其分为通士、公士、直士和悫士四种类型，并阐明了其不同特点，即：

> 有通士者，有公士者，有直士者，有悫士者，有小人者。上则能尊君，下则能爱民，物至而应，事起而辨，若是，则可谓通士矣。不下比以暗上，不上同以疾下，分争于中，不以私害之，若是，则可谓公士矣。身之所长，上虽不知，不以悖君，身之所短，上虽不知，不以取赏，长短不饰，以情自竭，若是，则可谓直士矣。庸言必信之，

---

① 《荀子·修身》。

庸行必慎之，畏法流俗而不敢以其所独甚，若是，则可谓悫士矣。①

在这段文字中，荀子分辨了四种士所具有的不同特点，但总体来说，士都具有品德优良、谦虚谨慎、忠诚厚道，忠于干事，勤于职事，拥有办事能力的品质。

最后，值得强调的是，荀子在教育目的的阐述中还增加了一些新的特点，《荀子·王制》中记载：

> 虽王公士大夫之子孙，不能属于礼义，则归之庶人。虽庶人之子孙也，积文学，正身行，能属于礼义，则归之卿相士大夫。

这在一定程度上打破了春秋以前，士作为一个等级所具有的"士之子恒为士"的相对稳定性，另外，也"体现了'贤贤'的育才标准……这种人才内涵的确定虽非荀况始作俑，但却是他首先作为培养目标加以阐述的"②。

2. "仁人"人格

孔子在教育教学中，还为学生们树立了"仁人"的楷模，其中最具代表性的应该是"殷有三仁焉"，即"微子去之，箕子为之奴，比干谏而死"③。也就是说，殷商时期的微子、箕子和比干被孔子称为"三仁"。其中微子是殷纣王的同母兄弟，看见纣王昏乱残暴，肆虐屠戮百姓，便远离了他，由于微子并未失去自己的信仰，孔子许之为仁人；箕子作为纣王的叔父，看到纣王治国无道便极力劝谏，但纣王无动于衷，自行其是，箕子劝谏无效，无奈之下只得披发佯狂，甘被降为奴隶，但仍洁身自好，因其人格志趣无伤，亦可称作仁人；比干也是纣王的叔父，具有极强的责任心，忠心耿耿，死而后已，竭力进谏，尽管最后以失败告终，被纣王剖心而死。但是，在孔子看来，比干做到了仁义尽至，更当为仁人。微子、箕子、比干三人同处典型的商周之际乱世之中，虽然采取了三种不同的处世态度，但孔子均将三人认定为仁人，即使是对无功德建树而言的微子，也因其

---

① 《荀子·不苟》。
② 孙培青：《中国教育史》，华东师范大学出版社1992年版，第139页。
③ 《论语·微子》。

"至德"而大加称许赞扬。可见，孔子的人格教育，高度重视人的品德修养，并不以成败论人高低。在孔子看来，教育要以立德为上，立功次之，立言为下。这与孔子自己身处乱世，郁郁不得志，一生行道不得有关，切身的经历使他认识到，有德的人，如果缺少一定的社会环境和条件也未必能立功，因此，不管在治世也好，乱世也罢，加强自身品德修养，做到"为仁由己"才是最重要的。孔子所倡导的这一"仁人"的人格教育，对后世影响深远，出现了很多"求仁尽义"的仁人。比如，可与比干同道的屈原，仁为己任，忠奋积极，不屈不挠，沉江而死；情同箕子的陶渊明，一生清高自持，在高吟"归去来兮"之后，洁身而去；还有酷似微子的杜甫，流离奔波，和而不同，"周而不比"，一生忧国忧民。这三位诗人，在我国古代文化史上，都享有盛誉，受人敬仰，他们都奉行了孔子的教诲。

3. "君子"人格

"君子"一词在先秦典籍中出现频率较高，仅在《论语》中就出现107次，是一个贯穿《论语》始终的概念，在二十篇当中都有出现，可见其地位之重要。所谓"君子"，《说文解字》中解释："君，尊也。从尹，发号，故从口。古文象君坐形。"段玉裁注云："尹，治也"；下面的"口"，表示发布命令，"君"的本义是发号施令的统治者。《尚书·无逸》中讲："君子所其无逸。"孔颖达疏曰："君子，止谓在官长者。"所以，"君子"原本是一种尊称，是指居于社会上层的贵族阶级成员，君子之名实为社会地位而非道德品质。

春秋之后，孔子为了恢复周礼，改良政治，急需一批贤才，贤才并非天生而就，孔子因此决定把平民之中的士经过教育提高，成为有道德有才能可以从政的贤才。孔子自己原本也属于平民中的士阶层。于是，孔子将"君子"转化为孔子心目中具有理想人格之人，并对其予以重新界定，赋予了道德品质的含义，即指人格高尚、道德品行兼好之人，并将"君子"通常用作与"小人"相对，成为有德者和无德者的区分，以此彰显君子的品质，这是孔子的重要贡献之一。实际上，孔子当年办学的培养目标即为对"君子"的培养，孔子自己则是"君子之师"，孔子之学则为"君子之学"。"仁以为本、礼以为质。易言之，君子就是遵循礼，追求、成就仁德的人"[①]。具体来说：

[①] 唐凯麟、张怀承：《成人与成圣——儒家伦理道德精粹》，湖南大学出版社1999年版，第104页。

首先，君子要做到文质彬彬，恭敬谦让。孔子说："质胜文则野，文胜质则史；文质彬彬，然后君子。"① 质，实也，指人的内在品质，可以理解为"心灵美"；文，饰也，指人的外在文采，可以理解为"行为美"。有质无文则土头土脑，有文无质则华而不实，只有"文"和"质""彬彬"，配合得当，文质兼备，内外双修，协调发展，才可以称为君子。孔子的弟子子贡由此进一步阐发了文和质的关系，即"文犹质也，质犹文也。"② 文质两者缺一不可，互为补充。孔子还把恭敬作为"君子之道"的重要内容，《论语·公冶长》中记载：

子谓子产，有君子之道四焉：其行己也恭，其事上也敬，其养民也惠，其使民也义。

恭敬，就是要求君子做到谨慎、虔诚，对自己正心要有诚意，要做到战战兢兢，如临深渊，如履薄冰；事父母要孝敬，事君要忠敬，与朋友交要诚敬。总之，无论对待自己、他人抑或社会，君子都要严肃认真，谨小慎微。孔子还说："君子无所争"③，"君子矜而不争"④，君子要坚持一定道德原则的不争，不骄傲自大，养成谦逊礼让的美德。当然，恭敬礼让是人际关系的行为规范和交往遵循，并非人生的处世态度和基本原则，因此，它与儒家同时强调的"当仁不让于师"并不矛盾。

其次，君子要做到仁为己任，不偏不倚。仁是君子最根本的品德，孔子强调君子无论在任何情况下，都要以张扬仁义为己任，如《论语·里仁》所载：

君子去仁，恶乎成名？君子无终食之间违仁，造次必于是，颠沛必于是。

为仁行义的实质是爱人，所谓爱人，就要做到"己欲立而立人，己

---

① 《论语·雍也》。
② 《论语·颜渊》。
③ 《论语·八佾》。
④ 《论语·卫灵公》。

欲达而达人"①，"己所不欲，勿施于人"②。同时，为仁行义是一种自觉的行为，不需要他人命令，甚至也不需要他人鼓励，正所谓"我欲仁，斯仁至矣"③。君子的理想，君子人格的道德价值，就是要把仁德推广于天下，济世安民。另外，君子还要做到中庸，在孔子看来，"中庸之为德也，其至矣乎！民鲜久矣"④。"不偏之谓中，不易之谓庸。中者，天下之正道；庸者，天下之定理"⑤。中庸就是不偏不倚，是无过无不及，是一种恰到好处的适中。当然，要真正掌握并做到恰到好处的分寸，是极其不易的。《礼记·中庸》曰："天下国家可均也，爵禄可辞也，白刃可蹈也，中庸不可能也。"正是因为做到中庸很难，才显得更为可贵，君子就要将其作为努力方向竭力去做。

最后，君子要努力成为修己安人的统治者。《论语·宪问》中记载：

> 子路问君子。子曰："修己以敬。"曰："如斯而已乎？"曰："修己以安人。"曰："如斯而已乎？"曰："修己以安百姓。修己以安百姓，尧舜其犹病诸。"

从对话中可以看出，孔子要求君子，一方面对己要能"修己"；另一方面对人要能"安人"乃至"安百姓"，只有这样，才能做到"知所以修身，则知所以治人"⑥。为此，君子应该具备三个方面的基本品格或修养要求，即"君子道者三：仁者不忧，知者不惑，勇者不惧"⑦。"仁者不忧"要求君子不为名利所扰，不患得患失，做到临危不惧，处变不惊；"知（智）者不惑"要求君子既自知又知人，具有深谋远虑的智慧，不被近利、小利和个人私利所惑，能够事事处以公心，见利思义，具有趋利避害，善于决断等多种能力；"勇者不惧"是孔子要求君子所必须具备的卫道的品德，孔子勉励学做君子的人，要有见义勇为，勉力行道，知其不可

---

① 《论语·雍也》。
② 《论语·卫灵公》。
③ 《论语·述而》。
④ 《论语·雍也》
⑤ 程颢、程颐：《程氏遗书》（卷七），中华书局1981年版。
⑥ 《礼记·中庸》。
⑦ 《论语·宪问》。

为而为之的精神,刚强果决的意志,不同流合污的气节,见危授命,勇挑重担的气概,以及为道义而献身的崇高品质。智、仁、勇这三德"都是一个人内在心理品质,不过各有侧重:智,侧重于解决道德认识和学以致用的能力问题;仁,侧重于解决人生观问题;勇,侧重于解决力行和道德信仰问题"①,故儒家后学在《礼记·中庸》中称智、仁、勇为"三达德"。因此,君子要努力形成不惑、不忧、不惧的精神境界。

荀子关于"君子"的标准和要求要比"士"高得多。在荀子看来,君子最主要的是"笃志而体",即要成为具有坚定意志并能付诸实践的人。为此,君子在言行上要做到"言有坛宇,行有防表,道有一隆"②,即君子讲话必须遵循一定的原则,行为必须遵循一定的标准,道德高尚,且至最高的境界。

在品格修养和人生态度上,要做到:

> 宽而不慢,廉而不刿,辩而不争,察而不激,直立而不胜,坚强而不暴,柔从而不流,恭敬谨慎从容。③

也就是说,要心胸宽广却不怠慢他人,讲究原则却不伤害他人,善于雄辩却不与人争吵,明察事理却不偏激,品行正直却不颐指气使,坚定刚强却不凶残暴力,柔和温顺却不随波逐流,恭敬谨慎并能宽容大度。

在评价他人时,要做到:

> 崇人之德,扬人之美,非谄谀也;正义直指,举人之过,非毁疵也。④

即君子崇尚他人德行,称赞他人优点,并非出于谄媚迎合、阿谀奉承的目的;公正评价他人,指出他人过错,并非出于诋毁挑剔、恶意抹杀的目的。

---

① 王炳照、阎国华:《中国教育思想通史》(第一卷),湖南教育出版社1994年版,第59页。
② 《荀子·儒效》。
③ 《荀子·不苟》。
④ 《荀子·不苟》。

在处世之道上，要做到：

> 君子大心则敬天而道，小心则畏义而节；知则明通而类，愚则端悫而法；见由则恭而止，见闭则敬而齐；喜则和而治，忧则静而理；通则文而明，穷则约而详。①

即如果君子心往大的方面用，就会敬奉自然而遵循规律；如果心往小的方面用，就会敬畏礼义而有所节制；如果聪明，就会明智通达而触类旁通；如果愚钝，就会端正诚笃而遵守法度；如果被起用，就会恭敬而不放纵；如果不见用，就会戒慎而整治自己；如果高兴了，就会平和地去治理；如果忧愁了，就会冷静地去处理；如果显贵，就会文雅而明智；如果困窘，就会自我约束而明察事理。只有达到以上的要求和标准，才能称为名副其实的"笃行君子"②。

4. "大丈夫"人格

孟子继承了孔子注重理想人格培养的优良传统，并且在牢牢把握孔子教育思想精髓的基础上，创立了较为系统的人格教育理论，将孔子教育由"内圣外王"兼顾，引向了更侧重"内省"的航道，提出了"大丈夫"理想人格的标准范型，这使得孔子礼教的教育目标由经验形态上升为具有一定理论形态的思想。

孟子认为世界上最可贵的东西是人的精神，高尚的精神境界的价值要远远超过优厚的物质利益和高贵的社会地位。这种高尚的精神境界就是"大丈夫"所应该具有的人生品格。如果说，君子人格注重的是"'温、良、恭、俭、让'的'文质彬彬'的人格范型，尽管它也包含着'自强不息'、仁为己任等因素，但总的来说缺乏一种豪迈激越的精神"③，相比而言，"大丈夫"人格则是一种杰出俊伟的英雄气象，兼具胆识超人、特立独行的气概。

首先，"大丈夫"要志节高尚，人格独立。"大丈夫"要比君子更加

---

① 《荀子·不苟》。

② 《荀子·儒效》。

③ 唐凯麟、张怀承：《成人与成圣——儒家伦理道德精粹》，湖南大学出版社1999年版，第106页。

注重人格的独立与尊严,不把绝对的服从作为美德。孟子明确提出"大丈夫"的标准之一,要做到:

> 居天下之广居,立天下之正位,行天下之大道;得志,与民由之;不得志,独行其道。富贵不能淫,贫贱不能移,威武不能屈。此之谓大丈夫。①

"大丈夫"在天下最宽广的居所里居住,在天下最正大的位置上站立,在天下最广阔的道路上行走,得志的时候,偕同百姓循着大道共同前进,不得志的时候,也能坚持正义,捍卫真理,独善其身,做到"富贵不能淫,贫贱不能移,威武不能屈",这三种品德,是具有独立人格的人所不可缺少的,他们能够正确对待金钱的诱惑,处理好富贵问题;能够正确对待自己所处的社会地位,处理好贫贱问题;能够正确对待强权的胁迫,敢于直面威武的暴力。这一人格的崇高标准在中华民族性格的形成与塑造上,有着巨大的影响。人民教育家陶行知对此有高度的评价,他在临终前的一封信中写道:

> "平时要以'仁者不忧、智者不惑、勇者不惧,达者不恋'的精神培养学生和我们自己。有事则以'富贵不能淫,贫贱不能移,威武不能屈,美人不能动'相勉励。"②

其次,"大丈夫"要意志刚毅,善养"浩然之气"。什么是"浩然之气"?孟子将其解释为:

> 其为气也,至大至刚,以直养而无害,则塞于天地之间。其为气也,配义与道。无是,馁也。是集义所生者,非义袭而取之也。③

意思是说,"大丈夫"所应该具有的宽广的胸怀、恢宏的气魄和凛然

---

① 《孟子·滕文公下》。
② 陶行知:《陶行知教育论著选》,人民教育出版社 1991 年版,第 649 页。
③ 《孟子·公孙丑上》。

不可侵犯的正气，是充塞于天地之间的至大至刚之气，是由内心之道义迸发而出，可以压倒一切邪恶的豪迈之气。浩然之气要与仁义和道德相互配合，相濡以沫，否则就会像人缺少食物一样慢慢衰竭。浩然之气是内心正义的长期聚积，而非某个正义行为的偶然体现。浩然之气是对自我行为正义性的高度自觉，是对社会道德的强力感召，具有伟大的精神力量。

最后，"大丈夫"要以义为尚，善于处理义利关系。君子守礼，"大丈夫"崇义，他们以道义为重，以道义为生命价值，主动、自觉、坚定地践履义，比君子更具历史使命和责任担当。义指的是国家、民族、集体的公利，义者宜也，宜于时宜于势，具有积极的道德价值。与其相对，利，指的是个人的私利，"大丈夫"应时时处处事事处以公心，心系社会，心系民众，救世利民，乐以天下，忧以天下。孟子以推行王道于天下为己任，要求人们知义、求义、履义，强调居仁由义，"非其义也，非其道也，一介不以与人，一介不以取诸人"①。如果不合乎仁义和道德，即使再小，也不会施于他人，也不会取于他人。义是"大丈夫"维护的最高价值，决不允许有任何侵犯。正是在这种"先义后利""见利思义""义然后取""以义为贵"的价值取向的涵养熏陶下，在中国历史上曾经出现了"先天下之忧而忧，后天下之乐而乐""不以物喜，不为己悲"的范仲淹，"天下兴亡，匹夫有责"的顾炎武，"苟利国家生以死，岂因祸福避趋之"的林则徐等有着"当今之世，舍我其谁"②，重义轻利"大丈夫"豪迈情怀的爱国人士。

5. "成人"人格

"成人"，在孔子和其他先秦儒家那里，并非仅仅指现代意义上的关乎人的年龄、体能和智能的"成年的人"或者"生长发育完全的人"。当然，人生而幼，不可谓"成人"，"成人"首先是一个年龄的概念。先秦儒家对"成人"的认识，有着深刻的文化背景。最晚自西周开始，中国就有了比较完备的成人礼——冠礼，冠礼是对其"成人"的认可，《礼记·冠义》指出："凡人之所以为人者，礼义也。礼义之始，在于正容体，齐颜色，顺辞令。"一个人在行冠礼之后，即表明这个人开始享有了成年人的权力，同时就应当对社会伦理或行为准则有较为准确的认同，应

---

① 《孟子·万章上》。
② 《孟子·公孙丑下》。

当通过不断的学习与成长，使自己的道德内涵不断地扩充完善。发展到后来，"成人"则更多地指向人的道德内涵和道德人格养成的问题，成为具有完美人格的人的最高标准。

孔子所要培养的理想的，能成就一番伟业的"成人"的标准范型，可以在他的学生子路向他请教何谓"成人"这一问题时找到答案，孔子说：

> 若臧武仲之知，公绰之不欲，卞庄子之勇，冉求之艺，文之以礼乐，亦可以为成人矣。①

孔子认为，"成人"要在具备志士和君子的各种基本素质和优良品质以外，还要具有"臧武仲之知（同智）"，"公绰之不欲（仁）"和"卞庄子之勇"。也就是说"成人"要有其内心之德，即智、仁、勇。这些内心之德又要通过外部表现得以彰显，就是艺和文（礼与乐），把这些美德集中起来，正所谓"志于道，据于德、依于仁、游于艺"②，"兴于诗、立于礼、成于乐"③，即"成人"要做到智、仁、勇、艺、礼、乐兼备。

需要说明的是，孔子提出的这种"成人"，近似"完人"或者"全人"，是富于理想化，常人难以达到的，南宋理学家朱熹曾评价道：

> 成人，犹言全人。言兼此四子之长，则知（智）足以穷理，廉足以养心，勇足以力行，艺足以泛应，而又节之以礼，和之以乐，使德成于内，而文见乎外。则材全德备，浑然不见一善成名之迹；中正和乐，粹然不复偏倚驳姆之蔽，而其为人也亦成矣。然亦之为言，非其至者，盖就子路之所可及语之也。若论其至，则非圣人之尽人道，不足以语此。④

孔子对此也十分清楚。为此，孔子提出了相对来说比较现实，通过努

---

① 《论语·宪问》。
② 《论语·述而》。
③ 《论语·泰伯》。
④ 朱熹：《四书章句集注》，中华书局1983年版，第151页。

力可以实现的"成人"的标准:

> 今之成人者何必然? 见利思义, 见危授命, 久要不忘平生之言, 亦可以为成人矣。①

在这里,"见利思义"即为"智","见危授命"即为勇,"久要(同约)不忘平生之言"即为安贫乐道的"仁"。意思是说,在当今社会,只要能做到看见财利,考虑到道义;遇到危险,肯献出生命;长期过穷困日子,仍不忘平日诺言,就可以算是一个完美的人了。孔子认为做一个"成人",于此三德缺一不可。

6. "圣人"人格

孔子也讲圣人,但是在孔子看来,圣人是尽善尽美、至善至美理想人格的最高范型,是人生所可能达到的最辉煌、最巅峰的精神境界。孔子认为,在此前历史上,能够被众人所公认,尊称为圣人的人寥寥无几,仅有尧舜禹汤文武和周公不足十人。因此,他说:"圣人吾不得而见之矣"②,是可遇而不可求的。那么,"圣人"究竟应该具有哪些特质? 实际上,在上面所提到的孔子对理想化的"成人"提出的标准就可以理解为是他对"圣人"标准的表述和期许,正如朱熹所述:"若论其至,则非圣人之尽人道,不足以语此。"在孔子看来,"'成人'是某种不受限制的开放行为,其中,文化积累以及随之而来丰富的可能性促成的是真正的质的成长"③。

荀子讲"圣人者,道之极也"④,"圣人"可谓是最高的智者,博大精深,无所不明,无所不晓,"齐明而不竭"。"故学者,固学为圣人也"⑤,荀子鼓励他的学生和后人要把做"圣人"作为自己终身为之付诸努力的目标,并对"圣人"的条件和标准做了具体的阐发和描述:

---

① 《论语·泰伯》。

② 《论语·述而》。

③ Hall, David L, Ames, Roger T: Thingking Through Confucius, State University of New York Press, Albany, 1987, p. 236.

④ 《荀子·礼论》。

⑤ 《荀子·礼论》。

> 修百王之法，若辨白黑；应当时之变，若数一二；行礼要节而安之，若生四枝；要时立功之巧，若诏四时；平正和民之善，亿万之众而搏若一人：如是，则可谓圣人矣。①
>
> 上察于天，下错于地；塞备天地之间，加施万物之上；微而明，短而长，狭而广；神明博大以至约。故曰：一与一，是为人者，谓之圣人。②

从中可见，尽管荀子也将"圣人"作为理想人格培养的最高终极目标，但与孔子"圣人不得而见之矣"的思想相比，却为人们指明"圣人"的目标并非高不可攀，难不可及。只要"积善成德，而神明自得，圣心备焉"③，然后再"彼求之而后得，为之而后成，积之而后高，尽之而后圣"④，经过积渐集成的过程，终究可修为"圣人"。而且无论其出身背景、社会地位如何，只要"积善而作尽"，"涂之人百姓"，也可"谓之圣人"⑤。这一思想的提出，相对于孔子提出的"有教无类"，孟子提出的"人皆可以为尧舜"，无疑前进了一大步。

总之，圣人是道德的化身，是道德极致完善的人格范型。《中庸》说：

> 诚者，天之道也；诚之者，人之道也。诚者，不勉而中，不思而得，从容中道，圣人也。

"诚"朱熹将其解释为"真实无妄"。社会道德对于"圣人"来说，已经不是一种表面层次上的遵循，而是早已被内化为自身本质，其一切行为，包括有意识的和无意识的行为，都是其内在道德本质的自然展现，可谓从心所欲，无往而非至善之德。不仅如此，"圣人"还不单单努力成就个人道德品格的完善，而且还把个人的追求与人类的追求和完善结合在一起，承担着"为天地立心，为生民立命，为往圣继绝学，为万世开太平"

---

① 《荀子·儒效》。
② 《荀子·王制》。
③ 《荀子·劝学》。
④ 《荀子·儒效》。
⑤ 《荀子·儒效》。

的时代使命，显示出生命价值的崇高、伟大与永恒。

(二) 理想人格的实践序位

任何时代的教育目的，都必须服从服务于那个时代的社会政治经济制度的需要，先秦儒家为适应当时社会政治经济发展的需要，根据不同的人在不同的个体环境和道德境界上客观存在的差异性和选择性，提出了分层次的教育培养目标。正如《荀子·儒效》中记载：

> 彼学者，行之，曰士也；敦慕焉，君子也；知之，圣人也。上为圣人，下为士、君子，孰禁我哉？

通过前面对几种理想人格基本标准和基本特征的梳理与分析，我们不难发现，不仅荀子，孔子和孟子所提出的对理想人格的培养标准，也都是有着不同层次和序列的。他们之间并不是杂乱无序、随意颠倒、没有条理的关系，而是存在着以自我道德现实水平为坐标原点而展开的可以不断提升的逻辑层次严谨的理想人格实践序位。"序"即为排列的次第和顺序，"位"即所处的位置，理想人格实践序位即为个体进行道德实践所应当遵循的次第和应当处的位置。

具体来说，"志士""君子"和"圣人"是被孔子、孟子和荀子等先秦儒家学者普遍倡导的三个不同层次、不同实践序位的理想人格。其一，"圣人"是最高理想人格，也是最完美的理想人格。孔子虽然极力强调仁，但他认为一个具备了仁的人并不能称之为"圣人"，只有那些智慧超群、德性崇高、阅历丰富、博通万物之理，能够立足社会发展现状，为人们制定出恰当的制度规范，又能够超越现实，着眼未来，为人们规划出前瞻性的发展策略的人，才可以称为"圣人"。"圣人"有着强烈的社会责任感，他们以天下为己任，能帮助天下所有人实现自身价值。"圣人"是人生修为的最高目标，它在先秦儒家理想人格中有着至高无上的地位。其二，"君子"是次于"圣人"的理想人格。"君子"一词本身就具有道德品质的属性，代指那些人格高尚、道德品行兼好之人。作为"君子"，其道德修养应该已经达到较为完满的境界，具有知仁勇之常德，以行仁行义为己任，知礼守礼，敬天畏命，胸怀天下，勇担重任，勤勉恭谨。君子能在当时混乱的社会秩序治理中，承担起挽救时弊的重任，发挥着中流砥柱的作用。因此，相对于"圣人"人格，"君子"人格因其具有更广泛的现实性和可操作性，而最为先秦儒家所重视和推崇。其三，"志士"是次于"君子"的理想人格。"志士"应该具有高尚的志向、坚定的信念和公正的道义。他们宁肯牺牲自己的生命，也不会为乞求苟全生命而损害仁德。他们能够为了国家和民族的存亡命运而舍命拼搏，能够以自身的热情和精神感召人们共拯时艰。"志士"人格是先秦儒家设定的对那些能够赞成和支持"君子""圣人"治世的跟随者和拥护者的培养目标。综上可知，"君子"和"圣人"本身必然为"志士"，"志士"可以通过努力修身、不断完善，达到"君子"和"圣人"的境界，"志士"人格、"君子"人格、"圣人"人格三个层次之间是由低到高、相互贯通的递进关系。

除了"志士""君子"和"圣人"这三个递进层次的理想人格之外，"仁人""大丈夫""成人"等理想人格的构建，也对后世"培养什么样的人"的教育目标的确立产生了较大的影响。譬如孔子所倡导的"仁人"人格，在孔子所设定的理想人格实践序位中，应该是低于"君子"人格和"圣人"人格，较之于"志士"人格，更强调和关注德性的崇高。又如孟子所提倡的"大丈夫"人格，强调的是人的气节和风度，体现的是所应该具备的精神风貌。再如孔子和荀子两人所共同倡导的"成人"人格，在实践序位上，应该与"圣人"相当，表现为"儒家全部理想人格的通称，是圣人、贤人、君子乃至仁人、大丈夫的统一体"①。

理想人格目标的设定凸显了先秦儒家对自我修身的高度重视。《礼记·大学》也对个体修身进行了纲目上的安排，提出了以"三纲领""八条目"为主体构架的实践序位。"三纲领"即"大学之道，在明明德，在亲民，在止于至善"，即通过大学"教之以穷理、正心、修己、治人之道"②，来彰显自己的美德，亲爱于民，止于至善之行。"八条目"即"格物""致知""诚意""正心""修身""齐家""治国""平天下"。八个条目之间相互贯通，次序井然。其中"修身"是中心环节，是达成理想人格之根本。从"格物"到"正心"是"修身"的步骤，"齐家""治国""平天下"则是"修身"的目的。也就是说，个体以"修身"为中心，"向内延伸到他的主观世界，向外延伸到他的客观世界……向内延伸

---

① 刘辉：《儒家理想人格略论》，《社会科学战线》2005年第4期。
② 朱熹：《四书集注》，岳麓书社2010年版，第3页。

到正心、诚意、致知，向外延伸到齐家、治国、平天下。"① 这套修身理论体现了先秦儒家对于理想人格培养的高度重视，开启了一套完整的个体道德境界提升路径，也为个体理想人格的培养提供了具有切实意义的实践序位。

二 "礼以安伦"的理想伦理秩序

伦，即为人道。若有人，定不能无伦，同时，人无伦外之人。人与人之间的交往，因其不同的社会阶层、社会角色和社会关系，而有着不同的道德关系和道德规范。中国人的道，是伦常之道，存在于五伦关系当中，《孟子·滕文公上》云："使契为司徒，教以人伦：父子有亲，君臣有义，夫妇有别，长幼有序，朋友有信。"此五伦乃是人之常道和常理，儒家最为重视，又如儒家的"十义"之说："父慈，子孝，兄良，弟弟，夫义，妇听，长惠，幼顺，君仁，臣忠，十者，谓之人义。"② 再如《左传·昭公二十六年》说："君令，臣共；父慈，子孝；兄爱，弟敬；夫和，妻柔；姑慈，妇听；礼也。"儒家认为只要"人伦明于上，小民亲于下"，国治天下平的理想就能实现。可见，实现人伦的重要性。而要实现人伦，就要使人伦中的双方都能够遵守一定的"规矩"，这个"规矩"就要以礼教之，以礼安之，以礼来实现君臣之间的礼义之道，父子之间的尊卑之序，夫妻之间的挚爱之情，兄弟之间的骨肉至亲之谊，朋友之间的诚信之德。

（一）君仁臣忠，非礼不能尊尊

对于君臣关系，在先秦儒家理想的价值预设中，君有君之道，臣有臣之道。孔子言："君君，臣臣。"③ "君使臣以礼，臣事君以忠。"④ 孟子言："欲为君，尽君道；欲为臣，尽臣道。"⑤ 荀子言："主道，知人；臣

---

① 冯友兰：《中国哲学史新编》（中），人民出版社2001年版，第108页。
② 《礼记·礼运》。
③ 《论语·颜渊》。
④ 《论语·八佾》。
⑤ 《孟子·离娄上》。

道，知事。"① 显然，孔子、孟子、荀子都对君臣双方提出了相应的要求，都对如何维系和处理君臣关系作出了理论概括和现实指导。君，乃为上位之主事者；臣，乃为下位之效忠者。为君之德在于仁，君使臣须以礼法为指导；为臣之德在于忠，臣事君须以至诚虔意为根本。君臣之间，"君之视臣如手足，则臣视君如腹心；君之视臣如犬马，则臣视君如国人；君之视臣如土芥，则臣视君如寇仇"②。君主尊臣礼臣，臣子尊君忠君，才能形成有秩序、不僭越、不犯上、"尊尊"的君臣关系，才能实现治国平天下的恢宏功业。

1. 君使臣以礼

儒家强调，君主必须施行仁政，才能保住君主的位置，所谓"君仁，莫不仁；君义，莫不义；君正，莫不正。一正君而国定矣"③。而君主施行仁政的前提和关键，则首先体现在亲贤选贤上，《礼记·中庸》载："亲亲之杀，尊贤之等，礼所生也。""亲亲"即为有远近之别，"尊贤"即为有等次之分，这是礼对君主在选贤任能问题上的内在规定。任何一个君主，都需要贤臣的辅佐，"不用贤则亡"④，只有"贤者在位，能者在职"，"尊贤使能，俊杰在位"⑤，君主才能成于事。拥有了贤士能臣，君主就要给予足够的尊重和礼遇，以确保他们能够在道义和感情上更加效忠于君主。

在孔子看来，君主尊贤礼贤的意义重大，"敬大臣则不眩，体群臣则士之报礼重"。圣明的君主必然以谦和仁厚的态度对待大臣，让其充分感受到自己被敬重、信任和关怀。如果君主不能做到"居上不宽，为礼不敬，临丧不哀"⑥，大臣又怎么会亲近忠敬于君主呢？如《礼记·缁衣》记载：

> 大臣不亲，百姓不宁，则忠敬不足……故大臣不可不敬也，是民之表也；迩臣不可不慎也，是民之道也。

---

① 《荀子·大略》。
② 《孟子·离娄下》。
③ 《孟子·离娄上》。
④ 《孟子·告子下》。
⑤ 《孟子·公孙丑上》。
⑥ 《论语·八佾》。

孔子还强调"君使臣以礼",礼的实质是敬。君主要把自己的言行纳于礼的规范之下,要通过遵循应有的规矩和礼节,来表达对于贤臣的真诚和关爱。孔子自己就有不被君主礼遇的经历,《孟子·告子下》记载:

> 孔子为鲁司寇,不用,从而祭,燔肉不至,不税冕而行。不知者以为为肉也,其知者以为为无礼也,乃孔子则欲以微罪行,不欲为苟去。君子之所为,众人固不识也。

孔子作为鲁国的贤臣,跟随着君主去祭祀,却没有得到君主应该按照礼制而奉送的郊祭用的燔肉,孔子因此离开了鲁国。不了解孔子的人,还以为他是因为得不到燔肉而离去,但实际上却是因为鲁君失礼的缘故。因此,为君者不能凭借自己的权威而凌驾于臣子之上,否则,贤臣终会弃之从善。

孟子尽管主张君权至高无上,但在对待贤臣的态度上,则提倡以臣为师,认为臣的道德和能力是可以高于君王的,这"为调整君臣关系装置了一个转动轴,使僵化的君主专制制度多少具有一定灵活性"[1]。为此,孟子特别强调君主要向那些德行高尚、知识渊博、深谙治国之道的道德之臣和贤能之臣学习,要对他们致敬尽礼,并把君主能否做到俯首听臣看作一种美德。他说:

> 将大有为之君,必有所不召之臣,欲有谋焉,则就之。其尊德乐道,不如是,不足与有为也。故汤之于伊尹,学焉而后臣之,故不劳而王;恒公之于管仲,学焉而后臣之,故不劳而霸。[2]

孟子认为君主若是真诚用贤,就必须按照礼节尊贤,做到"恭俭礼下"。为此,孟子按照君主对臣所表现出来的态度,将贤士去就官职作了三种情况的划分,如《孟子·告子下》记载:

> 陈子曰:"古之君子何如则仕?"

---

[1] 刘泽华:《中国政治思想史集》(第一卷),人民出版社2008年版,第268页。
[2] 《孟子·公孙丑下》。

孟子曰："所就三，所去三。迎之致敬以有礼，言将行其言也，则就之；礼貌未衰，言弗行也，则去之。其次，虽未行其言也，迎之致敬以有礼，则就之。礼貌衰，则去之。其下，朝不食，夕不食，饥饿不能出门户。君闻之，曰：'吾大者不能行其道，又不能从其言也，使饥饿于我土地，吾耻之。'周之，亦可受也，免死而已矣。"

孟子认为，做官有三种情况，弃官也有三种情况。第一，如果受到君主的恭敬和礼遇，并且能够实行自己的主张就做官，如果自己的主张不再被实行则去职；第二，虽然没有实行自己的主张，但受到君主很有礼节地接待自己，也可以就职，但礼貌衰减就要去职；第三，在自己贫困潦倒之际，国君如有所闻，表示出虽然不能实行自己的主张，也不能听从自己的言论，但对于在此国土上忍饥挨饿而感到羞耻，也是可以接受接济，可以做官的。总而言之，君主必须要以真诚之心，以谦恭之礼才能赢得贤臣，在此基础上才能为之所用。

荀子反复强调礼贤尊贤的重要功用和现世意义，他说："君人者，隆礼尊贤而王。"① "欲荣，则莫若隆礼敬士矣；欲立功名，则莫若赏贤使能矣，是君人者之大节也。"② 荀子还在《君子》一篇中，对古今君主是否做到尊贤礼贤的得失成败做了正反两个方面的对比说明，他说：

成王之于周公也，无所往而不听，知所贵也。桓公之于管仲也，国事无所往而不用，知所利也。吴有伍子胥而不能用，国至于亡，倍道失贤也。故尊圣者王，贵贤者霸，敬贤者存，慢贤者亡，古今一也。

在荀子看来，君主对贤士能臣所持有的态度，决定了这个国家的兴衰存亡，君主只有谦虚谨慎，目中有臣，以臣为友，才能得到贤臣尽心竭力的辅佐。进而提倡君主要善于听取贤臣的劝谏，"兼听齐明则天下归之"，"兼听齐明而百事不留"③，要在广泛听取贤臣能臣所提出的意见和建议的

---

① 《荀子·大略》。
② 《荀子·王制》。
③ 《荀子·君道》。

基础上，做到兼听、分析、研判，最后决定是否采纳，以激励贤臣的积极性和主动性，充分发挥其辅佐作用。

2. 臣事君以忠

在先秦儒家看来，君如果能做到尊臣礼臣，那么，与之相对应的，臣也应该做到尊君礼君，尊君礼君则主要体现在"忠"。"忠"在先秦时期并没有"愚忠"之意，正如张岱年先生所说："春秋时代所谓忠，主要有两层意义，一是'与人忠'之忠，指人对人应遵循的道德。二是'臣事君以忠'之忠，指臣对君的道德。"可见，"忠"更多地被描述成为一个道德概念，"忠，德之正也"①，对于臣子来说，则指向一种大公无私的敬业精神和忠于职守的处事原则。同时，"臣事君以忠"既是臣子对君主"君事臣以礼"所作出的道德回应，也是臣之为臣所应该具有的道德情感和道德义务。

孔子认为，臣子尊君忠君的行为，是一种从内心生发出来的自觉的心理活动，在行为方式上，则首先表现为要遵循一定的礼节礼仪的规定和约束。《论语·乡党》篇载：

> 君赐食，必正席先尝之；君赐腥，必熟而荐之；君赐生，必畜之。侍食于君，君祭，先饭。疾，君视之，东首，加朝服，拖绅。君命召，不俟驾行矣。

可见，孔子在侍奉国君所执的为臣之礼中，始终贯穿着两个字——恭敬，恭恭敬敬，小心谨慎，时时不忘自己臣子的身份，时时事事提醒自己面对的是国君。当然，这是孔子对自己居于臣之位，负有臣之职的定位，而并非是讨好献媚于君主，孔子通过这种外在的礼节仪式所传达和表现出来的，实为一种尊重敬畏的内在情感。对此，徐复观先生说："孔子尊重君臣的名分，是尊重政治中应有此一种秩序的形式，并不是尊重某一特定的人君。他对于当时的各个人君，都是采取老师教学生的态度，教导他们应该如何为君，如何才配称为人君。"② 这从孔子"以道事君"的原则和态度上也可以看出，孔子主张臣事君并不是君无二命、完完全全、唯唯喏

---

① 《孔子家语·弟子行》。
② 徐复观：《中国思想史论集》（续篇），上海书店出版社 2004 年版，第 262 页。

喏地以顺为上，而是要以道义为基础，进言仁义才是真正的敬。《论语·先进》载："所谓大臣者，以道事君，不可则止。"孔子"事君"以"道"为前提，以"从道不从君"为原则，"道不行，乘桴浮于海"①，也就是说，当为之侍奉的君主的道义不复存在，君主也不再接受自己的意见，则应以不舍道义为原则，而不能因贪图利禄而阿谀奉承，从君之欲，委质为臣，而应该及时抽身，辞别而去，行已之志。《论语·宪问》也强调："子路问事君。子曰：'勿欺也，而犯之。'"其意思是说不要阳奉阴违地欺骗君主，哪怕当面触犯他。曾子在评价孔子之道时说："夫子之道，忠恕而已矣！"②

孟子因袭了孔子"臣事君以忠"的政治主张，也将忠君尊君视为臣子的优秀美德在道德行为上的自然体现。《孟子·万章下》载：

> 用下敬上，谓之贵贵；用上敬下，谓之尊贤。贵贵尊贤，其义一也。

赵岐注解说："下敬上，臣恭于君也；上敬下，君礼于臣也：皆礼所尚，故云其义一也。"③体现了孟子对"臣恭于君"和"君礼于臣"这一相互对应"礼尚往来"之关系的关注。在此基础上，孟子强调为人之臣应该首先履行臣的职责和义务，"士无事而食不可也"④，臣不可无劳而获，无功而取，而要真正做到忠于职守，忠于所事之君主，这是臣恭敬于君主、礼敬于君主的最好体现。但当处于为君者"道不行"的时候，作为儒家理想派的孟子，就没有孔子虽知君主无礼却不言君之过那般温和了，而是主张要以臣之忠心，攻君邪心，引导君主避恶向善，正君定国。《孟子·离娄上》载：

> 人不足与适也，政不足间也；唯大人为能格君心之非。君仁，莫不仁；君义，莫不义；君正莫不正。一正君而国定矣。

---

① 《论语·公冶长》。
② 《论语·里仁》。
③ （清）阮元校刻：《孟子注疏》（卷十）（上），中华书局1980年版，第2742页。
④ 《孟子·滕文公下》。

《荀子·大略》中也记载：孟子三见宣王不言事。门人曰："曷为三遇齐王而不言事？"孟子曰："我先攻其邪心。"孟子之所以"格君心之非"作为"以道事君"的方式和目标，原因在于孟子认为君主不可以以自己的地位而自尊，更不可以自己的地位而轻视别人的德性。《孟子·万章下》载：

> 以位，则子，君也；我，臣也；何敢与君友也？以德，则子事我者也，奚可以与我友？

显然，孟子认为臣既是君之师，又是君之友，然后才是君之臣，正所谓"天下有达尊三：爵一，齿一，德一"①。

荀子也注重君臣关系的良好互动，《荀子·君道》载：

> 上好礼义，尚贤使能，无贪利之心，则下亦将綦辞让、致忠信，而谨于臣子矣。

主张为臣者对于"好礼义，尚贤使能，无贪利之心"的君主，要给予"辞让""忠信"的道德回馈，要做到"以礼事君，忠顺而不懈"②。至于如何事君，荀子在其著作中单列《臣道》一篇，翔实具体地论述了为臣之道。比如，荀子对臣进行了分类，即"人臣之论：有态臣者，有篡臣者，有功臣者，有圣臣者"，并对其具体表现逐一列举，即：

> 内不足使一民，外不足使距难；百姓不亲，诸侯不信；然而巧敏佞说，善取宠乎上，是态臣者也；上不忠乎君，下善取誉乎民，不恤公道通义，朋党比周，以环主图私为务，是篡臣者也；内足使以一民，外足使以距难，民亲之，士信之，上忠乎君，下爱百姓而不倦，是功臣者也；上则能尊君，下则能爱民，政令教化，刑下如影，应卒遇变，齐给如响，推类接誉，以待无方，曲成制象，是圣臣者也。③

---

① 《孟子·公孙丑下》。
② 《荀子·君道》。
③ 《荀子·臣道》。

由此，荀子通过对比，鼓励为臣者要做"功臣"，有能力者进一步做"圣臣"。再如，荀子通过对古今忠臣的列举，将忠臣进行了"大忠""次忠""下忠"三个层次的划分，他说：

> 有大忠者，有次忠者，有下忠者，有国贼者。以道覆君而化之，大忠也；以德调君而辅之，次忠也；以是谏非而怒之，下忠也；不恤君之荣辱，不恤国之臧否，偷合苟容，以之持禄养交而已耳，国贼也。若周公之于成王也，可谓大忠矣；若管仲之于桓公，可谓次忠矣；若子胥之于夫差，可谓下忠矣；若曹触龙之于纣者，可谓国贼矣。

在关于"事君以道"的问题上，荀子也是主张"从道不从君"的，他说：

> 从命而利君谓之顺，从命而不利君谓之谄；逆命而利君谓之忠，逆命而不利君谓之篡。

由此看来，荀子所谓的"忠顺"并不是对君主无条件的顺从，而是"逆命"基础之上的"利君"，这正体现出臣子对于君主谨慎诚恳的"忠"之态度。

（二）父慈子孝，非礼不能亲亲

钱穆先生曾说："中国社会伦理乃奠基于家庭，而家庭伦理则奠基于个人内心自然之孝弟。"[①] 孝即为父子，弟即为兄弟之间的关系，并首先表现为父子关系。父子关系是中国古代国家政治中君臣关系之本，"夫孝始于事亲，中于事君，终于立身"[②]，如果社会中的每个家庭都能够亲其亲，长其长，构建父父、子子的道德氛围，那么国家就一定能够形成君君、臣臣，天下平的和谐景象。因此，构建父父、子子的家庭道德关系问题，倍受先秦儒家重视和强调，并由此引发了大量的论述，提出了"父

---

① 钱穆：《中国学术思想史论丛》（卷一），安徽教育出版社2004年版，第86页。
② 《孝经·开宗明义》。

慈子孝"的道德准则和目标要求。如：

> 为人子，止于孝；为人父，止于慈。①
> 父不慈则子不孝。②
> 老吾老以及人之老，幼吾幼以及人之幼。③

父慈与子孝两者之间相互促进，相生相长，父对子施以"慈道"，子对父则要尽以"孝道"，也正因为"父慈"，所以才能"子孝"，可谓父慈而子愈孝，子孝而父益慈。另外，需要指出的是，父子关系是父母子女关系的泛称，它不仅包括父亲与儿子的关系，还应该包括母亲与儿子、父亲与女儿、母亲与女儿的关系。

1. 父慈——"以礼教子"

儒家认为，父母对子女要严以辅慈，严而有慈。《颜氏家训·教子》篇云：

> 父子之严，不可以狎；骨肉之爱，不可以简。简则慈孝不接，狎则怠慢生矣。

也就是说，父亲对孩子要有威严，但不能过分亲密；骨肉之间要相亲相爱，不能简慢。如果流于简慢，就无法做到父慈子孝；如果过分亲密，就会产生放肆不敬的行为。父子是基于血缘的代际传递关系，"父子一体，天性自然"④，子女是父母爱情的结晶，是父母生命的延续，更是人类文明的传递。父母对子女有着一种天然的、深厚的、无私的、纯朴的爱，是人类最质朴的感情。生而有养是对父母最基本的道德要求和职责所在。而儒家强调父慈的实质在于"教"，"养不教，父之过"，只养不教，爱子过度，放纵溺爱，其导致的最终结果终是贻害子女，后患无穷。因此，在"养"与"教"这两个方面，"教"显得尤为重要。而"教"的

---

① 《礼记·大学》。

② 《颜氏家训·治家》。

③ 《孟子·梁惠王上》。

④ 《后汉书·王常传》。

内容和方式，在先秦儒家看来，则应该遵循"以礼教子"的原则。身为父母，除了要对子女给予一定的物质上的供养和满足以外，还要对子女承担起抚育教养的责任，要把威严与慈爱相结合，给予子女精神上的关爱和呵护，要以自身符合"礼"的行为习惯和优秀品质潜移默化地传递给子女，让他们在父母言传身教的影响中自然而然地感知"礼"、内化"礼"、践行"礼"。

2. 子孝——"以礼事亲"

常言道：百善孝为先，孝为德之本。中国古代是建立在家长制基础上的宗法社会，受这一社会客观条件和环境影响，与父慈相比而言，先秦儒家更加推崇"孝"。孝道，是德行的根本，《孝经·开宗明义》曰："夫孝，德之本也，教之所由生也"，一切教化都要在孝道的基础上生发出来。而对孝道的认同和遵守，即为"以礼事亲"。《论语·为政》云：

> 孟懿子问孝。子曰："无违。"樊迟御，子告之曰："孟孙问孝于我，我对曰，无违。"樊迟曰："何谓也？"子曰："生，事之以礼；死，葬之以礼，祭之以礼。"

其中的"子曰：'无违'"，即孔子对于回答"什么是孝"这一问题时的态度，也就是说不违反礼即为孝。那么，什么又是不违反礼呢？即为"生，事之以礼；死，葬之以礼，祭之以礼"。曾子对此也有类似的论述，见于《孟子·滕文公上》：

> 曾子曰："生，事之以礼；死，葬之以礼，祭之以礼，可谓孝矣。"

也就是说，如果父母在世时，能够做到晨昏定省、冬温夏清；离世时能够做到葬以棺椁，敛以衣衾，之后还能够做到陈设簠簋，依礼祭祀，就可以称之为孝了。可见，儒家所提倡的事亲之道，贯穿于生活的自始至终和方方面面，它要求为人子女者，要人人、时时、处处对父母履行孝道，并在《礼记·祭义》中提出了"以礼事亲"的三种境界，曰：

> 孝有三：大孝尊亲，其次弗辱，其下能养。

据此，我们将其归纳为孝养、孝顺、孝敬这一依次递进的三个层次，借此来把握先秦儒家关于"孝道"这一思想精华。

首先，要做到孝养父母。父母为子女倾注了毕生的精力和心血，给予了天地般厚重的关爱与呵护，在他们年老之后，理应得到子女的精心照顾以安度晚年。羔羊跪乳，乌鸦反哺，孝养父母是最基本、最自然、最起码的德行，作为万物之灵的人类，更应该竭尽全力地孝养父母，以回报父母的养育之恩，这是子女义不容辞的责任和义务。在中国古代社会，养老有着悠久的传统，一般认为养老起源于原始社会末期，夏商两代得以继承，到了西周，统治者则亲自做出尊老姿态，在制度上规定地方和国家都要承担养老责任。《礼记·王制》云：

> 凡养老，有虞氏以燕礼，夏后氏以飨礼，殷人以食礼，周人修而兼用之。五十养于乡，六十养于国，七十养于学，达于诸侯。

凡年满五十的养于乡遂之学，年满六十的养于国学中的小学，年满七十的则养于国学中的大学。这种养老制度，自天子以至于诸侯都是要执行的。除在国家制度层面上的规定之外，在民间的日常生活中，子女对于父母，诸如在起居、饮食、应对、言行等方面，也有相应的礼仪规范，蕴含着以礼成孝之意。如，《礼记·内则》云：

> 父母在，朝夕恒食，子妇佐馂，既食恒馂。父没母存，冢子御食，群子妇佐馂如初。旨甘柔滑，孺子馂。
>
> 父母舅姑将坐，奉席请何乡。将衽，长者奉席请何趾。少者执床与坐。御者举几，敛席与簟，县衾箧枕，敛簟而襡之。

又，《礼记·曲礼下》云：

> 父母有疾，冠者不栉，行不翔，言不惰，琴瑟不御，食肉不至变味，饮酒不至变貌，笑不至矧，怒不至詈。疾止复故。

其次，要做到孝顺父母。《孟子·离娄上》云："不得乎亲，不可以为人；不顺乎亲，不可以为子。"如果一个人不能做到孝顺父母，那么他就不具有做人的资格；如果一个子女不能事事顺从父母的心意，那么他就不能成为其子女。"孝子之养老也，乐其心，不违其志"①，子女要顺从父母的意志，对父母的权威要从内心服膺和遵从，绝不可以抵抗。《礼记·曲礼上》云："见父之执，不谓之进不敢进，不谓之退不敢退，不问不敢对，此孝子之行也。"当然，人非圣贤，父母也有犯过错的时候，这时就要看子女在规谏父母时的态度和方式，"事父母几谏，见志不从，又敬不违，劳而不怨"②，《礼记·内则》亦云：

> 父母有过，下气怡色，柔色以谏。谏若不入，起敬起孝。说（悦），则复谏；不说，与其得罪于乡党州闾，宁孰谏父母。

对于父母的过错，应该和颜悦色、耐心委婉地劝说，一次不听则反复劝说，要在父母心情愉悦时劝说，即使父母不听规劝，做子女的也应该保持对父母的尊敬，不冒犯，不忤逆，不怨恨父母。

值得一提的是，顺从父母要以对道义的维护和遵守为前提，而非不顾原则地绝对顺从。《大戴礼记·曾子事父母》记载单居离问于曾子"事父母有道乎？"，曾子曰：

> 有。爱而敬。父母之行，若中道则从，若不中道则谏，谏而不用，行之如由己。从而不谏，非孝也；谏而不从，亦非孝也。孝子之谏，达善而不敢争辨。争辨者，作乱之所由兴也。由己为无咎则宁，由己为贤人则乱。孝子无私乐，父母所忧忧之，父母所乐乐之。孝子唯巧变，故父母安之。若夫坐如尸，立如齐，弗讯不言，言必齐色，此成人之善者也，未得为人子之道也。

儒家认为，在父母之命与道义之间发生矛盾和冲突时，要"中道则从，若不中道则谏"，要"从义不从父"③，否则对于父母的过失，"当不

---

① 《礼记·内则》。
② 《论语·里仁》。
③ 《荀子·子道》。

义……从父令，又焉得为孝乎？"① 不顾道义、过分地顺从，则是陷父母于不义，更是对父母不孝的表现。《荀子·子道》中也说：

> 可以从而不从，是不子也；未可以从而从，是不衷也；明于从不从之义，而能致恭敬、忠信、端悫以慎行之，则可谓大孝矣。传曰："从道不从君，从义不从父。" 此之谓也。

这是我们在分析先秦儒家孝道关于顺与不顺、从与不从这一问题时，要弄清楚的道理，而不可一味地愚忠、愚孝。

最后，要做到孝敬父母。孝养和孝顺是子女履行孝道最基本的德行要求，"今之孝者，是谓能养。至于犬马，皆能有养；不敬，何以别乎？"② 赡养父母，使父母衣食无忧，老有所依，是对子女行孝最起码的要求，而更高层次的要求则体现为对父母发自内心和由内而外的敬，只养不敬无异于豢养宠物，"敬"是孝道的精神本质。"对'敬'的强调，在孔子的礼学思想中具有普遍的意义。孔子将周公以来的'德''敬德'观念与礼相联结，提出'执事敬''修己以敬''行笃敬'，把礼中所含的敬的精神普及于一般生活行为之上，孝自然包含其中。"③ 具体来说，孝敬体现在子女对父母人格的敬重和让父母时刻葆有欢愉之心上，"孝子之有深爱者"，其父母"必有和气，有和气者，必有愉色；有愉色者，必有婉容"④。相对子女对其父母内心情感的敬爱而言，儒家认为，物质上的礼遇退居次位。比如，儒家不会把因财力所限而决定埋葬的规格来作为孝敬与否的评判标准，"啜菽饮水尽其欢，斯之谓孝。敛手足形，还葬而无椁，称其财，斯之谓礼"⑤。"孝"的本质在于内心的真诚，而不在于外在的形式，更不在于繁文缛节。《礼记·檀弓上》借助子路之言：

> 吾闻诸夫子，丧礼，与其哀不足而礼有余也，不若礼不足而哀有

---

① 《孝经·谏诤》。
② 《论语·为政》。
③ 张焕君：《制礼作乐——先秦儒家礼学的形成与特征》，中国社会科学出版社 2010 年版，第 194 页。
④ 《礼记·祭义》。
⑤ 《礼记·檀弓》。

余也。祭礼，与其敬不足而礼有余也，不若礼不足而敬有余也。

也就是孔子所说的：

礼与其奢也，宁俭；丧，与其易也，宁戚。①

另外，曾子还将孝敬这一思想加以发展，《大戴礼记·曾子大孝》云：

民之本教曰孝，其行之曰养。养可能也，敬为难；敬可能也，安为难；安可能也，久为难；久可能也，卒为难。

指出安、久、卒是以养和敬为基础，为人子女者应该将其作为自己持之终身的品质和行为的努力方向。

（三）兄友悌恭，非礼不矜不威

兄弟姊妹同气连枝，同胞共乳，是家庭中重要的亲缘关系，至亲至厚，"古人以手足为喻，盖谓四肢虽异，本系一体。以此观之，其友爱当如何也！"② 儒家把"友于兄弟"③ 看作家庭幸福的重要内容，十分重视兄弟关系对家庭和睦的影响，"兄弟不睦，则子侄不爱；子侄不爱，则群纵疏薄"④，进而提出了"兄友悌恭"这一兄弟之间以礼为道德原则的相处方式，"悌"即为处理兄弟关系的行为规范，主要表现为以下几个方面：

1. 同生共长，"兄弟怡怡"⑤

兄弟同为父母生命的延续，生长在同一个生活共同体，使他们达成彼此依赖、彼此关心、彼此帮助的认同心理，有着血浓于水的感情基础和亲缘关系。孟子认为，兄弟之间和悦相亲、和睦共处当属于不学而知、不虑

---

① 《论语·八佾》。
② 王结：《善俗要义·文忠集》（卷六）。
③ 《论语·为政》。
④ 《颜氏家训·兄弟》。
⑤ 《论语·子路》。

而能、生而固有的良知和良能，是人们先验的道德观念。正因如此，我们通常可以看到，即使"兄弟阋于墙"①，因为利益或权力存在一些摩擦和矛盾，但当家庭受到外来欺侮和威胁时，兄弟一般能够团结起来，齐心协力"外御其侮"②，共渡难关。所以，儒家主张兄弟之间切不要因一点小事就伤害了手足之情，要以亲情为重，相互忍让，化解矛盾，求同存异，做到"兄爱其弟，弟敬其兄，临财相让，遇事相谋，通有无，共忧乐"③。

除了因其血缘关系的自然引申以外，"兄弟怡怡"也是社会的基本道德要求之一。子夏曰："君子敬而无失，与人恭而有礼，四海之内皆兄弟也。"④ 将兄弟伦理扩展为长幼有序的社会伦理，将兄友悌恭推广到家庭以外的所有人，施于天下，人们之间建立兄弟般的关系和感情，形成谦恭礼让的社会风尚。

2. 兄爱而友，弟敬而恭

贾谊在其《新书·道术》中指出："兄敬爱弟谓之友……弟敬爱兄谓之悌。""友"是作为兄长所应该遵守的道德规范和行为准则，它要求兄长要以慈爱、友善的态度来爱护和关心弟弟，孟子说："仁人之于弟也，不藏怒焉，不宿怨焉，亲爱之而已矣。亲之，欲其贵也，爱之，欲其富也。"⑤

"恭"是作为弟弟所应该遵守的道德规范和行为准则，它要求弟弟要以谦恭、敬仰的态度对待兄长，要尊重、敬从兄长。为弟者应当"不衡坐，不苟越，不干逆色，趋翔周旋，俛仰从命，不见于颜色"⑥。也就是说，为弟者应当以"事兄如事父"的虔诚心情来对待兄长，不可以做出僭越行为。

另外，兄弟之间的友与恭，兄长要发挥榜样和表率作用，"兄不友则弟不恭"⑦，弟恭以兄友为前提，荀子云："请问为人兄，曰慈善而见友，

---

① 《诗经·小雅·常棣》。
② 《诗经·小雅·常棣》。
③ 王结：《善俗要义·文忠集》（卷六）。
④ 《论语·颜渊》。
⑤ 《孟子·万章上》。
⑥ 《大戴礼记·曾子事父母》。
⑦ 《颜氏家训·治家》。

请问为人弟,敬诎而不苟"①,兄长如果能做到慈祥而恒爱,弟弟才能做到敬服而不苟。

3. 事兄以道,使弟以道

儒家指出,兄弟在宗法社会的大家族中同生共长,朝夕相处,从辈分上来讲,兄弟之间有着较多的平等因素,一方面可以成为融洽相处、平等互助的有利因素,另一方面由于古代社会不限制生育,普遍存在着兄弟数量较多,且相互之间又不存在父与子、君与臣之间绝对服从的纲常制约。因此,相比其他家庭关系来说,兄弟之间更容易因权力或利益分配不均时而导致,也不可避免地会发生这样或那样的矛盾和冲突。那么,为了有效避免或者调节矛盾和冲突,儒家主张弟事兄有道,兄使弟亦有道。

据《大戴礼记·曾子事父母》记载,曾子在回答"事兄有道乎"这个问题时,极其肯定地说:

> 有。尊事之以为己望也,兄事之不遗其言。兄之行若中道,则兄事之;兄之行若不中道,则养之。

这是要求弟弟在敬重兄长、服从兄长,以兄长为榜样的同时,还要对兄长所做出的"不中道"的行为,表现出真诚的担忧之情,使得兄长在内心能够感受到自己的错误,并进而促进其改正错误。因为儒家所主张的兄友弟悌,是以道德至上为原则,以礼所规定的伦理道德规范为底线。如果兄长的行为不符合礼,弟弟就要为其行为而担忧。并且,这种担忧不能仅仅放在心里,还要"形于外"表现出来,也不能仅仅"形于外",还要"诚于中",否则都是不符合儒家所倡导的"悌"的原则。只有既"诚于中",又"形于外",才能体现出弟弟对于兄长的至诚亲情。

曾子还回答了"使弟有道乎"的问题,曾子曰:

> 有。嘉事不失时也。弟之行若中道,则正以使之;弟之行若不中道,则兄事之。②

---

① 《荀子·君道》。
② 《大戴礼记·曾子事父母》。

兄使弟也应该是有道可循的。首先，作为兄长，要竭尽全力履行自己的责任和义务，要把握好弟弟在一生当中将要必然经历的几件大事。当然，如果父母在世，就协助父母履行这些职责，如果父母已经过世，就要发挥"长兄如父"的作用，及时帮助弟弟完成人生大事，不可以错过时机，不可以耽误他们的发展。其次，兄长还要担负起告诫和矫正弟弟"不中道"行为的责任，使之行为符合社会伦理道德礼之规定。

（四）夫义妇顺，非礼不敬不睦

夫妇关系是家庭关系乃至社会关系中最基本的关系，没有夫妇关系就不可能谈及家族的延续与扩展，更不可能谈及民族的赓续与绵延。先秦儒家主张以"人道"效法"天道"，认为夫妇与天地万物一样，源于天地之道，本于天地之德，为天地所生，由"天地合，而后万物兴"[1] 及至"夫妇合，而后'察乎天地'"，把夫妇关系列为三纲之一，将"敬慎重正而后亲之"的夫妇道德视为"礼之大体"，提出"夫义妇顺"的行为模式。

1. 人伦之始，风化之原

首先，夫妇之伦是人伦之始。夫妇是一个家庭的核心，是一切家庭关系的原点。人类社会之所以构成，在于社会关系；社会关系之所以构成，在于人伦关系；人伦关系之所以构成，则在于夫妇关系的发生与存在。在"夫妇、父子、君臣、兄弟、朋友"这五伦之中，父子、兄弟为天然关系，君臣、朋友则是父子、兄弟这一天然关系的延伸与扩展，唯有夫妇关系，最为根本，是各种人伦关系赖以发生和存在的根本，正所谓"夫妇，人伦大纲"[2]。《礼记·郊特牲》说："夫昏礼，万世之始也"，意即有夫妇才有父子，有父子才有父子世及。《周易·序卦》也说：

> 有天地然后有万物，有万物然后有男女，有男女然后有夫妇，有夫妇然后有父子，有父子然后有君臣，有君臣然后有上下，有上下然后礼仪有所错。夫妇之道不可不久也。

同样的强调在《礼记·昏义》中也有论述：

---

[1] 《礼记·郊特牲》。
[2] 《汉书·王吉传》。

> 敬慎重正而后亲之，礼之大体，而所以成男女之别，而立夫妇之义也。男女有别，而后夫妇有义；夫妇有义，而后父子有亲；父子有亲，而后君臣有正。

以上种种论述，均向人们昭示，没有夫妇之伦，就没有父子之伦；没有父子之伦，就没有君臣之伦、兄弟之伦、朋友之伦。夫妇之伦是"君臣父子之本也"，是人伦之始。

其次，夫妇之伦是风化之原。夫妇之伦作为人伦大纲，不可不正，不可一日废。夫妇关系不正，则人伦大纲不立。夫妇关系本于天地之德，所谓"君子之道，造端于夫妇。得其极也，察乎天地"①，先秦儒家对此认识极其深刻，尤其重视夫妇之道，这从《诗经》始于《国风》，《国风》又始于《关雎》，《礼》本乎《冠》《婚》中可见一斑。以《关雎》为例，《毛诗》序说："《关雎》后妃之德也，风之始也，所以风天下而正夫妇也。"《关雎》所以置《国风》之始，目的在于以后妃之德，树立风尚，以此"风天下而正夫妇也"。毛公《诗》序不仅点破了《关雎》为后妃之德，还指出了先秦儒家礼教的"经夫妇，成孝敬，厚人伦，美教化，移风俗"的大用。故《礼记·昏义》将昏礼提高到"本"的地位：

> 昏礼者，礼之本也。夫礼始于冠，本于昏，重于丧、祭，尊于朝、聘，和于射、乡，此礼之大体也。

之所以说"昏礼"处于根本地位，孔颖达疏曰："所以昏礼为礼之本者，昏姻所得则受气纯和，生子必孝，事君必忠。孝则父子亲，忠则朝廷正。"② 因此，夫妇之道即天地之道，夫妇之道如何，家风便如何，家风如何，天下之风便如何。夫妇关系直接影响着家庭的和谐、社会的安定和风教的淳朴。

2. 以情相系，敬慎重正

夫妻关系不同于其他家庭关系，他们之间没有任何血缘，但却是家庭中最为亲密的特殊关系。

---

① 《礼记·中庸》。
② 孔颖达：《礼记正义》，上海古籍出版社2008年版，第2040页。

首先，婚姻要以男女两人以情相系为前提。夫妇两人是相感相应、志通神会的终身伴侣，是无怨无悔、相扶相携的生命契合。男女之间相互吸引、相互爱慕、相互恩爱是夫妇关系得以维系、和睦相处的首要的道德要求和基本前提。"关关雎鸠，在河之洲。窈窕淑女，君子好逑"，男女之间的眷恋之情固然美好而令人向往，但"礼是自男女有别开始"①，男女相悦"发乎情"，但终须"止乎礼"。有爱则亲，无爱则疏，男女双方只有在具有相同或相似的内在修养、知识结构与精神气质的前提下，才能相互吸引，相互欣赏，所谓"同声相应，同气相求，水流湿，云从龙，风从虎，本乎天者亲上，本乎地者亲下，各从其类也"②。以情相系、以爱为基的男女双方一旦结缔成亲，将同炊同眠，执手携老，形同一体，在长期的相依相存、耳鬓厮磨的生活中，产生更加深切的恩爱亲密之情，从而使得家庭稳固恒久、幸福美满。鸳鸯鸟、并蒂莲、连理枝、比翼鸟等，都是对中国传统恩爱和谐、以礼相待夫妻关系的美好称颂和追求范型。

其次，婚姻始于敬慎重正的"昏礼"。以情相系的男女两人，最终将通过"昏礼""合二姓之好"，两个家族也因此而得以联结。先秦儒家礼教认为，"昏礼"是"礼之本"，男婚女嫁，生儿育女是"万世之始"，不仅是男女两人之事，更是事关宗族绵延赓续的大事，绝非苟且之事，要使合二姓之好的男女真正做到"上以事宗庙，而下以继后世也"③，就必须认真对待"昏礼"这一兼具宗教性和神圣性、体现家族和祖先对于子孙婚姻的殷殷期望与切切寄托的礼之规定，《礼记·昏义》中强调：

> 昏礼者，将合二姓之好，上以事宗庙，而下以继后世也，故君子重之。是以昏礼纳采、问名、纳吉、纳徵、请期，皆主人筵几于庙，而拜迎于门外，入，揖让而升，听命于庙，所以敬慎重正昏礼也。

以上纳采（提亲，并以雁作为贽见之礼）、问名（询问女方的名字）、纳吉（对女方名字进行占卜）、纳徵（向女方送聘礼）、请期（通知女方结婚日期）、亲迎（男方亲自迎娶）等步骤，构成"昏礼"的基本过程，

---

① 金景芳：《知止老人论学》，东北师范大学出版社1998年版，第145页。
② 《周易·文言传》。
③ 《礼记·昏义》。

整个过程都要"听命于庙",在宗庙中举行。如遇某些长辈离世等个别情况,"昏礼"还不能在经过以上六礼之后就短促达成,还要经过大致三月后的"庙见",如《礼记·曾子问》中记述:

> 孔子曰:"嫁女之家,三夜不息烛,思相离也。取妇之家,三日不举乐,思嗣亲也。三月而庙见称来妇也,择日而祭于祢,成妇之义也。"

至此,行庙见之礼之后,方可被视为"昏礼"始成,"昏礼"之终。在"昏礼"的整个过程中,"敬慎重正而后亲之"的原则贯穿始终,《礼记·昏义》云:"敬慎重正而后亲之,礼之大体,而所以成男女之别而立夫妇之义也。"孔颖达疏曰:"言行婚礼之时,必须恭敬谨慎,尊重正礼,而后男女相亲。若不敬慎重正,则夫妇久比离异,不相亲也。"[1]

另外,男女之情也需要通过夫妇之礼得以规范,《礼记·经解》云:

> 夫礼,禁乱之所由生,犹坊止水之所自来也。故以旧坊为无所用而坏之者必有水败,以旧礼为无所用而去之者必有乱患。故昏姻之礼废,则夫妇之道苦,而淫辟之罪多矣。

如果婚姻之礼不受重视,导致偏废,那么社会上的淫恶邪辟之罪将泛滥成灾。因此,庄敬、恭慎、隆重、堂堂正正的系列"昏礼"之规定,既符合儒家礼义精神,同时也是人类社会发展所需。

3. 以顺为尊,以义而尊

首先,夫妇之礼强调妇顺之德。儒家讲妇顺,是以肯定男女之间在生理、心理和社会地位等方面的差别为前提的。《易·家人》曰:"家人,女正位乎内,男正位乎外,男女正,天地之大义也",夫天妇地、夫外妇内、夫主妇从、夫主女顺等伦理道德规范,成为对"天先乎地"的理所当然的效法与尊崇。《礼记·郊特牲》亦云:"男先于女,刚柔之义也。天先乎地,君先乎臣,其义一也。"为妇之德在于顺,顺者,从也,因也。《礼记·昏义》云:

---

[1] 孔颖达:《礼记正义》,上海古籍出版社2008年版,第2040页。

第三章　先秦儒家礼教之理想目标

　　成妇礼，明妇顺，又申之以著代，所以重责妇顺焉也。妇顺者，顺于舅姑，和于室人，而后当于夫，以成丝麻布帛之事，以审守委积盖藏。是故妇顺备而后内和理；内和理而后家可长久也，故圣王重之。

妇顺而后同和理，内和理而后家长久，"夫妻反目，不能正室也"①，这是自古以来圣王极力重视和尊崇"昏礼"的重要原因之一。《礼记》也对以顺为尊的"为妇之道"进行了诸多阐释，充分论证了男尊女卑的伦理价值观念，并首次提出"三从""四德"的伦理纲常。所谓"三从"即"幼从父兄，嫁从夫，夫死从子"②，《大戴礼记·本命》也认为女子应"在家从父，适人从夫，夫死从子，无所敢自遂也"。"四德"即"教以妇德、妇言、妇容、妇功"，《礼记·昏义》曰：

　　妇人先嫁三月，祖庙未毁，教于公宫；祖庙既毁，教于宗室。教以妇德、妇言、妇容、妇功。教成，祭之，牲用鱼，芼之以蘋藻，所以成妇顺也。

也就是说，女子出嫁前的三个月，要接受妇德、妇言、妇容、妇功的教育。实际上，不只是出嫁前，甚至于在孩童时期女子就已经在接受着潜移默化的教育，竭力做到"修己以洁，奉长以敬，事夫以柔，抚下以宽"③。学成之后，还要以象征阴性的鱼和藻芼来祭祀，表示女子应该具有的柔顺品行已经形成，成为一个符合妇德的妇人。妇人要据此履行自己的职责，遵守家庭和社会对自己的伦理要求。

需要说明的是，尽管儒家强调妻子对丈夫以顺为尊，以礼为尊，但并不等于一味地顺从和没有原则地服从。当妻子处在真理和道义的一边时，再过分片面强调妇顺就是错误，不合时宜的。"夫妇乃人道之始，万化之基也。相敬如宾，岂容反目。虽夫为妻纲，固当从夫之命；然妻言有理，亦当从其劝谏。"对于丈夫的过失和错误，妻子应当给予善意的批评和规

---

① 《周易·小畜》。
② 《礼记·郊特牲》。
③ 《辽史·列女列传》。

劝，作为丈夫，也应该对妻子给予必要的、基本的尊重，要虚心接受妻子合理的批评和规劝，听从妻子的忠告并积极改正，如此才能建立健康和谐的夫妻关系，促进家庭的幸福完满。历史上夫从妻谏的典范很多，如《史记·管晏列传》记载：

> 晏子长不满六尺，身相齐国，名显诸侯。今妾观其出，志念深矣，常有以自下者。今子长六尺，乃为人仆御，然子之意自以为足，妾是以求去也。

描述的是，春秋时期为齐国晏婴驾车御夫的妻子，看见自己的丈夫因为给相国驾车而神气活现、沾沾自喜、不可一世的样子，准备"是以求去也"。妻子的话犹如当头棒喝，使这个做御夫的丈夫幡然省悟，从此谦虚谨慎，努力修身，终于发展成为齐国的大夫。妻子善意的批评与规劝，有利于夫妻之间相互尊重和深化感情，也有利于丈夫和家庭的长远发展。

其次，为夫之道要"以义而尊"。夫义妇顺虽然是以妻子对丈夫的顺从和服从为显著特征，但同时也强调夫义。"夫不义则妇不顺"[①]，夫只有义，妻才能顺，丈夫对妻子应做到以义而尊，以义为尊。这个义包括情义，也包括礼义。对于出嫁的女人来说，"一与之醮，终身不改"，离开与其生活多年的父母兄弟，只身来到没有血缘关系的陌生家庭，并要履行事公婆、奉祭祀、继后世的职责，丈夫和家庭就是她的终生攸托，念及此情，丈夫理当要给予妻子更多的关怀和体贴。《礼记·昏义》云：

> 出御妇车，而壻受绥，御轮三周，先俟于门外。妇至，壻揖妇以入，共牢而食，合卺而酳，所以合体同尊卑，以亲之也。

丈夫在迎娶妻子时要亲自驾车，到达时要快步走到门前，先向妻子作揖，扶其一起进门，进餐时要安排一份餐食放在两人中间共同享用，餐后两人要各执一剖两半的葫芦漱口安食。这些富有象征意义的礼节仪式，无一不表达了丈夫对妻子所应有的关爱之情，受到如此礼遇的妻子感受到丈夫的关爱，也自然会消除环境生疏所带来的忧虑和不安，更快地融入家庭

---

① 《颜氏家训·治家》。

生活之中。

当然，在传统封建男尊女卑的现实社会中，相互尊重、相敬如宾还主要体现在妻子对丈夫的顺从与服从上，对此，儒家是不讳言的，也承认这种不平等的夫妻地位的差异。但不容置疑的是，儒家对妻子在家庭中抚育子女、相夫教子、主中馈的地位和作用是持肯定态度的，对丈夫欺压和凌辱妻子的行径是唾弃的，《孟子·尽心下》强调："身不行道，不行于妻子；使人不以道，不能行于妻子"，积极主张在礼义的范围内要给予妻子应有的尊重与爱护。

（五）朋友有信，非礼不诚不庄

人具有社会属性，无一例外地存在于特定的社会人际关系之中，而人际关系和谐的一个重要表征，则是朋友之间有着高尚纯洁的友谊，相互关心爱护，相互砥砺帮助。有谚语云：生我者父母，成我者朋友。朋友属于中国古代社会重要的伦理道德关系之一。张伯行在《困学录集粹》（卷三）中指出："日亲正人，日闻正言，则其事君必忠，事亲必孝，兄弟必宜，夫妇必和，是人伦之道，得朋友而乃全者也。"因此，先秦儒家极为重视朋友的关系，认为"独学而无友，则孤陋而寡闻"[1]，将朋友列于"五伦"之中，并从礼的标准和要求，提出了许多关于择友、交友、待友方面的建议和主张，以达到朋友之间诚敬和庄重的理想关系。

1. 以德择友，以友辅仁

"君子先择而后交，小人先交而后择"[2]，儒家特别强调择友是一件非常严肃的事情，必须慎重考虑。

> 友也者，友其德也。[3]
> 取友善人，不可不慎，是德之基也。[4]

一个人怎样选择朋友，选择什么样的朋友，是其人生态度、精神面貌

---

[1] 《礼记·学记》。
[2] 《中说·魏相》。
[3] 《孟子·万章下》。
[4] 《荀子·大略》。

和德性修养的直接反映。亲近善友，如雾露中行，虽不湿衣，时时有润，一个善友的言语行为对我们的一生都有莫大的帮助和影响。《周易》云："君子以类族辨物。"真正的朋友应该志同道合，志趣相投，如北宋名儒欧阳修在《朋党论》中所说："大凡君子与君子，以同道为朋；小人与小人，以同利为朋"，那些在日常生活中所能见到的以利相交，权势相资的所谓朋友，虽然也意气相投，共有所好，但这种势利之交，不可能经久长远，势必会发生见利而争先，利尽而交疏，甚至相互诋毁和残害之行径。而儒家所追求的是个人和社会的道德完善，孔子提出具体的择友标准，即：

> 益者三友，损者三友。友直，友谅，友多闻，益矣。友便辟，友善柔，友便佞，损矣。①

孔子认为与正直、诚信、知识广博的人交朋友是有益的；相反，与谄媚逢迎、表面奉承而背后诽谤他人、善于花言巧语的人交朋友，是有害的。孔子的学生子夏有着与孔子相近的择友观念，《论语·子张》记载：

> 子夏之门人问交于子张……子夏曰："可者与之，其不可者拒之。"

可见，子夏也主张德行可者，可与之为友。孔子又说：

> 无友不如己者，过则勿惮改。②

"如己者"即指和自己有着一样的人生追求和人生理想的志同道合者。荀子亦言：

> 友者，所以相有也。道不同，何以相有也？③

---

① 《论语·季氏》。
② 《论语·学而》。
③ 《荀子·大略》。

《礼记·儒行》云：

> 儒有合志同方，营道同术，并立则乐，相下不厌，久不相见，闻流言不信，其行本方立义，同而进，不同而退。其交友有如此者。

道不同则不相为谋，只有"合志同方""营道同术"的真正朋友，才能够同声相应，同气相感，同难相济，进而在高尚的境界上产生情感的共鸣和心理的认同。这就是说，先秦儒家主张以德择友，要求人们要把道义和德业作为择友的标准，结有德之朋，弃无义之友。《论语·颜渊》又云："君子以文会友，以友辅仁。"朋友之间要以德业相劝勉，以道义相砥砺，共同促进彼此德性的完善，这是成就"仁"的重要途径。

2. 赤诚相交，真诚相待

千金易得，一友难求。作为社会存在物的每个个体，都有自己独特的思想、情感、需要、理想和追求，能够在大千世界，芸芸众生中找到与自己志同道合，意趣相近，心灵相通，情感相契的知己实属不易，"有朋自远方来，不亦乐乎！"① 儒家强调要倍加珍惜朋友之间的缘分和友谊，对于朋友要赤诚相交，真诚相待。

首先，儒家强调朋友之间要讲求诚信，并以得到朋友信任为其志向所在。《论语》载：

> 与朋友交，言而有信。②
> 老者安之，朋友信之，少者怀之。③
> 吾日三省吾身：为人谋而不忠乎？与朋友交而不信乎？传不习乎？④

上述观点均是强调朋友之间要诚实守信，要以相互信任为基础，容不得半点虚假伪饰。春秋时期的管鲍之交，可谓朋友之间相互信任的典范。

---

① 《论语·学而》。
② 《论语·学而》。
③ 《论语·公冶长》。
④ 《论语·学而》。

当管仲多取财物之时，鲍叔牙相信管仲是因为家境贫穷而非贪图钱财；当管仲三次做官被贬之时，鲍叔牙相信管仲是机遇不好而非是其能力不所为；当管仲在战场上出逃之时，鲍叔牙相信管仲是因为家有老母需要尽孝而非胆小怯战；当管仲辅公子纠失败沦为幽囚之时，鲍叔牙相信管仲是不羞于小耻，并极力向齐桓公推荐管仲为相，终辅佐齐桓公称霸天下，所以管仲后来感叹："生我者父母，知我者鲍子也。"① 朋友间的信任成就了人生道路上的重大辉煌。

其次，朋友之间要扬善救失。"扬人之美，非谄谀也。"② 扬友之善，不仅能成人之美，也是源于自己心中对朋友之善的欣悦诚服，进而催生自己的向善之心，趋善之行。《孔子家语·致思》记录了孔子推重朋友之优点和长处，避开其缺点和短处，与人交往的实例，即：

孔子将行，雨而无盖。门人曰："商也有之。"孔子曰："商之为人也，甚吝于财。吾闻与人交，推其长者，违其短者，故能久也。"

"推其长"即扬其善、扬人之美，成就朋友的善名，自己也可以敦己修善。

在"外相扬美"的同时，也要"内相匡正"③，对于朋友的过失，应该做到恳切地批评和嘉勉。《论语·子路》云："朋友切切偲偲。"切切，意为恳切；偲偲，意为嘉勉。朋友之间能否做到相互监督、相互批评、相互勉励，是衡量朋友是否真心相待，是否为益友的重要标志。如果对朋友的过失视而不见，不闻不问，或者文过饰非，阿谀奉承，就不能称为益友或者良友。同样，对于朋友的批评不应该有抵触情绪，有则改之，无则加勉；对于朋友的过失，也不要对因为批评可能会触犯对方而有所顾忌。对于朋友双方来说，只要是基于善意，能够促进其德行完善，坦诚正直的劝告与规勉是必要的。

最后，朋友之间要同甘共苦。同甘易为，共苦惟艰，患难见真情。朋友之间能否共同面对困难，能否为对方分忧解难，排除痛苦，是检验友谊

---

① 《史记·管晏列传》。
② 《荀子·不苟》。
③ 贾谊《新书·官人》云："内相匡正，外相扬美者，谓之友。"

是否真诚可靠的试金石。儒家特别强调朋友之间要患难与共，孔子的学生子路曾说：

> 愿车马轻衣裘与朋友共，敝之而无憾。①

不嫌弃对方的贫贱，及时地抚慰对方的贫疾，急朋友之所急，救朋友之所需，这才是真正纯洁和高尚的友谊。《礼记·檀弓上》曰：

> 宾客至，无所馆，夫子曰："生于我乎馆，死于我乎殡。"

朋友来自他邦，如果到了鲁国没有地方住宿，孔子说：活着由我来解决住宿问题，死了由我来处理丧事。孔子用自己的亲身体验和感受去设身处地地为他人着想，在孔子看来，既然是朋友，就该像对待自己一样对待朋友。《论语乡党》云：

> 朋友死，无所归，曰："于我殡。"

朋友病重将死，又无依无靠，这时最需要的就是有一个安居之所，死后有一个收尸葬身之地。可见，孔子交友之道，不以物质利益做取舍，财货慷慨来去不以为意，视富贵如浮云，看重的是精神文化交流，所以，才会不顾一切为友发丧，才会赤诚相待无所怨言。

三 "礼以治世"的理想政治

理想政治是人们对社会政治终极走向和奋斗目标的设想与追求，它对于国家治理与社会目标的实现至关重要。

（一）理想政治的具体模式

"内圣外王"是先秦儒家的传统政治理念，在以修身为本的"内圣"的基础上，才能开出"外王"的理想政治，而这一理想政治是从孔子以

---

① 《论语·公冶长》。

"德治"、孟子以"仁政"、荀子以"王道"为中心所反映出来的"王制理想"。这种"王制理想"即为礼教的理想政治目标，它以西周的礼乐盛世为原型，体现了先秦儒家学者对未来社会治理模式的设想和展望，是儒家学者"礼以治世"制度创新的体现。

1. 孔子以"德治"为中心的理想政治

孔子生活在礼崩乐坏、天下无道的时代，在其周游列国遭遇四面楚歌、到处碰壁，确认自己的政治抱负已无实现可能之时，开始发展完善其政治理论。在周公"明德慎罚"这一政治主张的基础上，明确提出了"为政以德"的德政思想。"所谓德治就是道德政治，是把道德运用于政治领域的一种学说，是以道德作为规范君主行为、治理国家社稷、管理庶民百姓的一种学说，是以道德教化作为一种主要的治国手段，运用道德的内在约束力以达到社会稳定之目的的一种学说。"① 以此为参照和依据，在孔子"德治"这一理想政治体系中，主要有两个方面的问题，一是为政者自我德性、德行的修为问题，这是德治思想得以顺利实施的前提设定；二是为政者遵循仁德原则问题，贯彻爱人思想，管理教化庶民百姓的问题，这是德治思想顺利实施的核心目的。

为政者作为德治的实施主体，其自身的道德自觉和修身践履是德治得以实施的前提条件，在国家政治系统中占有绝对重要地位。孔子认为，道德是一种巨大的、无形的、可以超越一切的力量，为政者拥有良好高尚的道德品质，才能确保社会发展的正当与稳定。为此，孔子除了强调为政者要从上古尧、舜、禹以及周文王等贤明之君的治理模式中汲取营养之外，还对其提出了更高的道德要求。

为政者首先要修其身。在孔子看来，为政者如果能做到不断地修身正己，具有一定的道德禀赋和人格魅力，就拥有了实施其政治统治的权威和资质。"恭则不侮，宽则得众，信则人任焉，敏则有功，惠则足以使人。"② 修身是治国安邦之根本，为政者要想有所建树，就必须先正其身，把规范和约束思想行为作为一种道德自觉不断提升。同时，为政者高尚的道德品行必然能够以上率下，成为每个社会成员道德行为约束和要求的指

---

① 王杰：《为政以德：孔子的德治主义治国模式》，《中共中央党校学报》2004年第2期。
② 《论语·阳货》。

南,"政者,正也。子帅以正,孰敢不正?"①"其身正,不令而行;其身不正,虽令不行。"② 也就是说,为政者的道德修养必将会对全体社会成员产生辐射转化效能,进而对国家的政治前途产生影响。

为政者其次要勤其政。勤者,政之所要。为政者肩负着国家治理、社会发展的历史使命和时代重任,必须做到夙夜在公,履职尽责,鞠躬尽瘁,切不可消极怠惰,玩忽职守。孔子在回答他的学生——子张"如何为政"的问题时,说:"居之无倦,行之以忠。"绝不可以懈怠荒政,而是要勤勉于政事,发愤忘食、忠心耿耿地执政,如此才可以达到安人安百姓治国平天下的理想目的。

当为政者的道德品行经过自觉修为、不断提升,达到一定高度的时候,就为实施德治思想的第二个层面,即为政者如何教化庶民百姓的问题提供了前提条件。教化庶民百姓,也就是如何治人的问题,这是为政者在施政过程中必须要面对和解决的问题,也是最为重要和核心的问题,决定了治国理政的成败得失。孔子强调:"为政以德,譬如北辰,居其所而众星共之。"为政者政权的巩固或崩溃,归根结底取决于民众的拥戴或反对。为政者应根据民众的需求来把握历史发展的趋势,争取民众的拥戴,注意民心的向背,落实到具体的政治生活中,就是要求为政者要先富而后教、先惠而后使、先德而后刑。

先富而后教。民是国之本,德治理想的首要之务就在于满足民众的基本生活需求。孔子的学生子贡问为政,孔子回答说:"足食,足兵,民信之矣。"③ 民生问题大如天,要先让老百姓有饭吃,解决温饱问题,因为贫穷是导致犯罪的客观原因,"贫而无怨难,富而无骄易""小人穷斯滥矣",要想减少乃至消灭犯罪,就要"博施于民而能济众",先使民众富之。当民众的基本生活条件得以保障,衣食无忧的情况下,则又需要教之化之,使之具有良好的品性与行为,"性相近,习相远",文化的教养教化和道德观念的有无是导致犯罪的主观原因。因此,只有既使人民富裕又对其施行教化,才能真正从根本上解决犯罪问题,从而维持"老者安之,朋友信之,少者怀之"的稳定社会秩序。

---

① 《论语·颜渊》。
② 《论语·子路》。
③ 《论语·颜渊》。

先惠而后使。"惠则足以使人"①，为政者有恩惠之心，才能够调动民众的积极性，让民众听从内心的意愿去服从和遵从统治者的意志。为此，为政者要"因民之利而利之"②，多做一些惠及老百姓的事，要体悟到"惠而不费"的道理。还要取民有道，孔子在《论语·檀弓》中感叹"苛政猛于虎"，针对鲁国权臣季氏多征田赋的现象，提出了"敛从其薄"③，反对统治者对老百姓横征暴敛。当孔子的学生冉求为季氏聚敛征赋时，孔子要求他的学生们"鸣鼓而攻之"④，并对其进行严厉谴责。反之，则对郑国子产"养民也惠"的主张和做法给予了高度的评价，称其有君子之道。在惠民的基础上，为政者要做到"使民以时"⑤，"择可劳而劳之"，从而使民"劳而无怨"。另外，为政者要慎用力役，"使民如承大祭"⑥，也就是说在役使民众时要像承担大祭奠那般慎重，体现对民的尊重。

先德而后刑。德化而非刑罚是为政者德治的重要表现之一，孔子反对以严刑酷罚来统治民众。一方面，如果不能首先以礼乐来教化民众，而任其随意发展，直至其违禁犯法才去处以刑罚，是不讲人道的不义之举，只能使老百姓为规避惩罚而选择不敢为恶，不能培养他们的廉耻之心，进而自觉地扬善去恶，也不能根本解决社会当中存在的问题，这是与孔子所主张的仁政思想相违背的；另一方面，孔子对教化的力量信心满满，认为"道之以政，齐之以刑，民免而无耻，道之以德，齐之以礼，有耻且格"，只有把礼作为一种内在的因素，内化为民众的自觉自愿行为，使"民自化"，才能"有耻且格"，体现为政者"子为政，焉用杀，子欲善而民善矣"⑦的理政归旨。当然，孔子也承认，教化的力量再大，现实生活中仍不可避免地存在"困而不学"者。对此，孔子主张刑与法也是治理社会的必要手段，在社会治理中也应该发挥其应有的功能，"宽以济猛，猛以济宽"，才能"政是以和"⑧。孔子在任鲁国司寇时，也曾动用大刑杀少正

---

① 《论语·阳货》。
② 《论语·尧曰》。
③ 《左传·哀公十一年》。
④ 《论语·先进》。
⑤ 《论语·学而》。
⑥ 《论语·颜渊》。
⑦ 《论语·颜渊》。
⑧ 《左传·昭公二十年》。

卯，他说："善人为邦百年，亦可以胜残去杀矣。"① 在德与刑的关系上，孔子主张德主刑辅，以刑辅政，先教后刑，说："礼乐不兴，则刑罚不中；刑罚不中，则民无所措手足。"② 只有礼乐兴盛，刑罚才能得当。

综上所述，德治即为治国方略和理政方策的政治思想，是孔子对现实政治的深刻反思，也是为适应社会发展而设计出来的一套治国方案，并最终成为中国传统政治哲学的最重要的基本特征之一，奠定了中国传统政治思想文化的基调。

2. 孟子以"仁政"为中心的理想政治

在孟子生活的战国时期，七个诸侯国均以富国强兵、兼并弱小的霸道之术而长期雄踞各方。孟子认为，欲以霸权恢复统一只能加剧社会动荡，而要根本解决这一社会问题，则要实行德治和推行仁政，进而提出了仁政无敌于天下的政治主张。这一政治主张承继了孔子的仁学思想和以德治为中心的治国方略，将人性善理论用于现实社会政治领域，强调"尧舜之道，不以仁政，不能平天下"③，将能否施行仁政作为国之兴废、天下太平的前提保障：

> 三代之得天下也以仁，其失天下民以不仁。国之所以废兴存亡者亦然。天子不仁，不保四海；诸侯不仁，不保社稷；卿大夫不仁，不保宗庙；士庶人不仁，不保四体。④

基于此认识，孟子认为应该承先王之道，施行仁政，并指出仁政并不难以推行，人人都能够做到。因为人人都有不忍心看到他人困苦的"不忍人之心"，如果能够将每个人的"不忍人之心"推之于社会，运用于社会治理之中，就是不忍人之政，如《孟子·公孙丑上》记载：

> 人皆有不忍人之心。先王有不忍人之心，斯有不忍人之政矣。以不忍人之心，行不忍人之政，治天下可运之掌上。

---

① 《论语·子路》。
② 《论语·子路》。
③ 《孟子·离娄上》。
④ 《孟子·离娄上》。

在孟子看来，实施仁政是得人之道：

> 得道者多助，失道者寡助。寡助之至，亲戚畔之；多助之至，天下顺之。以天下之所顺，攻亲戚之所畔，故君子有不战，战必胜矣。①

仁义之政关系到国家的兴废存亡，得民者得天下，以德服人才能使民心悦诚服。为此，孟子认为，有理想、有担当、有作为的为政者，应该在其政治实践中推行仁政。具体来说，为政者应该能够在给民以"恒产"的基础上，注重施行道德教化，切实达到"乐民之乐""忧民之忧"的理想境界，最终实现"保民而王"的天下礼乐之治。

以民为贵是孟子"仁政"理想的基本前提和根本保证。孟子之时，随着西周封建制度的消亡，君主专制、贵君贱民之风气已经形成并有愈演愈烈之倾向，孟子深感天下百姓之疾苦，以其不忍人之心，提出民贵君轻之主张：

> 民为贵，社稷次之，君为轻。是故得乎丘民而为天子，得乎天子为诸侯，得乎诸侯为大夫。诸侯危社稷，则变置。牺牲既成，粢盛既洁，祭祖以时，然而旱干水溢，则变置社稷。②

民是国之本。人民既然是天下之根本，君子就应该有保民的责任和义务，这是仁政的基本内容之一。实施仁政首要的任务同样也是要满足民众基本的生活需求。对此，孟子明确提出要"制民之产"，给民以"恒产"。恒产就是能够维持人民基本生活保障的固定产业，同时也是维持社会秩序稳定的重要因素，在孟子看来：

> 民之为道也，有恒产者有恒心，无恒产者无恒心。苟无恒心，放辟邪侈，无不为已。③

---

① 《孟子·公孙丑下》。
② 《孟子·尽心下》。
③ 《孟子·梁惠王上》。

老百姓如果没有"恒产",就有可能违法犯禁,"放辟邪侈",因此,制民之产尤其重要。这与孔子在重视富民惠民问题上的思想不约而同,但相对实施德治思想的孔子所给出的宏观的治国原则来说,孟子则对仁政理论给出了具有了相当系统完整的内容表述,表现在孟子在给梁惠王的仁政方案中提出了"制民之产"的具体描述:

> 五亩之宅,树之以桑,五十者可以衣帛矣。鸡豚狗彘之畜,无失其时,七十者可以食肉矣。百亩之田,勿夺其时,数口之家可以无饥矣。①

这是孟子所描述的人民安居乐业的美好画卷,也是孟子积极发展民生的动力所在。同时,孟子注重取民有制,强调"易其田畴,薄其税敛,可使富也"②,主张以劳役赋税代替实物税收,认为"耕者,助而不税,则天下之农,皆悦而愿耕於其野矣",同时主张赋税徭役要以"不违农时"为原则。另外,孟子注重保护工商业发展,强调在赋税征收标准上要有定制,即"市廛而不征,法而不廛""关讥而不征"③,对于往来商旅不额外征税。总之,孟子以民之恒产为物质前提,强调民之恒心的重要性。

道德教化是孟子"仁政"理想的核心任务和必然结果。孟子继承了孔子关于民富之后必须对其实行道德教化的主张,认为为政者在使民众生活无饥寒之忧,有恒产的前提下,接下来就要"谨庠序之教,申之以孝悌之义"④,即对其进行必要的思想观念和价值理念的引导。对此,孟子肯定了三代学校教化的意义,并将道德教化作为其仁政理想的重要组成部分。他说:

> 设为庠序学校以教之。庠者,养也;校者,教也;序者,射也。夏曰校,殷曰序,周曰庠;学则三代共之,皆所以明人伦也。人伦明

---

① 《孟子·梁惠王上》。
② 《孟子·尽心上》。
③ 《孟子·公不丑上》。
④ 《孟子·梁惠王上》。

于上，小民亲于下。有王者起，必来取法，是为王者师也。①

意即为政者要努力对民众实施道德教化，使其具有良好的道德认知和道德行为，唯有如此，民众才能自觉地遵照国家的意志行事。也就是说，在道德教化与良好的政治之间，孟子认为道德教化更具有重要性和根本性，对此，他在《孟子·尽心上》中强调：

> 善政不如善教之得民也。善政，民畏之；善教，民爱之。善政得民财，善教得民心。

在孟子看来，"民爱之"要比"民畏之"更可贵得多。一个国家治理得好与坏，最终的评价标准不是看是否有好的政治而使"民畏之"，而应看是否有好的道德教化而使"民爱之"。良好的道德教化所给予民众的潜移默化的熏陶和感染，是一般的政治所无法企及的，"民爱之"犹水之就下，沛然谁能御之。基于此，孟子在人性善，人人具有"四端之心"，即恻隐之心、羞恶之心、辞让之心、是非之心这一理论基础之上，认为人人均可得而教之，进而在善教与得民心之间构筑了一条沟通彼此的桥梁。

与民同忧乐是孟子以"仁政"为中心的理想政治的最高境界。他将孔子推己及人的为人处世的方式方法，进一步发挥于社会政治生活之中，以"老吾老，以及人之老；幼吾幼，以及人之幼"的推恩的方式实施仁政，强调统治者若能与百姓同忧乐，才是真乐，才能实现"保民而王"②，从而真正王天下。《孟子·梁惠王下》记载：

> 不得而非其上者，非也；为民上而不与民同乐者，亦非也。乐民之乐者，民亦乐其乐；忧民之忧者，民亦忧其忧。乐以天下，忧以天下，然而不王者，未之有也。

当然，孟子并不是道德教化的至上主义者，他在强调通过道德教化实现"仁政"这一理想政治的同时，也意识到道德教化并不总是万能有效

---

① 《孟子·滕文公上》。
② 《孟子·梁惠王上》。

的，在某种程度上具有其自身不可克服的局限性。因此，他在《离娄上》篇中提到"徒善不足以为政，徒法不能以自行"，为政者应该把仁政和法结合起来，当道德教化不奏效的时候，要施以必要的刑罚，刑罚是道德教化的必要补充。

诚然，孟子所构建的以"仁政"为中心的治国方案，过于将当时的社会矛盾归咎于统治者的不仁，并企图通过实施仁政来调解广大民众与统治者之间的矛盾，虽然在某种程度上陷入了理想主义的旋涡，但不失为一种缓和矛盾，解决问题的政治思维模式和方法。现实的君王如果能够作以努力，达到社会发展的良性状态，就算得上是一种开明政治。这对于大力弘扬以德治国的今天仍具有重要的启迪意义。

3. 荀子以"王道"为中心的理想政治

荀子身处我国封建社会形成期的最后阶段，结束战乱局面、实现国家统一已经成为历史的主要趋势和时代的基本要求。与这种社会需求相适应，荀子提出了"一天下"①的政治主张。而要实现这一主张，荀子认为必须推行以"王道"为中心的理想政治，强调只有"王道"才可能一统天下：

> 彼王者不然：仁眇天下，义眇天下，威眇天下。仁眇天下，故天下莫不亲也；义眇天下，故天下莫不贵也；威眇天下，故天下莫敢敌也。以不敌之威，辅服人之道，故不战而胜，不攻而得，甲兵不劳而天下服，是知王道者也。②

关于"王道"的理想政治，荀子和孟子有着共同的基本主张，但在"王道"与"霸道"两者之间的关系上，两人又有不同的阐释。孟子以"仁政"为核心，推行王道，认为"王道"与"霸道"两者是相互对立的，行仁者王，尚力者霸，主张为政者行仁政之王道的同时，坚决排斥为政者以力假仁之霸道。荀子虽然也坚守"王道"统一的最高理想，但没有拘泥于孟子所幻想的理想王国，而是转向现实，认为"王道"与"霸道"之间，并非是完全对立截然分开的关系，良好的政治应该是隆礼、

---

① 《荀子·王霸》。
② 《荀子·王制》。

重法并举，既要"隆礼尊贤而王"，也要"重法爱民而霸"。荀子认为"霸道"是为了通往"王道"这一理想政治的必经阶段和过渡阶段，以"霸道"统一之后再论及向"王道"的转向。我们可以认为，荀子所"关注的不是王道的内在基础即心性论，而是其实践方式即礼法论，或者说他是从礼法制度的层面建立自己的相关论述"①，强调礼的政治功能、社会管理功能和教育功能，将《礼》视为"法之大分，类之纲纪"，告诫执政者"国无礼则不正，礼之所以正国也，譬之犹衡之于轻重也，犹绳墨之于曲直也，犹规矩之于方圆也"②，强调礼是"治辨之极也，强固之本也，威行之道也，功名之总也"③。

荀子认为选择了"王道"的君主要想实现天下的统一，首先要依靠其自身所具有的至高道德，这也是礼法兼治对君主的内在要求。正如有学者指出："在先秦诸子以及其后的整个思想界，凡是提到圣人和论及圣人的社会功能的，几乎没有不同政治连在一起的，没有不同治理天下连在一起的，没有不同王连在一起的。"④ 荀子也不例外，尤其强调为政者应该竭力成为集道德与权力于一身的圣王，因为"君者，民之原也；原清则流清，原浊则流浊"⑤。国君是民望所在，他的行为好坏决定着民心向背，为政者要时刻注重修养自己的品德，努力作广大民众的楷模和表率：

> 请问为国？曰：闻修身，未尝闻为国也。君者仪也，民者景也，仪正而景正；君者槃也，民者水也，槃圆而水圆。⑥

荀子认为要实现"王道"，除了为政者所应该具备的个人道德品质以外，还必须通过"选贤良，举笃敬，举孝弟，收孤寡，补贫穷"来使"庶人安政"，"庶人安政，然后君子安位。"⑦ 相反，如果老百姓"骇

---

① 张圣洋：《荀子王道观念的内在逻辑》，《大众文艺》（学术版）2013 年第 11 期。
② 《荀子·王霸》。
③ 《荀子·议兵》。
④ 刘泽华：《王、圣相对二分与合而为一——中国传统社会与思想特点的考察之一》，《天津社会科学》1998 年第 5 期。
⑤ 《荀子·君道》。
⑥ 《荀子·君道》。
⑦ 《荀子·王制》。

政"，统治者是无暇顾及也不可能安于国家治理的。所以，荀子提醒为政者要充分认识到"天之生民，非为君也。天之立君，以为民也"① 的道理，也就是说，天下的黎民百姓的存在，不是为君王服务的，而天下人所立的君王是要为百姓服务的。为百姓服务，就要首先致力于富国裕民之道，荀子说："王者富民，霸者富士，仅存之国富大夫，亡国富筐箧，实府库。"② 在荀子看来，"王者富民"，富民裕民是实现"王道"的关键所在，"富筐箧，实府库"是亡国之举，如果老百姓的衣食得不到保障，即使国家府库再殷实也无济于事，国家的危亡将毁于旦夕。因此，能否做到富民裕民，是实施"王道"政治的重要标志之一。至于如何富民裕民，荀子与孟子的主张基本相近，提出了"田野什一"、轻徭薄赋、"无夺农时"，以及"众农夫"，即增加农业生产者等具体措施，这些都是从民众的基本生活着眼，目的在于减轻老百姓的负担，是"王制"理想的基础。

荀子在人性善恶问题上，以人性恶为出发点分析了人与社会的矛盾，这决定了荀子用礼义对人所固有的恶性进行改造和控制，改造和控制的手段就是礼，所以在政治上表现为礼治主义。但如徐复观先生所说："荀子自认为继承仲尼、子弓，在政治思想上也有许多地方还是继承儒家的圭臬……然因其对人性的根源自信不及，即对人格尊严的根源自信不及，遂偏于在功利上、在利害上去求解决人的问题，差之毫厘，遂在其政治构想之归结点流于与孔子相反的方向而不自觉。"③ 荀子主张的礼法就是为了改造人类的恶性而产生，其主要作用就在于教化。荀子认为"性也者，吾所不能为也，然而可化也"，教化即为改造人性之恶的过程，同时也是"王道"的实践过程，要朝着"为善去恶"的方向努力。尽管荀子由于人性问题而决定的政治构想与孔子和孟子略有不同，但对道德教化的作用和教育的途径与目标上，他们则是殊途同归，相互补充。荀子在《王制》篇中认为，当民众的基本生活得到保障以后，就要自民众到地方长官直至诸侯、天子都要实施教化：

> 劝教化，趋孝弟，以时顺修，使百姓顺命，安乐处乡，乡师之事

---

① 《荀子·大略》。
② 《荀子·王制》。
③ 徐复观：《中国政治思想与政治制度论集》，中华文化出版事业委员会1945年版。

也；论礼乐，正身行，广教化，美风俗，兼覆而调一之，辟公之事也。①

荀子还将"兼人"的手段划分为"以德兼人""以力兼人""以富兼人"三种形式，并对这三种形式的利弊进行了比较：

凡兼人者有三术：有以德兼人者，有以力兼人者，有以富兼人者……以德兼人者王，以力兼人者弱，以富兼人者贫。②

可见，荀子对"以德兼人"的方法给予了高度评价，而所谓的"以德兼人"，就是以儒家的仁、礼、义、法等道德化的政治手段来实现社会的真正团结，如荀子所说：

故凝士以礼，凝民以政，礼修而士服，政平而民安。士服民安，夫是之谓大凝，以守则固，以征则强，令行禁止，王者之事毕矣。③

为政者征服天下的根本武器在于政治是否昌明，礼是国家强固之本，行仁义则政治昌明，这样的国家就能吸引天下之人，就能够兼有天下，至此"王者之事毕矣"。

需要说明的是，荀子在强调隆礼的同时，非常注重对法的强调，时常将"礼"和"法"相提并论，如"隆礼重法，则国有常"④，"非礼，是无法也"⑤，"礼义生而制法度"⑥。荀子认为在"明礼义以教化"而不能收到预想的效果，或者是遇到那些教而不化的顽固之徒时，就必须"起法正以治之，重刑罚以禁之"。也就是说，法的辅助功能不可忽视，"以善至者待之以礼，以不善至者待之以刑"⑦ 是必要的，即所谓的"治之

---

① 《荀子·王制》。
② 《荀子·议兵》。
③ 《荀子·议兵》。
④ 《荀子·君道》。
⑤ 《荀子·修身》。
⑥ 《荀子·性恶》。
⑦ 《荀子·王制》。

经，礼与刑"①，对于礼与刑的关系，荀子说：

> 故不教而诛，则刑繁而邪不胜；教而不诛，则奸民不惩；诛而不赏，则勤属之民不劝；诛赏而不类，则下疑俗俭而百姓不一。②

荀子提出的以"王道"为中心的理想政治观，丰富了先秦儒家传统的思想观念，使其在理论上更集其大成，同时也推动了现实社会的发展，为大一统封建王朝的建立做了理论铺设。

综上，以礼治国是孔子、孟子、荀子所追求的一种共同的政治理想。汉代以后，以礼治国成为历代统治者所追求和向往的政权的意识形态，虽然在具体的制度层面，由于不同的历史时期和时代背景会有所不同，但却无一例外地成为历代统治者努力遵循和践行的治理国家的政治模式。

（二）理想政治的实践序位

理想政治是人们对社会政治终极走向和奋斗目标的设想与追求，它对于国家治理与社会目标的实现至关重要。面对当时王室衰微，礼崩乐坏，道德颓废，诸侯割据的现实社会状况，先秦儒家一方面认识到救民众于水火之中，挽社稷于倾荡之间，才是当务之急；另一方面也从各自的立场构思描绘了一幅未来至善至美的理想社会图景。《礼记·礼运》中所记载的"小康"和"大同"是先秦儒家社会政治理想的两个不同层次的具体体现。王道之行下的"小康"社会是面向现实、契合当下的理想政治目标，也是理想政治的初级阶段；大道之行下的"大同"之世是面向未来、更加高尚的理想政治目标，也是理想政治的高级阶段。要达到"大同"之世这一理想政治的高级阶段，就应该以当下良好的政治治理达到"小康"社会这一初级阶段为前提。也就是说，两个层面在实践的序位上，要从"小康"社会到"大同"之世。这是先秦儒家对理想政治目标的期许所实施的"两步走"战略。

1. 理想政治的初级阶段："小康"社会

《礼记·礼运》提出"小康"的理想政治：

---

① 《荀子·成相》。
② 《荀子·富国》。

今大道既隐，天下为家。各亲自亲，各子其子，货力为己；大人世及以为礼。城郭沟池以为固；礼义以为纪，以正君臣，以笃父子，以睦兄弟，以和夫妇，以设制度，以立田里，以贤（崇重）勇知，以功为己，故谋用是作，而兵由此起。禹汤文武周公由此其选也。此六君者，未有不谨于礼者也。以著其义，以考（成）其信，著有过，刑（则）仁讲让，示民有常。如有不由此者，在势者去，众以为殃。是谓小康。

先秦儒家生逢乱世，亲眼所见和亲身经历着社会动荡给黎民百姓所带来的重重灾难，他们关注社会现实，有着强烈的救时之弊的社会责任感，向往人类社会的美好，提出了一套救世救民方案，即把实现"小康"作为自己毕生为之奋斗的最低政治理想。孔子曾说："大道之行也，与三代之英，丘未之逮也，而有志焉。"① 与曾经大道之行下的良好的三代社会秩序相比，如今大道已经消亡隐匿，不见踪影，治天下者以自己所处之重位，为自家利益服务，天下成为其私有财产。人们只关爱自己的亲人，只疼爱自己的儿女，对待财物和付出劳力都要首先考虑自己所得。天子诸侯将父传子、兄及弟的权位世袭制作为礼制。统治者用城池作为防守设施以保护其国家，以礼义为准则摆正君臣关系，淳厚父子关系，和睦兄弟关系，和谐夫妻关系，通过设立关于宫室、服饰、车旗、饮食、田宅等上下贵贱各有多少的制度，来维护社会秩序和调整人际关系。虽然尊重有勇有智有谋之士，但是为自己建功立业服务，总避免不了人与人之间的诈谋和战争。夏禹、商汤、周文王、周武王、周成王和周公旦，六个君子从来都是谨慎奉行礼制。他们彰显礼的要义，以礼来考察人们的信用，讲求礼让，为百姓昭示礼法的仪轨。即使是有权有势者，如果不遵循礼义，也将被斥退罢免。老百姓会自然地将不以"礼"行事的人看成是祸害。这样的社会就可以称为"小康"。

由上述可知，"小康"社会必须通过"礼"来规范和维持一定的社会秩序，通过明确的赏罚机制、正确的价值导向、实用的行为律令来实现良好的社会政治治理。这是先秦儒家立足于现实社会状况所构建，是人们通过努力有可能达到的理想社会。在这样一个政治清明的"小康"社会中，

---

① 《礼记·礼运》。

民众生活温饱舒适，耕者有其田，作而由其时，丰俭由人，居有所安，业有所乐，劳作之余可以尽情欢聚，心有所怨可以诉诸歌。它虽不及大同之世那般至善至美，但不乏安定、有序、祥和，犹可小有安康，如果能够实现这种"小康"，也已经着实让人感到欣慰和满足。它是通往"大同"之世的桥梁，也是实现"大同"之世的必经阶段。

2. 理想政治的高级阶段："大同"之世

《礼记·礼运》提出"大同"的理想政治：

> 大道之行也，天下为公。选贤与能，讲信修睦。故人不独亲其亲，不独子其子；使老有所终，壮有所用，幼有所长，矜（鳏）、寡、孤、独、废疾者皆有所养。男有分，女有归。货恶其弃于地也，不必藏于己；力恶其不出于身也，不必为己。是故谋闭而不兴，盗窃乱贼而不作，故外户而不闭，是谓大同。

先秦儒家并不满足于"小康"之治，而是怀着强烈的社会责任感，努力寻求着至治之世，渴望和向往着天下为公、和谐安详、公正平等、自由幸福、至善至美的理想社会，即"大同"之世，并对这个人们应该为之奋斗不已的社会终极目标进行了详尽的描述。"大同"之世是大道施行之时，治天下者不再为自家利益服务，而是尽心尽力地为公共利益服务，天下为全体民众所共有。这是"天下为公"和"天下为家"以政权方式存在的社会政治权力的不同行使方式，也是"大同"之世与"小康"社会的根本区别。"大同"之世，在政治上，选择那些品德高尚的贤能之士传其位，不再搞权位世袭制。人们之间讲求诚信，氛围和睦。在经济上，社会财物公有，人人各尽其能、各得其养、各得其乐。在道德关系上，人们不再仅仅只奉养自己的父母，抚育自己的子女，而是能够推广孝慈及于他人，使得社会上所有的老年人都能够终其颐养天年，中年人都能够为社会尽力，童年的孩子都能够茁壮成长，而那些孤寡老人和那些丧失双亲的孩子，以及那些没有劳动能力的残疾人都能得到供养。人皆同心同德、同权同利、诚实和睦地相处，一切邪恶之事都不发生。对于财货等身外之物，人们不再会私藏起来。民众都能够为社会公众之事尽心尽力，而不是只为自己谋利着想。在这种情况下，即使门不闭户，那些奸邪之谋不会发生，盗窃、造反和害人的事情不不会发生。这就是世界"大同"的理想社会。

"大同"之世所描述的美好图景,如人间乐土、世外桃源,令人憧憬和向往。"大同"理想之下的个人和家庭都不再是独立生活的基本单位,而是融合在整个社会生活的共同体之中,不必再考虑为己之事,也不必再独亲其亲,独子其子。在这个社会共同体中,有着共同的利益和共同的愿望,这个利益和愿望是超越于个人和家庭,体现高度集中统一的自由平等、幸福和谐,并成为社会共同体全部成员的共同生活准则。与以礼来规范政治秩序的"小康"社会相比,"大同"之世"并不是没有礼,而恰恰是礼义沛然;只不过,大同之礼在形迹之外,这个形迹之外,可以理解为并不以礼事、理名的方式呈现出来"[1]。先秦儒家对"大同"之世理想社会模式的构建,体现了他们对人类共同体同呼吸、共命运这一未来生存状况的理想化期许和设定,并向人们进行展示,以激励人们积极地面向现实,面向未来,以开放、进取、创新、突破的精神迈向崭新的世界。

诚然,先秦儒家对理想政治高级阶段的目标——"大同"之世的构想,难免陷入一种"乌托邦"式的境域,虽难以实现,但仍具有其自身魅力,表现在它不仅可以为现实的社会治理提供论证,而且也能为未来发展描绘出一幅蓝图,成为人类为之努力奋斗的方向,"即便是在近代中国,以大同、小康对应共产主义与社会主义理想,在当代建设小康社会的表述中,仍然可以看到其痕迹"[2]。从这个意义上讲,先秦儒家为人类社会的发展与进步作出了重大的贡献。

---

[1] 陈赟:《王船山对〈礼运〉大同与小康的理解》,《船山学刊》2015 年第 4 期。
[2] 陈赟:《王船山对〈礼运〉大同与小康的理解》,《船山学刊》2015 年第 4 期。

第四章　先秦儒家礼教之基本内容

先秦儒家为了实现希贤希圣的理想人格、安伦尽分的伦理秩序和天下大治的理想社会的总体目标，建构了一个十分丰富、完整、合理的礼教内容体系。这里，我们从以下两个线索来梳理，一是以先秦儒家主要代表人物为线索，即孔子、孟子和荀子礼教的基本内容；二是以先秦儒家时期关乎"礼"的主要代表作为线索，即"三礼"——《周礼》《仪礼》《礼记》中礼教的基本内容。

一　内外兼修：礼仁、礼心、礼法之教

内外兼修是先秦儒家选择和安排礼教内容的基本原则。孔子以"六经"为主要内容，施礼仁之教，既讲内养，也重外化。孟子和荀子传承并发展了这一观点，但又分别有自己的侧重，着重体现在孟子对"以礼入心"、荀子对礼法之教当中。他们都既重视外在表现合乎礼仪，又重视内在道德修养不断提升。

（一）孔子——礼仁之教

礼与仁是孔子思想的两大核心和支柱。孔子的礼教内容，一方面以礼仁双元统一为基础而建立，另一方面则以礼为手段，通过礼来达成仁。无论是作为与"仁"相提并论，属性为名词的"礼"，还是作为通过"礼"来实现"仁"，属性为动词的"礼"，孔子的礼教都离不开"六经"。"六经"是孔子阐发礼教思想，并借此实施礼仁之教的基本内容。

"六经"是孔子为了挽救春秋时期礼崩乐坏的社会形势，删《诗》《书》，定《礼》《乐》，修《春秋》，"五十以学《易》"，"礼乐自此可

得而述，以备王道，成六艺"①，亦即"六经"。传统文化的各个领域，诸如文学、历史、哲学、政治、道德等，都发源于"六经"，虽然"六经""涵盖了古代学术的几个方面，但从整体上说，其中有一个统一的思想，那就是礼。'六经'在思想上通于礼，是研究礼学思想的重要内容"②。《礼记·经解》在篇末极力强调礼的重要性："夫礼禁乱之所由生"，"故礼之教化也微，其止邪也于未形，使人日徙善远罪而不自知也，是以先王隆也"，认为"六经"最终统一于礼。司马迁也认为"六经"的宗旨是礼，在《史记·滑稽列传》中引孔子之言曰：

> 六艺于治一也。《礼》以节人，《乐》以发和，《书》以道事，《诗》以达意，《易》以神化，《春秋》以义。

曹元弼则论述得更加明确：

> 六经同归，其指在礼。《易》之象，《书》之政，皆礼也。《诗》之美辞，《春秋》之褒贬，于礼得失之迹也。《周官》，礼之纲领而《礼记》则其义疏也。《孝经》礼之始而《论语》其微言大义也。

黄巩也说：

> 孔子订五经而约之礼……《诗》何以失愚，不达于兴观之礼；《书》何以失诬不达于训典之礼；《易》何以失贼，不达于贞吝之礼；《乐》何以失奢，不达于舞蹈之礼；《春秋》何以失乱，不达于名分之礼；《礼》何以失烦，习于琐渎之仪。此皆不达于《诗》《书》《易》《乐》《春秋》之情，因而事事与礼相违也。故曰五经者，礼之精意。而礼者五经之法象也……曰五经一贯于礼也。③

以上种种说法，是不同的思想家在不同的历史时期对"六经"统一

---

① 《史记·孔子世家》。
② 刘丰：《先秦礼学思想与社会的整合》，中国人民大学出版社2003年版，第47页。
③ 黄巩：《五经一贯于礼讲义》，《船山学刊》1935年第7期。

于礼这一思想展开的论述，其目的一方面是想给儒家"六经"找寻一个统一的世界观和客观基础，另一方面也强调了"六经"以礼为教的伦理价值和教育价值。在最早提出"六经"统一于礼的《礼记》中，《经解》篇对"六经"各有侧重的礼的教化功能作出了一个很好的总评，即"温柔敦厚，《诗》教也；疏通知远，《书》教也；广博易良，《乐》教也；絜静精微，《易》教也；恭俭庄敬，《礼》教也；属辞比事，《春秋》教也"。由于《礼》将在后面"'三礼'中礼教的基本内容"中作以专门介绍，故以下只对其他五经所蕴含和施行的礼教内容逐一进行梳理。

1.《诗》教——温柔敦厚

《诗》即《诗经》，是先秦礼乐文化的产物，后经孔子编订为"可施于礼义"①的经典教科书，是先秦礼乐文化的重要载体。魏源在《默觚上·学篇四》中说："古之学者，'歌诗三百，弦诗三百，舞诗三百'，未有离礼乐以为诗者。"②通常情况下，赋诗时一定会行礼，行礼时也必定要赋诗。从这个意义上说，《诗》是礼的重要组成部分，《诗经》以诗歌的形式，创造了一种将社会道德规范艺术化，感发人心，教化民众的教育形态。《礼记·经解》记载："孔子曰：入其国，其教可知也。其为人也，温柔敦厚，《诗》教也。"温柔敦厚，是儒家所追求的个人内在的道德修养，表现为一种温润如玉的君子风度，"言念君子，温其如玉"③，"君子比德于玉焉"④，美玉之品质即为君子之德行，君子像美玉一样情性纯粹，文质彬彬。诗的教育，如朱自清在《诗言志辨》中所说："'温柔敦厚'是'和'，是'亲'，也是'节'，是'敬'，也是'适'，是'中'。"从这种意义上讲，诗教对于中国传统人格中温润含蓄、宽缓和柔气质内涵的塑造与影响，是发乎于始端的。

首先，《诗》之礼教体现在"诗入礼俗"上。《诗经》共分为"风""雅""颂"三个部分。郑樵说"风土之音曰风"，"风"是上古社会的王者在开展体察民情的政务活动时，在民间收集或者通过责令当地大师和诸侯陈诗、献诗等方式所积累下来，反映地域乡情风俗同时满足了礼的要求

---

① 《史记·孔子世家》。
② 《默觚上·学篇四》，载《魏源集》，中华书局1976年版，第12页。
③ 《诗经·秦风·小戎》。
④ 《礼记·聘义》。

的民间歌谣，其目的一方面是"观风俗，知得失，自考政"①，另一方面则是以采来的风施行教化活动，以获得民众普遍意义上遵守民俗乡规之礼的社会治理之功效。《诗经》中记述了大量的关于婚姻习俗之礼、祭祀习俗之礼、服饰习俗之礼、朝聘习俗之礼、宴饮习俗之礼等。如《豳风·伐柯》说："伐柯如何？匪斧不克；取妻如何？匪媒不得。"《齐风·南山》说"取妻如之何？必告父母，取妻如之何？匪媒不得"表明当时的婚姻要讲究"父母之命、媒妁之言"之礼。如《召南·摽有梅》说"摽有梅，其实七兮。求我庶士，迨其吉兮。摽有梅，其实三兮。求我庶士，迨其今兮。摽有梅，顷筐塈之。求我庶士，迨其谓之"，表达的是年轻女子要遵照婚嫁不"失时"之礼俗。如《卫风·木瓜》说"投我以木瓜，报之以琼琚，匪报也，永以为好也"，描绘的是青年男女互赠礼物，彼此表达青睐之意，女子把瓜果赠给心仪的男子，而被赠予的男子解下身上贵重的玉佩回赠以示定情的诗歌，象征着爱情的深沉和久远。又如《小雅·都人士》说"彼都人士，狐裘黄黄"，《豳风·七月》说"八月载绩。载玄载黄，我朱孔阳，为公子裳"，描述的是服饰之礼俗，黄色服饰代表尊贵，暗喻要讲究尊卑贵贱之礼。可见，这些具有诗化特征的礼俗，使得礼成为人们潜意识中自觉遵守的一种行为规范，同时人们在诗性思维情感的观照之下，在礼教思想的浸染之下，生活愉悦幸福，和谐有序。

其次，《诗》之礼教体现在"诗入礼仪"上。《诗经》中的诗歌在先秦时期被广泛应用于祭祀、射礼、宴会、邦交、朝觐、会盟等各种仪式或礼典上，一方面为仪式或礼典助兴，更为重要的是通过诗歌在礼仪中的运用，来满足统治者通过教化实行社会治理和国家治理的需求。学《诗》学乐从属于习礼，对礼仪的研习有助于使自己的行为举止符合所参加的仪式或礼典对礼仪标准的要求，而不至于失礼。如祭祀诗《周颂·丝衣》说"丝衣其紑，载弁俅俅。自堂徂基，自羊徂牛，鼐鼎及鼒，兕觥其觩。旨酒思柔。不吴不敖，胡考之休"，生动地描述了祭祀在穿戴、器具、场所和祭祀后宴饮整个仪式过程的礼仪节数，将诗歌与祭礼相融合，表达了人们对于天地、山神、祖先等神灵的祭拜之情，也将神祇与人的距离从神圣不可触摸的事物变得可感可知。再如，在体现立德正己、礼乐相和的射礼中，不同的人要根据自己的等级来奏不同的诗歌，"王奏《驺虞》，诸

---

① 《汉书·艺文志》。

侯奏《貍首》，卿大夫奏《采蘋》，士奏《采蘩》"①。并且在演奏程序上也要遵循一定的礼仪："大射，王出入，令奏《王夏》。及射，令奏《驺虞》，诏诸侯以弓矢舞。"②《仪礼·乡射礼》也说："乃合乐《周南》：《关雎》《葛覃》《卷耳》；《召南》：《鹊巢》《采蘩》《采蘋》。"在某种程度上，《诗经》成为寓德于射、寓礼于射、寓教于射的重要载体之一。可见，在祭祀、射礼等仪式礼典的揖让周旋之间，诗歌的教化属性和功能使其不仅能满足礼仪程序的需要，而且能通过个体情感与官能的感受，使礼的精神潜移默化、深入人心。

再次，《诗》之礼教体现在"诗入礼制"上。《诗经》是西周礼治文化建设的重要组成部分，承载了丰富的礼制文化内容，典章制度之礼在《诗经》中随处可见。如《大雅·行苇》写射礼之制，《周颂·昊天有成命》写祭祀天地之礼制，《小雅·鹿鸣》写大宴群臣之礼制，《小雅·宾之初筵》写燕飨饮食之礼制。又如学者战学成在《五礼制度与〈诗经〉时代的社会生活》中将周代的嘉礼与《诗经》婚俗诗、乡饮酒礼与《诗经》宴饮诗、祭礼与《诗经》祭祀诗、籍田之礼与《诗经》农事诗、军礼与《诗经》战争诗、丧礼与《诗经》悼亡诗——对应起来，认为《诗经》自身所具有的文化意蕴使其"成为礼乐制度的宣传手段之一"③，为当时统治者社会治理和国家治理提供制度遵循和制度保障。

最后，《诗》之礼教体现在"诗入礼义"上。孔子删《诗》和授《诗》是建立在其仁和礼的哲学思想基础之上，注重和强调个体修己爱人，反求诸己，不断提升内在道德的自觉性，以达成"思无邪"这一道德修养境界为教育宗旨。《诗经》作为教化修身的典籍，一方面可以著其善恶，以为劝诫，另一方面则可以导广显德，耀明其志，为将来进一步实现修齐治平打下基础。如《小雅·蓼莪》"哀哀父母，生我劬劳"，《邶风·凯风》"爰有寒泉，在浚之下。有子七人，母氏劳苦"等篇反映的是父慈子孝之伦理。《小雅·常棣》："脊令在原，兄弟急难。每有良朋，况也永叹。兄弟阋于墙，外御其务"反映的是兄友弟恭之伦理。《国风·邶

---

① 《周礼·钟师》。
② 《周礼·大司乐》。
③ 战学成：《五礼制度与〈诗经〉时代的社会生活》，中国社会科学出版社2013年版，第22页。

风·击鼓》："击鼓其镗,踊跃用兵。土国城漕,我独南行"歌颂的是高尚的爱国情操,等等,使得礼义在人们的现实生活中被潜移默化地用以养成敦行孝悌温恭谦让的道德品行。从这个意义上说,《诗》作为礼的诗化形式,是"礼义走向教义的始基"①。

2.《书》教——疏通知远

《书》亦称《尚书》《书经》,是由孔子对中国上古虞夏商周四代历史文献进行选编汇集而成,分为《虞书》《夏书》《商书》和《周书》四个部分。《论语》中多次记载了孔子对《书》的引用,如"《诗》《书》、执礼,皆雅言也"②,"《书》云:'孝乎惟孝,友于兄弟,施于有政。'是亦为政,奚其为为政。"③ 等等,表明了孔子之所以将《书》列为重要的教科书之一,其目的在于借助历史上先王治世的成败得失,感召或者劝诫统治者效仿尧舜禹汤文武之政绩,以此开启治国理政之善绩。为此,统治者本人应该做到"念终始典于学"④,自始至终志于进学,勤勉求学,师从古人,不断完善自己,提高自身的道德修养和治世能力。还要遵照"建国君民,教学为先"的治国理念,深谙"化民成俗,其必由学"的道理,自始至终不忘办学,以人类已有的优秀文化成果教化民众。强调教育具有壹道德、正人心、美风俗、疏通知远的社会功能,关乎着民众的德行培育,关乎着社稷的生死存亡。

首先,强调先王之礼为垂世立教之根本。《尚书》中有很多篇目是以上古君王的文告或君臣谈话记录的形式记述的,对后世立教之启示颇为丰富。如《尚书·康诰》记载西周初年,"民情大可见,小人难保",在社会矛盾日益尖锐,民众生活异常艰辛的现实状况之下,《尚书·召诰》通过揭示夏商之所以相继灭亡,实为统治者"惟不敬厥德,乃早坠厥命",而周之所以能取代商,则在于统治者"克明德慎罚,不敢侮鳏寡,庸庸,祗祗,威威,显民"⑤,通过前后对比,昭示着现世统治者"不可不监

---

① 战学成:《五礼制度与〈诗经〉时代的社会生活》,中国社会科学出版社 2013 年版,第 26 页。
② 《论语·述而》。
③ 《论语·为政》。
④ 《尚书·兑命》。
⑤ 《尚书·康诰》。

（鉴）于有夏，亦不可不监（鉴）于有殷"①，以德治国才能保社稷。为此，统治者要先从自我修身，提高德性修养开始，《尚书·多方》记载姬旦在训诫殷遗民时说："自作不和，尔惟和哉；尔室不睦，尔惟和哉；尔邑克明，尔惟克勤乃事。"强调的是一个人的道德完善是从自身做起，逐渐到家室，再到邑的不断丰富和扩大的过程。同时，统治者还要作民众的表率，"其惟王位在德元，小民乃惟刑用于天下，越王显"②，作为一个国家的元首，应时时以身作则，成为行为上的典范，使民有所效法，方能光显王业，民随王愿。为此，在《书》中列举了大量上古君王的优秀做法，如《舜典》中记述了舜以德垂范，敬敷五教，推广诗乐的功绩，提倡在教化的过程中，要做到"在宽"，具体来说要：

> 直而温，宽而栗，刚而无虐，简而无傲。诗言志，歌永言，声依永，律和声。③

再如，《虞书·皋陶谟》记载的关于大禹和皋陶以德治国的对话中，皋陶提出的"九德"：

> 宽而栗，柔而立，愿而恭，乱而敬，扰而毅，直而温，简而廉，刚而塞，强而义。

诸如此类，《书》中关于先王之善治经验和做法的记述不胜枚举，其重要的目的在于以先王之礼作为垂世立教之根本。

其次，提出了"典礼德刑"的国家治理模式。《虞书·皋陶谟》记载：

> 天叙有典，敕我五典五惇哉！天秩有礼，自我五礼有庸哉！同寅协恭和衷哉！天命有德，五服五章哉！天讨有罪，五刑五用哉！政事懋哉懋哉！

---

① 《尚书·召诰》。
② 《尚书·召诰》。
③ 《尚书·舜典》。

皋陶是舜帝时期掌管刑法狱讼的大臣。他在同舜的儿子禹的对话中，将典、礼、德、刑作为社会治理和国家治理中的四个重要范畴，强调要通过典和礼来达成秩序和道德以表达对天的敬畏，还要将德和刑作为良好社会秩序的实现途径和制度保障。由此，"典礼德刑"四位一体共同构成国家治理模式。虽然孔子说夏商之礼只"能言之，杞不足徵也"，但从《尚书》《周书·康诰》篇中所记述的"明德慎罚""敬明乃罚""汝亦罔不克敬典""告汝德之说于罚之行"，以及《周书·洪范》篇中著名的"洪范九畴"，尤以"乂用三德"（治理的三种品德），"明用稽疑"（尊用以卜考疑的方法），"威用六极"（警戒臣民）为主要内容的记述等，可以确定"典礼德刑"最晚到西周时期已经成为国家治理的根本大法。在"典礼德刑"这一国家治理模式中，"典"是社会生活中应该遵循的常道和准则；"礼"是理想政治秩序建构的价值追求；"德"是道德政治的集中体现；"刑"是规范政治秩序的法的具体体现，"典礼德刑"的治理体系，奠定了孔子"道之以政，齐之以刑"，荀子"援礼入法"等先秦儒家礼法思想的理论基础。

3.《乐》教——广博易良

孔子自身对于音乐非常感兴趣，在齐国听到韶乐的时候，竟然三个月不知肉味，无论身居何处，即使是大难临头仍能安然弦歌。孔子主张在礼的教化过程中，要尤其重视音乐的教化作用，因此审订整理关于乐的典籍，终成《乐经》。但由于《乐经》汉代以后就未见传世，之后学者们对《乐经》的有与无、存与废始终争论不已[1]，时至今日，已不得而知。虽然孔子与《乐经》的关系难以考辨，但对于孔子在音乐中寻找精神，把音乐作为人格修养、提升内心境界的重要载体，是为学者们所普遍认同

---

[1] 对于已经亡佚的《乐经》的流传，大致有以下几种说法：一是认为《乐经》亡于秦火，以沈约、刘勰为代表；二是认为"乐本无经"，朱自清在《诗言志辨》中说："乐本无经，更是不争之论。"或认为《乐》与《诗》和《礼》为一体，如邵懿辰在《礼经通论》中说："乐本无经也，乐之原在《诗》三百篇之中，乐之用在《礼》十七篇之中。"又如钱穆在《国学概论》中说："'乐'与《诗》合，本非有经。"还有项阳提出"六代乐舞"即为《乐经》；三是认为《乐经》存于其他典籍之中，如现代学者范文澜认为，"乐必有经，其经有至今幸而未亡。所谓《乐经》即今《周礼》中的《大司乐》章"；四是认为《礼记·乐记》可以作为《乐经》的替代，如周国林在《六经次序及其有关问题》中指出，"《礼记》中有一篇《乐记》，便是对《乐经》的阐发"，再如张放在《论〈乐记〉对〈乐经〉的替代》中认为："《乐记》替代了《乐经》，与《诗》《书》《礼》《易》《春秋》共同组成了作为儒家经典的'六经'。"

的，如周国林所说："(《乐经》) 应是对音乐的总论，应该揭示一种文化精神。其要义，是不会消亡的。"① 而且，一直以来，经过学者们对《乐经》不辍的传承和阐释，逐渐梳理形成了较为全面和系统的乐教理论，如《礼记·经解》言："广博易良而不奢，则深于《乐》者也。"古人言《乐》有义理之乐和器数之乐之分，"器数者，即《汉书·礼乐志》中'以雅乐声律世世在大乐官'的制氏所执掌的'铿锵鼓舞'；义理者，则是'不能言其义'之'义'。"② 孔子更为重视义理之乐。

《乐经》的核心内容是"乐德"之教，汉初贾谊在《新书·道德说》中说，《乐》是"《书》《诗》《易》《春秋》《礼》五者之道备，则合于德矣"，《周礼·春官宗伯·大司乐》云：

> 大司乐掌成均之法，以治建国之学政……以乐德教国子中和、祗庸、孝友，以乐语教国子兴、道、讽、诵、言、语，以乐舞教国子舞《云门》《大卷》《大咸》《大韶》《大夏》《大濩》《大武》。

"乐德"与"乐语""乐舞"共同构成周代大司乐所执掌的"三教"体系，其中"乐德"之教是乐教的核心。"乐德"意识的形成起源于祭祀之乐，据《周易·豫·象传》记载，"先王以作乐崇德，殷荐之上帝，以配祖考"，先王作乐的目的在于"崇德"，以实现克明俊德的政治理想。"德音之为乐"，"乐德"之教是以个人内在修养和社会伦理秩序为内涵贯穿于整个礼乐传统之中，其着眼点是乐与礼的关系，无论是君子修身，追求君子人格高尚完美，还是治国理政、"天下归仁"理想境界的实现，都不能没有乐教的参与。

首先，"乐德"之教重在修身养性、教化民众。孔子认为"乐"能"成人"，主张教育要"兴于诗，立于礼，成于乐"③，又说："文之以礼乐，亦可以为成人矣。"④ 其立人之希冀在于"成于乐"，强调音乐在成人之美中所具有的独特作用。《乐记》云："德者，性之端也；乐者，德之

---

① 转引自刘全志《论〈乐经〉的基本形态及其在战国的传播》，《南京艺术学院学报》2013年第2期。

② 付林鹏：《论乐的性质及其义理化进程》，《孔子研究》2011年第6期。

③ 《论语·泰伯》。

④ 《论语·宪问》。

华也。"是说德性是人性内涵的根本，音乐是德性外观的光华。乐有音调，有节奏，有强烈的感染力，闻声而心从，润物细无声，足以感动人之善心。孔子从人的性情修养和人格修炼塑造出发，寓德与道于乐之中，人在富有韵律和美感的音乐的陶醉和愉悦之中，能够潜移默化，入情入理入心，从而不知不觉地提升自身的道德境界和精神境界，形成胸怀仁爱之心，君子成人之美。同时，孔子作为一个关心政治的思想家和教育家，强调"移风易俗莫善于乐，安上治民莫善于礼"①，把音乐作为教化民众、和谐社会、国家治理的重要工具。需要说明的是，孔子心目中的乐，并非一般的音乐，更非凡俗之乐，而是如《韶》一类听来令人三月不知肉味的雅乐。史载：

> 子之武城，闻弦歌之声。夫子莞尔而笑曰："割鸡焉用牛刀？"子游对曰："昔者偃也闻诸夫子曰：君子学道则爱人，小人学道则易使也。"子曰："二三子，偃之言是也。前言戏之耳。"②

孔子认为，人人都可以通过音乐的熏陶而生发出美感，从而体悟出道之本体，也就是说不论是君子还是小人，尽管他们于等级礼制下有地位的尊卑贵贱之差别，但是却可以通过音乐的涵育和培养，使他们取得对等级礼教的信仰，从而君子更加仁爱万民，小人则能够更好地体认社会秩序的制约，心甘情愿为统治者服务，为社会和国家效力。可见，以孔子为代表的先秦儒家最为看重人心的教化，因此非常注重音乐，用其善化民众。

其次，"乐德"之教重在对伦理道德的彰明和对天道真理的追求。在中国古代，天人关系是一切理论问题的出发点和归宿，圣人有德而且行道，其乐教体现出对伦理道德和天道真理的追求与体悟。"乐德"之教的根本和核心是追求"中和"的目标，"中和"与"孝友"的统一，目的是将乐器之和进而转向伦理之和。《乐记》云："乐者，通伦理者也。"《乐记》还说：

> 然后圣人作，为父子君臣，以为纪纲。纪纲既正，天下大定。天

---

① 《礼记·孝经》。
② 《论语·阳货》。

下大定，然后正六律，和五声，弦歌诗颂，此之谓德音；德音之谓乐。

可见，父子君臣之间伦理秩序的正常化和合理化是"弦歌诗颂"之"德音"形成的必要前提。具体来说：

乐在宗庙之中，君臣上下同听之，则莫不和敬；在族长乡里之中，长幼同听之，则莫不和顺；在闺门之内，父子兄弟同听之，则莫不和亲；故乐者，审一以定和。①

如上述所言，音乐之和发展为伦理之和，伦理之和进一步发展为社会之和，社会之和再上升到宇宙论的高度，达到天地之和，即：

地气上齐，天气下降，阴阳相摩，天地相荡，鼓之以雷霆，奋之以风雨，动之以四时，暖之以日月，而百化兴焉。如此，则乐者天地之和也。②

由此，"乐"的功能和地位在某种程度上堪比诗和礼，它追求的终极理想是天下归仁、万众万物和合的大道之行。

4.《易》教——絜静精微

《易经》亦即《周易》，是"六经"之中最具思想性和哲学性的典籍。国学大师南怀瑾在其著作《亦新亦旧的一代》中写道："《易经》的精神，从科学（中国古代的科学观念）的观察而进入哲学的精微，纯粹是洁净心理、升华思想的文化教育。"这一文化教育思想是与礼密切相连的。

首先，从易、礼的起源来看，"礼之兴也于中古，《易》之兴也亦于中古。《易》与礼相得以章，而因易以生礼"③，可见，《易》、礼在形成的时间上基本一致，只是通过不同的形式规划奠定了与时代相契合的礼的

---

① 《史记·乐书第二》。
② 《礼记·乐记》。
③ 王夫之：《周易外传》，中华书局1977年版，第264页。

精神。

其次,《易》的宇宙论思想为礼提供了哲学理论依据。"《易》有两极,是生两仪,两仪生四象,四象生八卦"①,这一天地万物的宇宙生化思想,成为人们为礼寻求哲学依据的理论基础,而后引发了大量关于礼的哲学论述,如"夫礼,天之经也,地之义也,民之行也"②,"是故夫礼,必本于大一,分而为天地,转而为阴阳,变而为四时,列而为鬼神"③,"先圣仰观天文,俯察地理,图画乾坤,以定人道,民始开悟,知有父子之亲,君臣之义,夫妇之道,长幼有序",等等,由此对礼进行了系统的、全新的哲学诠释,使得礼的教化成为了具有普世价值的理论。

再次,孔子学的《易》,实际上就是学周礼。④《左传·昭公二年》记载:

> 晋侯使韩宣子来聘……观书于大史氏,见《易象》与《鲁春秋》,曰:"周礼尽在鲁矣,吾乃今知周公之德与周之所以王也。"

《易象》是一种解《易》的《易传》,晋国使者韩宣子到鲁国行聘礼时,在看到《易象》与《春秋》两书时有感而发:"周礼尽在鲁矣。"孔子学《易》在《论语》中记载:"加我数年,五十以学《易》,可以无大过矣。"⑤《史记·孔子世家》也说:"孔子晚而喜《易》……读《易》,韦编三绝,曰:假我数年,若是,我于《易》则彬彬矣。"王夫之在《周易外传》中谈论周王朝的政治基础时,说道:"周以礼立国,而道肇于《易》。"⑥上述可见,周礼蕴含在《易经》之中,学《易》是即为学礼。

最后,"履、谦、复、恒、损、益、困、井、巽"九卦之德集中体现了"易之变"与"礼之常"的统一。《易经》中蕴含着丰富的礼教思想,散见于六十四卦之中,如《蒙·象传》曰:"君子以果行育德",突出了品德教育的重要地位;《蒙·彖传》曰:"蒙以养正,圣功也。"是说教育

---

① 《周易·系辞》。
② 《左传·昭公二十五年》。
③ 《礼记·礼运》。
④ 刘丰:《先秦礼学思想与社会的整合》,中国人民大学出版社2003年版,第54页。
⑤ 《论语·述而》。
⑥ 王夫之:《周易外传》,中华书局1977年版,第231页。

的目标在于培养人的思想观念、言论行为的正确性，诸如此类论述还有很多，不一而足。这里，主要谈一谈与礼的关系最为密切，教导人们依礼而守正的九卦之德，即履、谦、复、恒、损、益、困、井、巽九卦所反映的礼教精神。对此，《周易·系辞传》中有一个总结：

> 《易》之兴也，其于中古乎！作《易》者，其有忧患乎！是故履，德之基也。谦，德之柄也。复，德之本也。恒，德之固也。损，德之修也。益，德之裕也。困，德之辨也。井，德之地也。巽，德之制也。履和而至，谦尊而光，复小而辨于物，恒杂而不厌，损先难而后易，益长裕而不设，困穷而通，井居其所迁，巽称而隐。履以和行，谦以制礼。复以自知，恒以一德，损以远害，益以兴利，困以寡怨，井以辨义，巽以行权。

履是践履，履卦教人行礼，要求人们在日常生活的庸言谨行中践履礼的原则。履以执礼和为贵，履乃建立德业之初基，主要体现在无求于他者，而反求自己，在反思中调适自己与他人之间的关系，避免矛盾冲突，从而可以安定社会秩序。正如《履·象传》曰："上天下泽，履。君子以辨上下定民志。"上天下泽是尊卑不可逾之礼象，礼正是通过尊卑上下原则使得社会中的诸多个体各安其分。谦是谦恭，谦卦教人卑己尊人，虚心忍受，谦恭谦让。谦是道德的把柄，执礼就要谦虚恭敬，如若不然，就好比没有把柄，自然就无处着手，所以，君子应该自觉修养谦恭之美德。《谦·象传》曰："谦谦君子，卑以自牧也。劳谦君子，万民服也。"《咸·象传》也说："君子以虚受人。"这与《礼记》中的"夫礼者，自卑而尊人"的精神是相通的。复是复归，执礼谦恭进其德，复卦教人除去物欲，以礼约己，克己复礼，使人回归到与生俱存的人之本性上来。人性的复归，表现为"复以为知"的道德自觉。恒是恒常，恒卦教人始终如一，恒常不已，君子修德应该持之以恒，永不倦怠，它是道德稳固之所由。损是减损，《损·象传》曰："君子以惩忿窒欲。"损卦教人惩忿窒欲，使得君子通过对自我意志的抑制，进而达到修德的目的。君子应该对自己的利益和欲望加以控制，摆正利益和欲望与仁义之间的关系，使之符合时宜的要求。益是增益，益卦教人迁善改过，使德性日益宽大。《益·象传》曰："君子以见善则迁，有过则改。"《系辞传》曰："小人以小善为无益而弗为也，以小恶为无伤而弗去也。故恶积而不可掩，罪大而不可解。"君子应勿以善小而不为，勿以恶小而为之。困是穷困，困卦教人穷困不乱，坚守正道，是道德的分辨。君子应该做到身处逆境而不失德行操守，矢志不移地践行仁德正义。《困·象传》曰："君子以致命遂志。"井是水井，井卦教人德泽似井，取之不尽，用之不竭。《井·象传》曰："井养而不穷。改邑不改井，乃以刚中也。"君子修齐德行日趋饱满丰盈，但是却不骄傲，能够做到德施于众并且于己不损。巽是谦入。巽卦教人因势利导，是道德的制宜。《巽·象传》曰："随风巽。君子以申命行事。"孔子说："子欲善而民善矣。君子之德风，小人之德草，草上之风，必偃。"① 君子的德行好比风一样无孔不入，百姓的德行好比草随风而动，因此君子修德必须谦逊恭敬、正大光明。

综上所述，履卦教人以礼的实践为基础，而和顺地去行事。谦卦教人以礼自制，使性行巽顺。复卦教人反求诸己，回复自然本性。恒卦教人始终不二，坚定德行。损卦教人摒除私欲，以修德远害。益卦教人损上益下，增兴福利。困卦教人艰苦奋斗到底，不怨天尤人少愤怒。井卦教人辨识义理的来源。巽卦教人顺合时宜，能行使权便，当机立断。由此可见，易与礼的关系十分密切，因易生礼，礼以释易，易礼相通。

5.《春秋》教——属辞比事

《春秋》是以史实传承周代礼制，将社会群体或个体行为绳之以礼的礼学典籍。"《春秋》者，礼义之大宗也"②，"礼与《春秋》相为用，出于礼者入乎《春秋》，出于《春秋》者入于礼者也。"③ 在《春秋》的修订目的、史事选取和写作手法上，孔子都以"礼"为准绳，换言之，《春秋》乃孔子本礼以作，礼贯穿于《春秋》始终。

首先，在修订目的上，以明晰礼义为宗旨。有学者指出："《春秋》者，据乱世而作，将以拨乱而反诸正之书也。"④ 春秋时期，社会表现出"世道衰微，邪说暴行有作。臣弑其君者有之，子弑其父者有之"⑤ 的礼

---

① 《论语·颜渊》。
② 《史记·太史公自序》。
③ 段熙仲：《礼经十论》，载《文史》第一辑，中华书局1962年版，第30页。
④ 段熙仲：《礼经十论》，载《文史》第一辑，中华书局1962年版，第29页。
⑤ 《孟子·滕文公下》。

崩乐坏的现实状况，对此，"孔子惧，作《春秋》"①，其目的在于使"乱臣贼子惧"②，进而"正名分""寓褒贬""明善恶"。《春秋》的根本主旨在于明"分"，即纠正等级名分。司马迁说：

> 夫《春秋》，上明三王之道，下辨人事之纪，别嫌疑，明是非，定犹豫，善善恶恶，贤贤贱不肖，存亡国，继绝世，补敝起废，王道之大者也。③

也就是说，通过《春秋》来上明王道，下辨人事，褒贬是非，劝善惩恶，教化民众，以恢复周代礼制，重建礼乐盛世。这是孔子修订《春秋》的根本目的所在，也是《春秋》的社会功用所在，开创了以历史来鉴诫后人的先河。

其次，在史事选取上，以礼为筛选原则。徐复观指出："通过《左传》《国语》来看春秋二百四十二年的历史，不难发现在此时代中，有一个共同的理念，不仅范围了人生，而且也范围了宇宙，这即是礼。"④ 而在春秋时期各诸侯国之中，鲁国是西周开国之初周公的封国，沿用周代礼制最为完备，可谓"周礼尽在鲁矣"⑤。因此，孔子选取鲁国史事，根据鲁国史官记录，按照鲁国国君世系，加以整理删订而成《春秋》。《春秋》记事242年，用字不足两万，内容主要涉及周王室和各诸侯国之间的大事要事，如重大的政治活动、军事活动等，以及地震、水灾等自然现象的发生情况等，因此不可能逢事必记。皮锡瑞云：

> 计当时列国赴告，鲁史著录，必十倍于《春秋》所书。孔子笔削，不过十取其一。盖惟取其事之足以明义者，笔之于书，以为后世立法，其余皆削去不录，或事见于前者，即不录于后，或事见于后者，即不录于彼，以故一年之中，寥寥数事，或大事而不载，或细事

---

① 《孟子·滕文公下》。
② 《孟子·滕文公下》。
③ 《史记·太史公自序》（卷一百三十）。
④ 徐复观：《徐复观文集》（第三卷），湖北人民出版社2002年版，第55页。
⑤ 《左传·昭公二年》。

而详书。①

而孔子对史事进行筛选取舍的依据，则是以"笔削也，有褒有贬，而壹以得失于礼为准绳"②，即以存礼为标准，对"其合礼者，夫子修经之时悉皆不取，故《公》《谷》云'常事不书'是也；其非者，及合于变之正者，乃取书之，而增损其文，以寄褒贬之意"③。另外，与《春秋》密不可分的《春秋》三传，虽阐释路向各不相同，但在义理上皆通于"礼"。

最后，在写作手法上，以礼为评判标准。"属辞比事"是《春秋》在表达方式和写作手法上的一个重要特色，《礼记·经解》说："属辞比事，《春秋》教也……属辞比事而不乱，则深于《春秋》者也。"孔子以此表现手法来表明对"遵礼"或"违礼"的爱憎态度。

属辞，即遣词造句，也被称之为"一字褒贬"的"春秋笔法"。《辞海》对"春秋笔法"的解释是：古代学者以为孔子修《春秋》"笔则笔，削则削"④，"以一字为褒贬"⑤，含有"微言大义"⑥，后因称文笔曲折而意含褒贬的文字为"春秋笔法"。例如《春秋·隐公元年》记载："夏，五月，郑伯克段于鄢。"《穀梁传》云：

> "克"者何？能也。何能也？能杀也……段，郑伯弟也。何以知其为弟也？杀世子、母弟目君，以其目君知其为弟也。段，弟也，而弗谓弟；公子也，而弗谓公子，贱之也。段失子、弟之道矣……于鄢，远也，犹曰取之其母之怀中而杀之云尔……

其中，"克"是两敌角力、互相攻克的意思，兄弟两人无视手足之情，视对方为敌相互抗衡，体现了孔子对其不遵"兄友弟恭"之礼的鄙视；以爵号"郑伯"代替"郑庄公"这一尊号，讽刺了郑庄公作为兄长，

---

① 皮锡瑞：《经学通论四·春秋》，"论春秋借事明义之旨止是借当时之事。"
② 段熙仲：《礼经十论》，载《文史》第一辑，中华书局1962年版，第29页。
③ 赵生群：《〈春秋〉经传研究》，上海古籍出版社2000年版，第2页。
④ 《史记·孔子世家》。
⑤ 《杜预左传序》。
⑥ 《汉书·艺文志》。

对于弟弟扩大势力非但不以礼节之，反而纵容的不良居心；共叔段是郑庄公的亲弟弟，但因有失弟道，所以不说"郑伯克弟于鄢"而直呼其名"段"；"鄢"是远离郑国都城，但郑庄公对其弟共叔段仍穷追不舍，企图杀害，有违亲亲之道。可见，"郑伯克段于鄢"中，除了介词"于"无法表示褒贬，其他五字都尽含褒贬之义。

比事，指对于史事的比次和排列。《春秋经》是一部"以事系日，以日系月，以月系时，以时系年"① 的中国现存最早的编年体史书。按年月日排比史事的体例，能看出同一年代发生的不同事件的相互影响，也是遵循礼之客观规律的体现，意在使人们善于比次有关事迹，从中明晓事理，体达意道。

（二）孟子——礼心之教

虽然《孟子》一书论及"礼"之处（68处）远远低于其对"仁"（158处）的讨论，但这并不是说孟子只重"仁"不重"礼"。恰恰相反，孟子继承并发展了孔子的礼学思想，将"仁"与"礼"共同归结于人性固有之"善端"，指出："恻隐之心，仁之端也；羞恶之心，义之端也；辞让之心，礼之端也；是非之心，智之端也。人之有是四端也，犹其有四体也。"② 孟子认为"礼"与"仁""义""智"一样，均是人与生俱来的，"非由外铄我也"。这样，相对于孔子将"礼"作为"仁"的外在表现形式，将"礼"看作是人的一种追求，一种社会标准，孟子则将"礼"转化为了人的一种基本要素，一种心德，"将礼摄归于心"，这也是孟子对先秦儒家礼教思想的丰富与发展。具体而言，孟子的礼教思想主要包含以下几方面的内容。

1. 恭敬——礼的心理本原

"恭敬"与"辞让"一样，是孟子认为的"四心"之一。孟子在《告子上》中讲："恻隐之心，人皆有之；羞恶之心，人皆有之；恭敬之心，人皆有之；是非之心，人皆有之。恻隐之心，仁也；羞恶之心，义也；恭敬之心，礼也；是非之心，智也。仁义礼智，非由外铄我也，我固

---

① 《春秋经传集解序》。
② 《孟子·公孙丑上》。

有之也，弗思而已。"① "恭敬之心"强调人的精神状态或心理活动，"辞让之心"强调人的外在行为模式。《孟子》仅在《公孙丑上》使用了"辞让"一词，其他各处均用了"恭敬"一词，可见，孟子更加强调"礼"是对他人发自内心的一种虔敬和尊重，并非理智，而是情感。

孟子认为，只有心理上有了"恭敬"这种情感，才会在行为上表现出"礼"。一个人在与他人交际时，要有恭敬的心理，不要儿戏，不要马虎，不只是表面打躬作揖的礼貌，要出自内心的恭敬诚恳。如万章问曰："敢问交际何心也？"孟子曰："恭也。"② 孟子认为在宾主交际过程中，谦逊有礼是应该持有的一种心理状态。如果待人以礼对方不回应，则应反省自己是不是不够恭敬，使得对方感觉不到自己的虔敬和尊重，即"礼人不答，反其敬"③。如果只有恭敬的形式，却没有恭敬、尊重的心意，是难以让人真正接受的。如孟子曰："古之贤王好善而忘势；古之贤士何独不然？乐其道而忘人之势，故王公不致敬尽礼，则不得亟见之。见且由不得亟，而况得而臣之乎？"④ 这也是孟子收礼而不回拜的原因，如《告子下》云：

> 孟子居邹，季任为任处守，以币交，受之而不报。处于平陆，储子为相，以币交，受之而不报。他日，由邹之任，见季子；由平陆之齐，不见储子。屋庐子喜曰："连得间矣。"问曰："夫子之任，见季子；之齐，不见储子，为其为相与？"曰："非也。《书》曰：'享多仪，仪不及物曰不享，惟不役志于享。'为其不成享也。"屋庐子悦。或问之，屋庐子曰："季子不得之邹，储子得之平陆。"⑤

季子代理国政，不能亲自到邹国，而储子只是担任国相，是可以亲自前往的，但是却没有，所以，他们虽然都是派人来献礼，表现出礼待孟子的形式，但是孟子通过他们献礼的礼仪，没有感受到储子真正礼遇他的恭敬之心，所以从内心认为储子并没有进献，故而过而不拜。同理，如果统

---

① 《孟子·告子上》。
② 《孟子·万章下》。
③ 《孟子·离娄上》。
④ 《孟子·尽心上》。
⑤ 《孟子·告子下》。

治者如果不能真正发自内心的恭敬贤良之士，只是在形式上给予他们一定的礼遇，也是不能让贤良之士愿意留下来辅佐他的。只有从内心里真正地尊重他们，听从他们的建议，让他们感受到这份恭敬，他们才会愿意留下来。正如"食而弗爱，豕交之也；爱而不敬，兽畜之也。恭敬者，币之未将者也。恭敬而无实，君子不可虚拘"①。另外，内心真正的恭敬尊重他人，在行为上也会表现出谦卑、辞让，而不会出现欺凌、侮辱他人的行为。如孟子曰："恭者不侮人，俭者不夺人。侮夺人之君，惟恐不顺焉，恶得为恭俭？恭俭岂可以声音笑貌为哉？"②

孟子将"恭敬之心"作为"礼"的本原，从性情论的视角来探索"礼"的内在生命根源，这是对孔子以人情为礼乐之本思想的继承和发展。孔子说，"君子礼以饰情"③，认为"礼"与"情"是不可分割的，一方面，"礼"是人表达情绪情感的外在形式，体现出人的内在情感是"礼"的客观需要；另一方面，"情"是"礼"的内在意涵，表现出恰当的"礼"是人们表"情"客观需要，这在孔子的很多言行中都有所体现，如，"林放问礼之本，子曰：'大哉问！礼，与其奢也，宁俭；丧，与其易也，宁戚。'"④ 又如，"子路曰：'吾闻诸夫子：丧礼，与其哀不足而礼有余，不若礼不足而哀有余也。祭礼，与其敬不足而礼有余也，不若礼不足而敬有余也。'"⑤ 孟子"引礼入心"，认为行"礼"在于动"情"，这在一定程度上奠定了儒家以"情"论心的思维理络模式，"情"从而成为儒家心性论的基本元素之一。

2. 仁义——礼的内在核心

由于孟子将"礼"内化为人的一种心理本原，因而，他所讲的"仁""义""智"三心皆可看作是"礼"的具体内容，而"仁""义"在一定意义上更是"礼"的内在核心。

首先，孟子主张以"礼"存心，礼、仁互补。他说："君子所以异于人者，以其存心也。君子以仁存心，以礼存心。仁者爱人，有礼者敬人。

---

① 《孟子·尽心上》。
② 《孟子·离娄上》。
③ 《礼记·曾子问》。
④ 《论语·八佾》。
⑤ 《礼记·檀弓上》。

爱人者，人恒爱之；敬人者，人恒敬之。"①认为君子不同于他人之处就在于其以"仁"与"礼"存心，将"仁"与"礼"作为一切行为的价值标尺和内在出发点，"非仁无为""非礼无行"。君子以"仁""礼"存心，是因为仁与礼体现着"爱人"与"敬人"的内在心理情感，以仁存心才能够发自内心的爱他人，以礼存心才能够在行为上尊敬他人。在这一点上，孟子与孔子一样，将"仁"看作是"礼"的内容，但他不同于孔子的地方在于认为"礼"并不是外求的"仁"的形式，"礼"本身就是一种心德，是出于本心——恭敬之心的自然流露，这样"礼"与"仁"一样都是一种高度的精神自觉。

其次，孟子主张进退有礼，"礼""义"相持。如孟子主张贤才应该存忠义之心，行进退之礼，否则"事君无义，进退无礼，言则非先王之道者，犹沓沓也"②。所以，对于君子来说，其行为应与"礼""义"相符，"非礼之礼，非义之义，大人弗为"③。他还借孔子与子路的对话，"弥子谓子路曰：'孔子主我，卫卿可得也。'子路以告。孔子曰：'有命。'孔子进以礼，退以义，得之不得曰有命"④。教导其弟子万章无论是进身还是退处，都要以"礼"和"义"为行事准则。作为人与生俱来的"善端"，"义"象征着羞恶之心，体现着对不义行为的耻恶之情；而"礼"象征恭敬之心，体现着待人接物的虔敬、尊重之情。因此，"礼"与"义"是相互联系、相互支撑的。不仅如此，孟子还认为"礼""义"还是可以相互融合的，"礼"即"义"，"义"即"礼"。如他在《告子上》篇对义内问题的讨论，把"行吾敬"看作是义内的标准和依据，而"恭敬之心"是"礼"的心理本原，孟子据此判断"义"由内生。可见，在孟子的观念中，"义"与"礼"是一致的，二者是可以融为一体的，"义"是"礼"的内核，"礼"是"义"的形式化典范。

> 孟季子问公都子曰："何以谓义内也？"曰："行吾敬，故谓之内也。""乡人长于伯兄一岁，则谁敬？"曰："敬兄。""酌则谁先？"

---

① 《孟子·离娄下》。
② 《孟子·离娄上》。
③ 《孟子·离娄下》。
④ 《孟子·万章上》。

曰:"先酌乡人。""所敬在此,所长在彼,果在外,非由内也。"公都子不能答,以告孟子。孟子曰:"敬叔父乎,敬弟乎?彼将曰:'敬叔父。'曰:'弟为尸,则谁敬?'彼将曰:'敬弟。'子曰:'恶在其敬叔父也?'彼将曰:'在位故也。'子亦曰:'在位故也。'庸敬在兄,斯须之敬在乡人。"①

此外,孟子还曾经直接论述仁、义、礼、智的实质,指出:"仁之实,事亲是也;义之实,从兄是也。智之实,知斯二者弗去是也;礼之实,节文斯二者是也。乐之实,乐斯二者,乐则生矣,生则恶可已也?恶可已,则不知足之蹈之,手之舞之。"② 孟子将事亲、敬兄看作是仁、义的实质,认为"智"的实质是明白仁、义的道理并能够坚持下去,礼的实质是能够将仁、义很好地加以调节处理。可见,如果没有"仁""义","礼"就失去了内在依托,是不能存在的。因此,一个人的行为是否符合"仁"和"义"就成为孟子判断一个人的行为是否契合"礼",是否真正体现"恭敬"之情的标准。如孟子与景子的对话就是很好的例证:

景子曰:"内则父子,外则君臣,人之大伦也。父子主恩,君臣主敬。丑见王之敬子也,未见所以敬王也。"曰:"恶!是何言也!齐人无以仁义与王言者,岂以仁义为不美也?其心曰,'是何足与言仁义也'云尔,则不敬莫大乎是。我非尧舜之道,不敢以陈于王前,故齐人莫如我敬王也。"景子曰:"否,非此之谓也。礼曰:父召,无诺;君命召,不俟驾。固将朝也,闻王命而遂不果,宜与夫礼若不相似然。"曰:"岂谓是与?曾子曰:'晋楚之富,不可及也。彼以其富,我以吾仁;彼以其爵,我以吾义,吾何慊乎哉?'夫岂不义而曾子言之?是或一道也。"③

虽然,上述言论仅是表明臣对君的尊敬应建立在仁义的基础上,而不应只停留在礼节形式上,但其在一定程度上也表明"仁""义"实为

---

① 《孟子·告子上》。
② 《孟子·离娄上》。
③ 《孟子·公孙丑下》。

"礼"的内在核心。

3. 权变——礼的践行法则

虽然孟子将"礼"看作是人固有的心德之一,重视其内在修养,但孟子并不否认"礼"对人的行为的约束性,而且非常重视用礼义来规范人的日常言行。如孟子曰:"不信仁贤,则国空虚;无礼义,则上下乱;无政事,则财用不足"[1]。"上无礼,下无学,贼民兴,丧无日矣"[2]。但不可否认,礼虽然是人们立身处事的行动原则,是人们应该遵守的行为指南,却不能适应和涵盖全部现实生活之可能。那么,在日常生活中,出现与通常的"礼"相违背或相矛盾的特殊情况时,应如何践行"礼"呢?在这一问题上,孟子主张"权变",这也是孟子在中国传统礼学中的一大贡献。

比如,孟子是非常重视人伦的,而男女授受不亲,作为处理人伦关系中男女交往的基本礼制,属于行为之"经"法"常"道,是社会中每个人都应该严格遵行的,但是不是在任何情况下都不可逾越这一法则呢?《孟子·离娄上》篇中有一段非常经典的论述:

> 淳于髡曰:"男女授受不亲,礼与?"孟子曰:"礼也。"曰:"嫂溺则援之以手乎?"曰:"嫂溺不援,是豺狼也。男女授受不亲,礼也。嫂溺援之以手者,权也。"曰:"今天下溺矣。夫子之不援,何也?"曰:"嫂溺援之以手,天下溺援之以道。子欲手援天下乎?"[3]

虽然男女授受不亲是礼法的规定,在一般情况下都应该严格遵守。但"礼"的内在核心是"仁"和"义","嫂溺不援"实属不仁、不义,为豺狼行为,是不可取的。所以,本着保护关切生命的仁爱法则,旨在凸显"男女有别"这一人伦法则的"男女授受不亲"是可以加以变通的,因此"嫂溺援之以手"就是特定情景中的权宜之计。"权,然后知轻重;度,然后知长短。"[4] 所以,"权"就是在全面把握与衡量所有情况之轻重缓急

---

[1] 《孟子·尽心下》。
[2] 《孟子·离娄上》。
[3] 《孟子·离娄上》。
[4] 《孟子·梁惠王上》。

之后而采取的暂时适宜的措施，是为应付情况变化而暂时采取的变通办法。从一定意义上来讲，"权"总是意味着对礼法、礼制的偏离或违背，但这并不是没有原则和标准的，其原则和标准就是"仁"和"义"，是为了更好的遵循仁爱法则。如孟子与万章关于"舜之不告而娶"的讨论：

> 万章问曰："《诗》云：'娶妻如之何？必告父母。'信斯言也。宜莫如舜；舜之不告而娶，何也？"孟子曰："告则不得娶。男女居室，人之大伦也。如告，则废人之大伦，以怼父母，是以不告也。"①

孟子认为，不孝有三，其中最大的不孝是没有子孙后代。舜在娶妻这件事上，虽然没有禀告父母，但因为舜是怕自己没有后代才娶妻，所以君子认为他如同禀告了父母一样。相比于父母之命、媒妁之言等礼制，传宗接代作为"孝"这一人之大伦，其重要性自是不言而喻的。而"孝"又是"仁"的重要德目，因此，还是以"仁"判定是否应通权达变的依据。

孟子认为，"智"作为"四端"之一，表征着"是非之心"。日常生活中，必然会有需要人们做出选择和判断的情况。如何选择？其关键就在于权衡。而权衡之首要条件就是用"智"判断是非。因此，权本身便是智的体现。可见，孟子所讲的"智"，重在强调个体在实践中的价值分辨力与道德决断力。如万章与孟子对百里奚是否明智的讨论：

> 万章问曰："或曰，'百里奚自鬻于秦养牲者五羊之皮，食牛以要秦穆公'，信乎？"孟子曰："否，不然；好事者为之也。百里奚，虞人也。晋人以垂棘之璧与屈产之乘假道于虞以伐虢。宫之奇谏，百里奚不谏。知虞公之不可谏而去之秦，年已七十矣，曾不知以食牛干秦穆公之为污也，可谓智乎？不可谏而不谏，可谓不智乎？知虞公之将亡而先去之，不可谓不智也。时举于秦，知穆公之可与有行也而相之，可谓不智乎？相秦而显其君于天下，可传于后世，不贤而能之乎？自鬻以成其君，乡党自好者不为，而谓贤者为之乎？"②

---

① 《孟子·万章上》。
② 《孟子·万章上》。

百里奚之所以在不同的情况下作出不同的选择，就是用"智"权衡的结果。礼仪、礼法、礼制是相对固定的，而具体的实践情境是复杂多样的，因而需要因应时势而变化，顺时顺势通权达变，"礼"也只有通过这种"权变"才能真正得到尊重与实现。

　　综上所述，孟子"引礼入心"，认为"恭敬"是礼的心理本原，将"礼"内化为人的基本道德要素之一，认为"仁""义""礼""智"共同构成人的良知、良能，四者相互补充、相互支撑，统一于"礼"。其中"仁""义"是"礼"的内在核心，是"礼"在具体行权中的判断依据，"智"是"礼"在行权中前提和基础，只有用"智"依"仁""义"通权达变才能在日常实践中更好地践行"礼"。

（三）荀子——礼法之教

　　"礼"是荀子整体思想的重要内容。仅在《荀子》一书中出现"礼"字就多达309次，其中提到"隆礼""隆礼义""隆礼贵义"等达22次。《荀子》一书以《劝学》开篇，曰："学恶乎始？恶乎终？曰：其数则始乎诵经，终乎读礼；其义则始乎为士，终乎为圣人。……《礼》者，法之大分，类之纲纪也；故学至乎《礼》而止矣！夫是之谓道德之极。"后又在《大略》篇指出："人无礼不生，事无礼不成，国家无礼不宁。"荀子对礼的重视可见一斑。

　　荀子的礼学思想基于孔孟礼学，但又不同于孔孟礼学。荀子从"性本恶"的立场出发，认为一切美好的道德品质都是后天习得的，是"伪"的结果。为了维持社会稳定，仅仅靠人的道德自觉是不够的，必须有一套行之有效的外在规范——"礼"加以制约。这也正是"礼"产生的价值所在。"礼起于何也？曰：人生而有欲，欲而不得，则不能无求；求而无度量分界，则不能不争；争则乱，乱则穷。先王恶其乱也，故制礼义以分之，以养人之欲，给人之求，使欲必不穷乎物，物必不屈于欲，两者相持而长，是礼之所起也。"① 在这一认识的基础上，荀子特别注重礼的社会控制作用和社会规范意义，"隆礼至法"，与孟子"引礼入心"形成鲜明对比。荀子关于礼教的内容主要体现在以下几个方面。

---

① 《荀子·礼论》。

1. 礼义——改恶向善

《荀子》出现"义"字约 305 次,"礼义"连用之处达 106 次。在荀子看来,"礼""义"应是互相结合的,"行义以礼,然后义也。"① 这是因为,"人之情:食,欲有刍豢;衣,欲有文绣;行,欲有舆马;又欲夫余财蓄积之富也;然而穷年累世不知不足"②。每个人都有过多的欲望而不知辞让,好功利而恶劳苦,如果顺应人的这一本性,则势必"强者害弱而夺之,众者暴寡而哗之"③,最终导致社会混乱纷争不断,走向灭亡。正如他在《性恶》篇所云:

> 今人之性,生而有好利焉,顺是,故争夺生而辞让亡焉生而有疾疾通嫉。恶焉,顺是,故残贼生而忠信亡焉生而有耳目之欲,有好声色焉,顺是,故淫乱生而礼义文理亡焉。然则从从通纵。人之性,顺人之情,必出于争夺,合于犯分乱理,而归于暴。④

正是为了避免上述情况的发生,荀子主张人必须学礼义,以修身、化性、向善。荀子认为人与生俱来的恶的本性虽然并非我们所造就,但是,却可以通过教育和学习来加以改正和转变,"性也者,吾所不能为也,然而可化也"⑤。人们必须通过师长和法度的教化、礼义的引导,然后才会推辞谦让,遵守礼法,而国家最终走向安定太平。

> 今人之性恶,必将待师法然后正,得礼义然后治。今人无师法,则偏险而不正;无礼义,则悖乱而不治。古者圣王以人之性恶,以为偏险而不正,悖乱而不治,是以为之起礼义、制法度,以矫饰人之情性而正之,以扰化人之情性而导之也。始皆出于治,合于道者也。今之人,化师法,积文学,道礼义者为君子;纵性情,安恣睢,而违礼义者为小人。⑥

---

① 《荀子·大略》。
② 《荀子·荣辱》。
③ 《荀子·性恶》。
④ 《荀子·性恶》。
⑤ 《荀子·性恶》。
⑥ 《荀子·性恶》。

可见，荀子认为，"礼义"是矫饰人的恶的本性而促使其向善成人的重要途径。礼义，使人能够通晓尊卑贵贱、分辨长幼亲疏，进而能够安分守己，言行合礼。否则，人如果不学礼义之道，则会放纵人的恶的本性，或偷盗、或搞奇谈怪论、或荒诞无耻。所以，有师长之教、礼义引导是人的最大财富；没有师长教化，没有礼义引导，是人的最大祸殃。专注于礼义教化，持之日久，必然改变本性，通达神明，参与天地。

> 故人无师无法而知则必为盗；勇则必为贼；云能则必为乱；察则必为怪；辩则必为诞。人有师有法而知则速通；勇则速威；云能则速成；察则速尽；辩则速论。故有师法者，人之大宝也；无师法者，人之大殃也。人无师法，则隆性矣；有师法，则隆积矣。……习俗移志，安久移质；并一而不二，则通于神明，参于天地矣。①

基于以上认识，荀子主张将"礼义"作为人修身养性的重要内容，强调人必须以"礼义"为行动法则，持之以恒、静心自修以改善自己恶之本性，最终使自己的行为、学说、名声符合礼义。在任何情况下都不会作出违背礼义的行为，这才是一个人区别于禽兽的难能可贵之处。

> 君子行不贵苟难，说不贵苟察，名不贵苟传，唯其当之为贵。负石而赴河，是行之难为者也，而申徒狄能之；然而君子不贵者，非礼义之中也。山渊平，天地比，齐、秦袭，入乎耳、出乎口，钩有须，卵有毛，是说之难持者也，而惠施、邓析能之；然而君子不贵者，非礼义之中也。盗跖吟口，名声若日月，与舜、禹俱传而不息；然而君子不贵者，非礼义之中也。故曰："君子行不贵苟难，说不贵苟察，名不贵苟传，唯其当之为贵。"②

2. 礼法——正身束行

荀子在倡导礼义的同时，又进一步提出可将"礼""法"结合起来，

---

① 《荀子·儒效》。
② 《荀子·不苟》。

通过"明礼义""起法正""重刑罚"以至"立君上之势"①,"隆礼至法则国有常"②。为什么在有了礼义之后还要重视法度呢?这是因为,荀子认为,仅仅依靠礼义的约束是难以让所有人都能够改恶向善的,总会有一部分是不可教化的。"赏不用而民劝,罚不用而威行"③,仅仅依靠礼义教化就实现社会稳定,国威遍天下当然是最好的,但实际上,礼义教化不是万能的。对于礼义不能教化的人,就需要加以严厉的"礼法"。荀子以尧和舜治天下的例子来证明实行"礼法"的必要性:

> 尧与舜,至天下之善教化者也,南面而听天下,生民之属莫不振动从服以化顺之;然而朱、象独不化,是非尧、舜之过,朱、象之罪也。尧、舜者,天下之英也;朱、象者,天下之嵬、一时之琐也。④

尧和舜,是天底下最善于实施教化的人,威望甚高,百姓们大多愿意服从其领导,接受其教化;但即便如此,尧的儿子——朱、舜的弟弟——象,却都偏偏不愿接受教化。像尧和舜这样最擅长教化的人都不能仅仅靠礼义使奸诈卑鄙的朱、象之流受到感化,所以君子"起法正以治之,重刑罚以禁之"是非常必要的。

但荀子所讲的"法",与法家所说的"法"还不完全相同。它有时是指规范,有时指法术,有时指法制。荀子认为礼是"法之大分,类之纲纪";"法不能独立,类不能自行"⑤。在荀子看来,礼是高于一切的,法不过是"礼义"总原则下的一些具体条例。也就是说,"法"是以礼为根本而制定出来的,礼是法制定的依据,是法产生的基础,是以圣人"伪起而生礼义,礼义生而制法度"⑥。正是因为"礼法"是"礼义"的补充,特别是约束着不可教化之人的行为,因此,荀子主张人们在以"礼义"修身养性的同时,还必须要遵守"礼法",以"礼法"正身束行。"好法而行,士也;笃志而体,君子也;齐明而不竭,圣人也。人无法,

---

① 《荀子·性恶》。
② 《荀子·君道》。
③ 《荀子·强国》。
④ 《荀子·正论》。
⑤ 《荀子·君道》。
⑥ 《荀子·性恶》。

则怅怅然；有法而无志其义，则渠渠然；依乎法，而又深其类，然后温温然。"① 君子、圣人都能够自觉依礼法约束自己的行为。如果失去礼法约束，反而感到怅怅然无所适从，仅仅了解礼法的要求但深知礼义，往往会局促难安；只有既了解礼法的规定，又知道为什么如此规定，才会温润而泽、无所不达。因此，荀子主张"礼法""礼义"兼修。

需要指出的是，荀子虽然重视"礼法"，但是他并不提倡严刑酷法，认为只有不服从教化，传播邪恶言论、鼓吹邪恶学说、做出邪恶事情、拥有奸邪才能、逃跑流窜和反复无常的人，才要用刑罚来惩治他们。故奸言、奸说、奸事、奸能、遁逃反侧之民，职而教之，须而待之，勉之以庆赏，惩之以刑罚，安职则畜，不安职则弃。……才行反时者死无赦。② 荀子认为，"礼义"能够对绝大多数人起到教化的作用，"礼法"是在"礼义"基础上产生的对"礼义"的补充，因而对违反"礼"的规定的行为要先进行教化，如若教化无效，然后才能运用刑法，而不能"不教而诛"，认为"不教其民而听其狱，杀不辜也"③。

荀子认为"礼义"与"礼法"都是十分重要的，但是"礼义""礼法"都是人制定的，是圣人、君主化性起伪、教化万民的工具。因此，要想真正实现"礼义""礼法"对人正身束行的作用，关键在于是否有一位贤君。他说"君者，治辨之主也，文理之原也，情貌之尽也"④，认为君主是治理天下的主宰，是礼义、礼法的本源，"故是非以圣王为师"。

3. 礼乐——立序调情

乐本来属于礼乐仪式的具体组成部分。孔子曾说："兴于诗，立于礼，成与乐。"⑤ 荀子在孔子思想的基础上，对礼、乐的相互关系及其功能作出了新的概括："乐也者，和之不可变者也；礼也者，理之不可易者也。礼别异，乐合同，礼乐之统，管乎人心矣"⑥。荀子把礼、乐作为对立统一的关系来看待，指出礼之"别"与乐之"合"若互相配合、交相为用，可以达到维护伦常秩序的目的。因此，需要将"礼乐"作为礼教

---

① 《荀子·修身》。
② 《荀子·王制》。
③ 《荀子·宥坐》。
④ 《荀子·礼论》。
⑤ 《论语·泰伯》。
⑥ 《荀子·乐论》。

的内容之一。

荀子认为"礼乐"即把礼的等级性赋予音乐。他认为，音乐，就是快乐，是人的情感中必不可少的东西。快乐是每个人都需要的；快乐的时候就一定会在歌唱吟咏的声音中有所体现，而且还会在手舞足蹈的动作中得以展现；所以，人的一切的言行，包括声音、举动、情感及其表达方式的变化，音乐之中都能够体会得到。这也就是说，人是必须要快乐的，快乐又是必须要表达出来的，但这种表达如果放任自流的话，就有可能带来祸乱。因此需要将"礼"与"乐"相结合，即"礼乐"，让歌声只用来表达快乐而没有淫乱，让歌词只用来宣扬正确的道理而并非奸邪的思想，让音律在宛转或舒缓、繁杂或简单、清脆干净或丰满圆润、节律停顿或适时加快的变化之间，都是用来感动人的善心的，其中不掺杂任何歪斜。这样，就会稳定社会秩序，协调、寄托人的情感。

> 故乐在宗庙之中，君臣上下同听之，则莫不和敬；闺门之内，父子兄弟同听之，则莫不和亲；乡里族长之中，长少同听之，则莫不和顺。故乐者，审一以定和者也，比物以饰节者也，合奏以成文者也；足以率一道，足以治万变。①

相反，如果音乐表达的内容是轻浮邪恶的，那民众就会越发地轻慢卑鄙了。民众轻慢淫乱，社会就会变得混乱不堪；民众卑鄙低俗，争夺的事情就会发生。混乱、争夺发生了，国家不稳。这样的话，老百姓就不会安心地在自己的住处居住，就会厌恶自己的家乡，就会对君主不满。正是从这个原因考虑，古代的圣王看重的是雅乐礼乐，而非靡靡之音。

> 凡奸声感人而逆气应之，逆气成象而乱生焉。正声感人而顺气应之，顺气成象而治生焉。唱和有应，善恶相象，故君子慎其所去就也。②

用"礼乐"教化民众，就要严格地遵循法条律令，对诗歌乐章进行

---

① 《荀子·乐论》。
② 《荀子·乐论》。

严格的审核，禁止淫荡的音乐流入民间，还要对蛮夷落后的风俗和邪恶的音乐加以整治，以避免其侵扰正声雅乐。正是因为"礼乐"具有安定秩序、协调情感的作用，所以古代先王大多重视用礼乐教化百姓。"声乐之人人也深，其化人也速，故先王谨为之文。乐中平则民和而不流，乐肃庄则民齐而不乱。"① 礼乐相配的社会效果是："乐行而志清，礼修而行成，耳目聪明，血气和平，移风易俗，天下皆宁，美善相乐。"②

总之，荀子认为音乐作为协调人情的必要且不可变更的手段，礼制作为治理社会的必要且不可变更的原则，二者是相融相通的。"穷本极变，乐之情也，著诚去伪，礼之经也。"③ 因此，"礼乐"在稳定社会秩序、改变人的性情方面的作用是不可替代的。虽然，不同的人对"乐"的需求和理解不同，"君子乐得其道，小人乐得其欲。以道制欲，则乐而不乱；以欲忘道；则惑而不乐。故乐者，所以道乐也。金石丝竹，所以道德也。乐行而民乡方矣"④。但无论如何都不能忽视"礼乐"在治理人民和国家上的重大作用。

综上所述，荀子隆礼重法，主张实施礼法之教，认为"礼义"有助于民众修身，改恶向善；但"礼义"并不是万能的，不能教化所有人，需要"礼法"辅之以正身束行。同时，"礼乐"具有安定社会秩序、协调民众性情的作用，也是礼的重要载体。因此，"礼义""礼法""礼乐"共同构成了荀子礼教思想的基本内容。

二 形质兼具：礼仪、礼义、礼制之教

研究先秦儒家"礼"和"礼教"的问题，离不开对"三礼"开展考察。"三礼"是指《周礼》《仪礼》和《礼记》三部儒家经典。"三礼"不仅是中国古代社会的政治伦理大纲，同时也是先秦儒家礼教的理论形态和基本教材。其中，《仪礼》记述的是关于冠、婚、丧、祭、乡、射、朝、聘等礼仪教化；《周礼》也称《周官》，记述的是礼的制度教化；《礼

---

① 《荀子·乐论》。
② 《荀子·乐论》。
③ 《荀子·乐论》。
④ 《荀子·乐论》。

记》则除了礼仪制度的记述以外，更多的是关于伦理道德的礼义教化。《仪礼》是礼在外在形式方面的体现，《周礼》和《礼记》则是礼在内在本质方面的体现，三者在礼仪、礼义、礼制上的三位一体，形成了礼教形质兼具的教化内容。

需要说明的是，"三礼"之说，源于东汉时期郑玄对《周礼》《仪礼》和《礼记》所做的注解，之后学界便开始了对"三礼"之学的考证和探究，并取得了显著的研究成果。尽管如此，时至今日，学界对于"三礼"的成书年代、作者以及真伪问题，仍是争讼不已。这里，由于笔者学力所限，对以上问题不再进行更多的考证，仅以"三礼"中所体现的礼的实质精神内容加以梳理和论证。

（一）《仪礼》——礼仪之教

按照学术界的普遍认可，《仪礼》是孔子根据宗周时代流传下来的一些礼仪规制加以整理编纂而成，是周朝以来贵族阶级举行或参与礼节仪式的细目单子，所谓"曲礼三千"，在《仪礼》中能够得到充分体现。同时，《仪礼》作为一部记载先秦时代社会交际之礼的礼节仪式和社会习俗规范的重要典籍，是以孔子为代表的儒家教授弟子礼节仪式，开展礼仪教化的重要教本之一。

《仪礼》全书共17篇，分别为士冠礼第一（男子加冠仪礼，是在男子二十岁时举办的成年礼）、士昏礼第二（男女婚姻仪礼，包括纳采、问名、纳吉、纳徵、请期、亲迎六项内容）、士相见礼第三（士阶层初次相见之礼，以及其他各级贵族互相访见之礼）、乡饮酒礼第四（乡社定期举行的，以尊敬老者为中心主题的酒会仪式，包括祭神、演奏祝酒歌舞等内容）、乡射礼第五（乡社定期举行的迎接神祇、比赛射箭的礼节仪式）、燕礼第六（诸侯宴享臣下之礼，宴会上伴有歌舞演奏仪式）、大射第七（由国君亲自主持的射箭比武的礼节仪式）、聘礼第八（国君派遣使者，赴别国开展友好访问和外交活动的礼节仪式）、公食大夫礼第九（国君款待来聘的大夫的礼节和具体仪式）、觐礼第十（诸侯觐见天子和天子接待来觐的诸侯之礼）、丧服第十一（根据血缘关系的远近，为死者穿着不同丧服，服不同丧期的具体规定）、士丧礼第十二和既夕礼第十三（两篇记载的均为葬礼的仪规、程序、参加者、主持者等详细规定）、士虞礼第十四（安葬父母后，回到家中行安魂礼的细节规定）、特牲馈食礼第十五

(在宗祠家庙中定期以豕（猪）举行祭祖仪式的礼俗规制）、少牢馈食礼第十六（以羊和猪两种牲畜作为祭品的礼仪规定）、有司彻第十七（贵族大夫阶层在宗祠家庙中定期举行祭祖活动的礼俗规制）。可见，以上十七篇基本包含了古代社会全部交际礼仪的形式和规范，这些仪节规范和程式要求正是礼教文化的反映和延续，礼教文化在一定程度上，也正是通过这些具体的礼仪活动表现出来，并在人们世世代代的承继传袭过程中，最终成为人们自我约束的社会生存原则、人际交往原则和日常生活方式。

从上述礼仪活动的内在性质和实施方式上来看，大致可以将其分为冠礼、士昏礼、丧礼、乡饮酒礼、射礼、燕礼、聘礼、朝觐礼八类礼节仪式，而从其运用场合上来看，则大体可以归纳为三个方面：一是家族礼仪，包括冠礼、士昏礼、丧礼；二是社会礼仪，包括乡饮酒礼、射礼；三是政治礼仪，包括燕礼、聘礼、朝觐礼。下面详细述之。

1. 家族礼仪：冠礼、士昏礼、丧礼

在中国古代社会以宗法家族为核心的社会关系中，礼的仪节、程序和方式，必然首先体现和落实运用在以家族为范围的日常生活当中，并由此来进一步确立、协调家族领域中的父子、夫妇、兄弟等家庭关系，以及由婚姻、血缘所建立和维系的亲族关系。其目的则在于建立和维护父慈子孝、兄友弟恭、夫和妻敬、姑慈妇顺的伦理道德精神。在家族礼仪中，直接体现出家族伦理道德精神的有冠礼、士昏礼和丧礼。

（1）冠礼

冠礼即为成年礼，是为个体家族成员在长大成年之时，允许其以成人身份参与家族各项事务而举行的一种礼仪活动。男子"二十而冠"，女子"十有五年而笄"[1]，通过加冠这一礼仪活动，使行成人礼者能够完成自己在家族中身份和角色的转变，获得成人应有的权利和应履行的义务，同时也是对个体道德教化的一个重要的阶段性标志，提示行冠礼者践履孝、悌、忠、顺的德行。正如施礼者对受冠者加冠时的祝词所言："令月吉日，始加元服。弃尔幼志，顺尔成德。"[2]

《仪礼·士冠礼》中详细记载了举行冠礼的仪式过程。举行冠礼之前，要通过占筮来选择一个加冠的吉日，然后由受冠者的父亲邀请和通知

---

[1] 《礼记·内则》。

[2] 《仪礼·士冠礼》。

家族亲友前来参加，还要邀请族内或乡内德高望重的老者作主持加冠的"正宾"。行冠礼时，冠者要面朝南面，端正地站立于庙前的台阶上，正宾依次将三种冠加于冠者。然后是为受冠者取字，"已冠而字之，成人之道也"①，取字后，参加者会对冠者行礼，将其看作成年人。自此，冠者完成成人礼。

（2）士昏礼

婚姻是家庭或家族关系得以维系、延续和扩展的基本途径。由于中国古代宗法社会姻亲与血缘关系结合的特点，使得标志婚姻伊始的婚礼，成为家族礼仪活动和家族伦理实践的重要组成部分。婚礼于个体而言，是继冠礼之后，标志着个人成长阶段和个体生命延续的重要礼仪活动，于整个家族而言，则是标志着家族关系延伸与扩展的重要礼仪活动。《仪礼·士昏礼》记载了一套从商议婚姻到完婚整个过程的礼节和礼数，共分为六个步骤，即纳采、问名、纳吉、纳徵、请期和亲迎六项内容。《礼记·昏义》孔颖达注疏："纳彩者，谓采择之礼"，即男方家要请媒人到女方家提亲，女方家同意后，男方家要备好礼品或礼物去求婚。"问名者，问其女之所生母之姓名"，即男方家要请媒人问出女方的名字和生日时辰。"纳吉者，谓男家既卜得吉，与女氏也"，即男方家要将女子的名字、生日时辰取回后，到祖庙占卜是否与自家相合。"纳徵者，纳聘财也"，即男方家要将聘礼及时送到女方家。"请期者，谓男家使人请女家以昏时之期"，即男方家择定完婚的时间之后，不能自专，要执谦敬之礼告知女方家，求其同意。亲迎，是婚礼的重头戏，婚前女方要到男方家送嫁妆、铺床，婚礼当日男方到女方家迎娶。以上六个步骤，《仪礼·士昏礼》中都有详细的礼数的记述，目的是将标志着"合二姓之好"的男女结合的婚礼仪式公开化、合道德化。

（3）丧礼

丧礼在家族所有的礼仪规范中，应当是最具道德伦理实践和道德规范意义的礼仪活动。丧礼"与其说是以死者为施礼对象，不如说是将生者置于礼的客体位置而作出的制度性限定，从而显示出生者与死者关系上的亲疏远近和尊卑上下，进一步体现出家族伦理的意义"②。从这个意义上

---

① 《礼记·冠义》。
② 王启发：《礼学思想体系探源》，中州古籍出版社2005年版，第62页。

说，丧礼中所体现的这种亲疏远近和尊卑上下关系，不仅是一种礼仪规范上的规定，更是一种对家族关系中每个成员所应该履行责任和义务的提醒，也就是说，丧礼是一种通过为死者服丧，来强化生者应该于生时更好地履行自己的责任和义务的道德教化仪式。《仪礼》对丧礼的论述共有四篇，分别是《丧服礼》《士丧礼》《既夕礼》和《士虞礼》。其中，《丧服礼》是对不同辈分和地位的家族成员在参与不同丧葬之礼时衣着装束和丧期的规定，即所谓"斩衰""齐衰""大功衰""小功衰""缌麻"的"五服"之规定。《士丧礼》和《既夕礼》本为一篇，因内容繁重而分为二，所以通常也把《既夕礼》称为《士丧礼》的下篇，是对包括棺椁制度、尸体装殓、随葬器物等从死到埋葬的一系列的详细仪节的规定。《士虞礼》则是对死者葬后所举行的安魂礼的记载。

2. 社会礼仪：乡饮酒礼、射礼

乡党制度或乡遂制度，是自西周以来，就存在的古代国家最基本的社会组织形式和政治组织结构。《周礼·地官·大司徒》记载："五家为比，使之相保；五比为闾，使之相受；四闾为族，使之相葬；五族为党，使之相救；五党为州，使之相赒；五州为乡，使之相宾。"乡党制度以五百家为党，以一万二千五百家为乡，合而称之为乡党。乡党是人们在家族领域之外参与社会生活、实践社会礼仪、提升社会道德的最基本和最重要的组织形式。"孔子之于乡党，恂恂如也，似不能言者"[1]，由此，乡党对于人的言行约束和道德制约的重要性可见一斑。在乡党范围组织的社会礼仪活动中，最重要和最普遍的当属乡饮酒礼和射礼。

（1）乡饮酒礼

乡饮酒礼是乡一级地方行政组织的所属民众，在"乡大夫"（本乡的首脑）的组织下举行的宴饮聚会活动。这种宴饮聚会活动原本是原始社会时期氏族部落分享狩猎或者农耕成果以及议事的集会，发展到宗周时代，便深化演变为地方向国家推荐贤者、设宴招待应举之士，具有礼仪道德教化意义的礼事活动。

乡饮酒礼根据行政建制的不同，存在着不同的层次范围和时间间隔，一是乡大夫宾礼贤能之士，并向君主举荐，或以宾礼宴饮国中贤者，时间间隔为三年一饮；二是州长习射饮酒于州人，射前饮酒，时间为春、秋两

---

[1] 《论语·乡党》。

季；三是党祭饮酒于党人，时间间隔为一年一饮。无论哪种形式的乡饮酒礼，其所体现的精神实质在于尊贤使能、尚德尚齿、化民易俗。其中，考察民众德行、举荐贤能，是乡、州、党各级行政官吏的重要职责之一。礼事活动中，既有各级行政官吏对贤者能力进行现场考察的目的，也有各级行政官吏要通过拜迎、揖让等方式，来表达自己以主人身份对邀请的贤能之士的尊恭和敬意，从而达到为其他民众树立典范、效仿学习的目的。尚德尚齿体现在宴饮席位的次序排列上，对于那些在乡党中阅历丰富、德高望重的长者和老者，则要给予特别的礼遇和尊重，所谓"乡饮酒礼者，所以明长幼之序也"①。通过这种生活化、普及性的道德实践活动，形成良好的乡里道德风尚和社会礼俗风气，进而感动民众、教化民众，达到德治教化的目的。

（2）射礼

射礼是一种通过习射来考察道德、重在行礼的礼仪形式。《礼记·射义》说："射者，进退周还必中礼，内志正，外体直，然后持弓矢审固，持弓矢审固，然后可以言中。此可以观德行矣。"习射时身体的动作和姿态，是一个人是否具有道德自律意识的外在表现。射礼讲求的是谦和礼让、庄重敬人、正己修身，提倡的是发而不中之时要反求诸己，体现的是对道德自省的重视。

根据参与者和施礼范围的不同，射礼通常可以分为四种②："一曰大射，君臣相与习射而射也"，是天子或者诸侯在祭祀之前选择参加祭祀人选时而举行的，"选士者，先考德行，乃后决之于射"。掌管大射礼仪的司射，手执弓矢来到阶前请求射礼开始，有司将弓矢献给君王，并设置计算成绩和惩处违礼者的方法。比射时以两人为一组，称为"耦"，天子用六耦，诸侯用三耦；"二曰宾射，天子诸侯飨来朝之宾，而因与之射"，是诸侯朝见天子或诸侯相会时举行的射礼；"三曰燕射，天子诸侯燕其臣子或四方之宾，而因与之射；大夫士燕其宾客，亦得行之"，即天子、诸侯、大夫燕其臣属时所举行的射礼；"四曰乡射，州长与其众庶习射于州序"。乡射礼是由地方官为选贤举士，通常与乡饮酒礼同时举行。乡射礼用三耦，也就是从州学中选出六名德才兼备的学子，构成三耦，然后进行

---

① 《礼记·射义》。
② 孙希旦撰：《礼记集解》，沈啸寰、王星贤点校，中华书局1989年版。

"三番射"。第一番射侧重于考察射手的教练情况,第二番射侧重于比赛,第三番射在比赛时伴有音乐。由观看者经过观察为其分出胜负。乡射礼不仅具有选贤的作用,还有敦化民俗的作用,是先秦儒家寓德于射、寓礼于射、寓教于射的珍贵的人文实践成果。

3. 政治礼仪:燕礼、聘礼、朝觐礼

西周时期,周天子建邦立国,分封诸侯,在分封制和宗法制这一国家政治体制和权力支配体系之下,中央王朝和地方封国之间的君臣关系,以及各个封国之间的邦交关系得以确立,为使其相互间的关系和谐而安定,社会秩序井然而有序,天子与诸侯、诸侯与其臣属,以及诸侯与诸侯之间的交往方式和交往原则也得以建立。燕礼、聘礼、朝觐礼等礼仪活动,就集中体现了这一政治伦理道德的基本内容和精神。

(1) 燕礼

燕礼之"燕"通"宴",是天子、诸侯、卿、大夫、士之间相互交往、加强联络、沟通感情的一种饮食之礼。据清代孙希旦考察,燕礼有天子燕诸侯、诸侯燕诸侯、诸侯燕臣属等多种形式。《仪礼·燕礼》记叙的是诸侯燕饮臣属之礼节仪式,仪式上以饮酒为主,有折俎而无饭食,君主只行一献之礼,意在尽宾主之欢。其中,涉及对燕饮设备、君臣席位和宾主礼节的详细安排与规定,比如宾主各自从哪边登堂,从哪边下堂,使用哪种酒爵或酒器,酒的品种和斟酒方式,敬酒的顺序和方式,达谢的顺序和方式,用哪种歌曲或乐曲来烘托氛围,等等。另外,关于参加燕饮的人的身份、地位、位次和所用的酒食也都有明确规定,体现了等级的森严。诸侯燕礼臣属的理由可以因臣属有勤劳之功,为王朝做出了卓著的贡献,可以因受诸侯委托出访其他诸侯国成功归来,可以因在战场上出征攻伐并取得了功勋,为王朝立下了汗马功劳,也可以是在政余闲暇之时,开展聊叙以联络感情的"无事而燕"。当然,燕礼并不是一场简单的宴请,《礼记·燕义》说:"和宁,礼之用也。""臣下竭力尽能以立功于国,君必报之以爵禄,故臣下皆务竭力尽能以立功,是以国安而君宁。""礼无不答"是儒家所主张的君臣上下之大义,是对君主治理国家的一种基本要求和提示,唯此,臣属才能更努力地去建功立业,国家才会稳定和谐、长治久安。可见,无论是因何而燕,均有其深义存焉,在礼仪程式上都体现了君臣所应该遵循的君仁臣忠、君信臣义的政治伦理道德原则和伦理道德精神。这种伦理道德原则和伦理道德精神潜移默化、自然流露,毫无说教伪

合之痕迹。

(2) 聘礼

聘礼是诸侯邦国之间相互聘问，体现彼此尊重、融洽关系的政治交往之礼仪形式。历数春秋时期各诸侯国，郑、卫、鲁、燕保持着兄弟国的关系，齐、鲁、陈、蔡则通过联姻保持友好关系。清代学者孙希旦说："诸侯同在方岳之内，而有兄弟婚姻之好者，久无事则相聘焉"①。从中可以看出，聘礼对于促进诸侯邦国之间互不相侵、友好互助，起到了积极的推进作用。当两个诸侯国开展政治交往时，要遵守礼节仪式，体现出贵贱有别、尊卑有等的交往原则。代表君主前往他国行聘访问时，有"大聘使卿，小聘使大夫"的差别。还要根据诸侯中公、侯、伯、子、男的爵位差等，来确定所使卿或大夫的随行助手的人数，正所谓"上公七介，侯伯五介，子男三介，所以明贵贱也"②。作为接受聘礼之国，也要根据其出聘之卿、介多少，来决定接待之礼的差等，体现着诸侯邦国在外交规格上的对等原则，彼此遵循才体现出彼此尊重。其次在礼节仪式上，要体现出尊敬谦让的礼仪风范。出访行聘的使者之介要与主国之摈相见，而不是与主国之君直接相见，要做到"三让而后传命，三让而后入庙门，三揖而后至阶，三让而后升"③，体现行聘礼者对主国的尊敬和礼让。而作为受聘礼者，则"使士迎于境，大夫郊劳，君亲拜迎于大门之内而庙受，北面拜贶"④，接下来行聘礼者馈赠礼物，受聘礼者举行飨礼招待，都尽显来聘之国和受聘之国的彼此尊重。

(3) 朝觐礼

朝觐礼是诸侯定期朝拜、觐见天子的礼事活动，其意义在于通上下之情，明君臣之义，是充分体现君天下，臣诸侯，"臣事君以忠"这一重要政治伦理道德原则的礼仪形式。

朝觐礼包括朝礼和觐礼。古代诸侯与天子之间相见相交，在时间安排上有四时之分，《仪礼·觐礼》注疏引郑玄《目录》云："觐，见也，诸侯秋见天子之礼。春见曰朝，夏见曰宗，秋见曰觐，冬见曰遇。"由此可

---

① 《礼记集解》。
② 《礼记·聘义》。
③ 《礼记·聘义》。
④ 《礼记·聘义》。

知，朝礼是春天时诸侯晋见天子的礼事活动，而觐礼则是秋天时诸侯晋见天子的礼事活动。由于春、夏、冬三时之礼已经不存①，又因诸侯与天子除四时之礼以外，还有多种形式，另外《周礼·秋官·大行人》疏引《郑志》云："朝觐，四时通称，故《觐礼》亦云朝是也。"以上种种，后来则把那些以"王见诸侯"的礼事活动，皆以"朝觐礼"概而言之，这可能也是《仪礼》一书仅有《觐礼》而无朝礼的原因所在。

朝觐之礼，根据《仪礼·觐礼》，其主要程式有：郊劳、赐舍、戒期、受次、释币、觐见、授玉、三享、告听事、天子亲劳、天子赐车服、飨礼等。《诗经·大雅·韩奕》云：

> 四牡奕奕，孔修且张。韩侯入觐，以其介圭。入觐于王，王锡韩侯。淑旂绥章，簟茀错衡，玄衮赤舄，钩膺镂钖，鞹鞃浅幭，鞗革金厄。韩侯出祖，出宿于屠。显父饯之，清酒百壶。其肴维何？炰鳖鲜鱼。其蔌维何？维笋及蒲。其赠维何？乘马路车。笾豆有且，侯氏燕胥。

这其中描述了韩侯朝拜周王时所涉及的觐见、授玉、赐车服、飨礼等几种礼节仪式。朝觐礼对于诸侯而言，"朝于天子曰述职。述职者，述所职也"②，即要以治理自己的邦国为职守，以觐见之礼体现"忠"于天子的伦理政治道德；对于天子而言，则是通过定期觐见的礼仪，让诸侯牢记和遵守君臣关系，以维护自己的权威和邦交秩序的稳定。

（二）《礼记》——礼义之教

《仪礼》记载的主要是周代的冠、婚、丧、祭诸礼的礼节仪式活动的细目单子，具有完整详备、无所不包的特点，但同时也有文古义奥、不易通读的缺憾。如果不了解礼节仪式所蕴含的"礼义"，那么礼节仪式则会沦为烦冗死沉、毫无价值的虚无之礼。对此，先秦儒家在学礼、习礼的过程中，撰写了大量阐发经义的"记"，所谓"仲尼弟子及后学者所记"，主要是对经文的解释、说明和补充。后经汉代大小戴整理成书，即戴德之

---

① 王启发：《礼学思想体系探源》，中州古籍出版社2005年版，第81页。
② 《孟子·梁惠王下》。

《大戴礼记》，以及戴德侄子戴圣之《小戴礼记》。由于《大戴礼记》后来亡佚较多，又由于郑玄为《小戴礼记》作了出色的注，而使之流传更为深广，后人则将《小戴礼记》称之为《礼记》。

"礼义"是先秦儒家借助《礼记》实施礼教的核心。全书共四十九篇，详尽地记载和论述了先秦各种典礼的意义和制礼的精神，其开篇即指出：

> 道德仁义，非礼不成。教训正俗，非礼不备。分争辩讼，非礼不决。君臣、上下、父子、兄弟，非礼不定。宦学事师，非礼不亲。班朝治军，莅官行法，非礼威严不行。祷祠祭祀，供给鬼神，非礼不诚不庄。①

《礼记》是对人们思想和言行的规范及其依据的讨论，是个体修身做人、和谐社会关系，统治者化民成俗、维护社会秩序的必读经典。按照《礼记》所述内容，大体上可以分为以下四类。②

1. 对礼节条文的补充记述

《礼记》中有专记某项礼节的，以补其他礼书所不备，其体裁与《仪礼》相似。例如：《曲礼》（记述的是关于言语、饮食、洒扫、应对、进退等日常生活礼节和守则，内容详细，可谓"经礼三百，曲礼三千"③，包括吉、凶、宾、军、嘉五礼的相关内容）、《檀弓》（记述的是关于丧服、丧事的丧礼）、《玉藻》（记述的是天子和诸侯的服饰、饮食、起居及其后、夫人、命妇的服制等）、《丧服小记》（记述的是丧服制度，偶尔涉及一定的宗法制度和庙祭制度）、《大传》（记述的是宗法制度，也论及一些祭法和服制）、《少仪》（与《曲礼》类似，记述一些日常生活琐碎礼仪，如相见、宾主交接、洒扫、事君、侍食、问卜、御车等）、《杂记》（专记诸侯以下至士所执丧事之礼，是对《仪礼·丧服》《士丧礼》等的补充完备）、《丧大记》（主要记述关于国君、大夫、士之丧礼）、《奔丧》（记述的是身在异国他乡回家奔丧之礼）、《投壶》（记述的是主人与宾客

---

① 《礼记·曲礼上》。
② 参见王锷《〈礼记〉成书考》，中华书局2007年版，第2—4页。
③ 《礼记·礼器》。

宴饮时讲论才艺的投壶礼节，投壶礼源于射礼，它以投壶代替弓箭，以乐嘉宾，以习礼仪)。以上诸礼，所记录的多为生活中的细小仪节或丧祭之礼，虽然类目烦琐、礼数颇多，但对于制约和规范个体遵守礼节，养成尚礼的品行，以及形成和调节先秦社会宗法制度下家庭成员间彼此关系不无裨益。

2. 对《仪礼》部分篇章的释义

《礼记》与《仪礼》的关系最为密切，其中有专门解释说明《仪礼》的篇章。例如：《礼记》中的《冠义》《昏义》《乡饮酒义》《射义》《燕义》《聘义》，即分别为《仪礼》中《士冠礼》《昏礼》《乡饮酒礼》《乡射礼》《燕礼》《聘礼》的解释和说明，是对《仪礼》制礼深义的进一步探讨和诠释。

具体来说，《冠义》重在说明"礼始于冠"之礼义。人的社会属性赋予了人之所以为人的特质，而关于"以什么样的方式存在才可以称其为'人'之存在"，儒家给出的答案是："凡人之所以为人者，礼义也。""冠者，礼之始也"①，冠礼是先秦儒家对个体开展阶段性总结，并对其未来发展作出指引和劝诫，使其顺利实现从自然属性到社会属性转变的标志性节点。《昏义》重在说明"礼本于昏"之礼义。"夫礼始于冠，本于昏"②，儒家之所以重视昏礼，源于"合二姓之好"的昏礼是"上以事宗庙，而下以继后世也"的保障，即把婚姻之道德伦理归结于儒家所建构的礼教的核心概念之一——"孝"。《乡饮酒义》和《射义》则重在说明"尊长敬德"和"道德自律"之礼义。乡饮酒礼和射礼是先秦儒家通过乡党这一社会基层组织制度，所开展的对所属民众日常社会活动进行管理、训诫和教化的礼仪活动。乡饮酒礼以主宾相互尊重之义，使"民入孝弟，尊长养老，而后成教"，从而避免以"斗辨"引起的"暴乱之祸"；射礼则以"君子之争"，强调个体的道德自律，使个体在外在社会规范的约束下强化内在体验与开展自律自省。《燕义》重在说明"明君臣之义"之礼义。"俎豆、牲体、荐羞，皆有等差，所以明贵贱也"③，燕饮过程中先上卿，次小卿，次士，再庶子的旅酬顺序，体现出贵贱差等之别，同时，君

---

① 《礼记·冠义》。
② 《礼记·昏义》。
③ 《礼记·燕义》。

臣对"和"这一原则的遵循,体现出"君仁臣忠"的道德伦理。

此外,先秦儒家对祭礼、丧礼、朝礼、聘礼等,也都在《礼记》中给予不同程度的解释,这有助于全面理解《仪礼》中礼之精神实质,更为重要的,则有助于践行礼之主体通晓践礼的应然之"义",使"礼义"成为自己内在意识的应然性道德律令,从而逐渐由显性的主体自觉走向隐性的主体自为,这正是先秦儒家制礼并实施礼教之最终目的。

3. 对周礼意义的阐述

这部分内容在《礼记》中所占篇幅最大,是对周礼的理论及其伦理道德、学术思想的论述,包括《礼记·曾子问》《礼记·礼运》《礼记·礼器》《礼记·郊特牲》《礼记·内则》《礼记·学记》《礼记·乐记》《礼记·祭法》《礼记·祭义》《礼记·祭统》《礼记·经解》《礼记·哀公问》《礼记·仲尼燕居》《礼记·孔子闲居》《礼记·坊记》《礼记·中庸》《礼记·表记》《礼记·缁衣》《礼记·问丧》《礼记·服问》《礼记·间传》《礼记·三年问》《礼记·儒行》《礼记·大学》《礼记·丧服四制》等篇,是先秦儒家通过《礼记》实施礼义教化的主体和核心,也是先秦儒家实施礼教在哲学思想、政治思想、伦理思想和教育思想上的依据和遵循。

首先,《礼记》中关于"天道观"的论述,是先秦儒家实施礼教的哲学思想基础。《礼记·郊特牲》言:"万物本乎天",人作为万物之一,自然参与其中,《中庸》云:"天命之谓性",天是人事效法的榜样。同时,"故人者,天地之心也,五行之端也,食味别声被色而生者也"①,人作为天地和五行的精华,是人类文明和文化的创造者,具有主观能动性,因此,天地间,人为贵。《中庸》云:"德伟圣人,尊为天子……故大德者必得其位,必得其禄……大德必受命。""大哉圣人之道洋洋乎!发育万物,峻极于天!"先秦儒家以此设置了一个超越于天的"圣人"形象,从而为皇权威仪的确立与巩固奠定了先验认识论基础。《中庸》又云:"君子不可以不修身;恐修身,可以不事亲;思事亲,不可以不知人;忠知人,不可以不知天",是说"知天"乃"修身"之前提。"天命之谓性,率性之谓道,修道之谓教"②,这里的"教"即人道对天道的效法。

---

① 《礼记·礼运》。
② 《礼记·中庸》。

也就是说，修道是需要个体通过主动修为、彰显德性的活动，正如《学记》所言："虽有至道弗学不知其善也"，"教也者长善而救其失者也。"天理与人伦的同构推演了由"天理"到"人礼"的认知，这正是先秦儒家通过《礼记》构筑礼教思想认识论模式的哲学思想基础。

其次，《礼记》中关于"以教化政"的论述，是先秦儒家实施礼教的政治思想基础。《礼记》不仅仅是一部学礼、习礼的教科书，同时也是统治者在"礼崩乐坏"这一社会转型时期得以重建社会秩序的宝典。"礼者何也？即事之治也"①，先秦儒家通过"礼"对广大民众日常生活和社会生活的全方位介入，实现了在思想意识领域和政治实践领域的"以教化政"的建构模式。先秦儒家的"政"与"教"从来都是合二为一的，"人道，政为大"②，"政"是人道效法天道，进而来教化广大民众并实现社会理想的基本途径，而"政"这一社会实践和理想又要依赖于"教"，具体来说，要依赖于"礼"这一能够"润物细无声"地教化和渗透到民众内心深处的功能，使其认同并自觉遵照执行，进而达到"成教而后国可安也"③的目的。这正是《礼记》中所体现的"政治与教化从实质上是两位一体的文化政治"④的精神实质所在，而"以教化政"的具体举措，则体现在礼乐刑政的统一，例如：《经解》曰："故礼之教化也微，其止邪也于未形，使人日徙善远罪而不自知也，是以先王隆之也。"强调刑是作为道德性的礼受到限制时的必要补充；《缁衣》云："政之不行也，教之不成也，爵禄不足劝也，刑罚不足耻也。"《乐记》云："故礼以道其志，乐以和其声，政以一其行，刑以防其奸。"强调刑罚不足以使人保持耻感，必以礼乐为先，礼乐刑政四者相互通达、相互统一，才是和同民心达到"王道"政治的基本途径。

再次，《礼记》中关于"孝道"的论述，是先秦儒家实施礼教的伦理思想基础。《礼运》篇提出了家庭伦理规范的总体要求，即"父慈、子孝、兄良、弟弟、夫义、妇听"，其中以"为子之道"即"孝道"最为详细。既包括孝的含义、孝的分类、孝与忠的关系、孝与敬的关系等宏观问

---

① 《礼记·仲尼燕居》。
② 《礼记·哀公问》。
③ 《礼记·乡饮酒义》。
④ 龚建平：《意义的生成与实现——〈礼记〉哲学思想》，商务印书馆 2005 年版，第 352 页。

题,同时也包括对孝道本身和孝行的具体论述。例如:

在孝的含义上,《祭义》云:

> 天之所生,地之所养,无人为大。父母全而生之,子全而归之,可谓孝矣。不亏其体,不辱其身,可谓孝矣。

在孝的分类上,《大戴礼记·曾子本孝》云:

> 君子之孝也,以正致谏;士之孝也,以德从命;庶人之孝也,以力恶食;任善不敢臣三德。

在孝与忠的关系上,《祭义》云:

> 事君不忠非孝也。

《丧服四制》云:

> 资于事父以事君而敬同。
> 资于事父以事母而爱同。

在孝与敬的关系上,《礼记·檀弓上》云:

> 吾闻诸夫子,丧礼,与其哀不足而礼有余也,不若礼不足而哀有余也。祭礼,与其敬不足而礼有余也,不若礼不足而敬有余也。

在如何行孝的具体问题上,《礼记》中的论述则更为丰富,如《丧服四制》篇对丧服制度和丧礼所作的详细规定:

> 斩衰之丧,唯而不对;齐衰之丧,对而不言;大功之丧,言而不议;缌、小功之丧,议而不及乐。

以上诸种,都是《礼记》中关于"孝道"的论述,构成了儒家礼教的伦理思想基础，同时也使得《礼记》成为长期以来影响中国人的家庭生活方式和社会交往方式的重要经典。

最后，《礼记》中关于教育理论的论述，是先秦儒家实施礼教的教育思想基础。《大学》篇着重阐述了教育的"三个纲领"（明德、亲民、止于至善），以及为实现这一目标而实施的"八个条目"（格物、致知、诚意、正心、修身、齐家、治国、平天下），构成了以"三纲领"和"八条目"为框架的完整的道德教育体系，反映了从认识道德规范，到建立道德信念，再到指导和约束道德行为这一教育的客观规律。关于教育过程，《中庸》概括出以"博学之、审问之、慎思之、明辨之、笃行之"五个阶段循序渐进的"为学之序"，构成了先秦儒家礼教"学—问—思—辨—行"完整的教育过程。《学记》则对教育的作用与目的（"建国君民，教学为先"；"君子如欲化民成俗，其必由学乎"）、教育制度（形成了从中央到地方的学制系统，即"古之教者，家有塾，党有庠，术有序，国有学"）、学校管理（考核办法）以及教育教学原则（教学相长、尊师重道、藏息相辅、豫时孙摩、启发诱导）等方面进行了详尽而原创性的阐述。

4. 对某项制度和政令的专门记载

《礼记》中关于"礼"的讨论，除了作为规矩、仪式、程序和礼的理论以外，还包括治国理政的某项制度或政令，如《王制》《月令》《文王世子》《明堂位》等篇。其中，《王制》记述的是王者为治理天下，在封国、爵禄、设官、选贤、祭祀、丧葬、刑法、学校教育等方面的制度；《月令》记述的是王者根据一年十二月的天文历法和自然时令物候，来安排、实行生产和生活的政令；《文王世子》记述的是关于教育制度、人才选拔的办法等；《明堂位》记述的则是从礼节仪式的空间角度来建构礼仪参与者之间亲疏远近、贵贱尊卑等社会伦理关系的制度规定。

以《礼记·王制》为例，先秦儒家主张以礼对民开展教化：

> 司徒修六礼以节民性，明七教以兴民德，齐八政以防淫，一道德以同俗，养耆老以致孝，恤孤独以逮不足，上贤以崇德，简不肖以绌恶。

即要求负责和掌管民政教化的官员——司徒，要通过修订冠、昏、丧、祭、乡饮、相见等"六礼"来调节民众的性情，要通过阐明父子、兄弟、夫妇、君臣、长幼、朋友、宾客"七教"来树立民众的道德观念，要通过整齐饮食、衣服、事为、异别、度、量、数、制"八政"来防止民众的僭越，要通过整齐划一的道德规范淳正民间风俗，要通过敬养老人来诱导人们的孝心和孝德，要通过怜恤孤儿和鳏寡来恩惠社会中的弱势群体，要通过对贤能士者的尊重来树立崇德的信心，要通过对不肖之人的惩治来清除世间的罪恶。从中不难看出，《王制》中所体现的儒家对国家和社会制度建构的设想。

（三）《周礼》——礼制之教

先秦时期，古代中国经历了由血缘关系进入宗法社会的历史阶段，以家庭为社会基本单位的原始组织形式开始趋于向较大规模的宗族发展，先秦儒家和统治者愈发清醒地意识到要巩固和稳定统治，就必须在全局顶层上设计出一套与"王道"相适应的意识形态和国家制度，以通过等级差别、恭俭庄敬、官民有秩来确立统治者的合法地位。《周礼》便是其重要举措之一。

《周礼》一书，原名《周官》，始见于《史记·鲁周公世家》："成王在丰，天下已安，周之官政未次序，于是周公作《周官》，官别其宜。"之后，《汉书·艺文志》"六艺略·礼类"载"《周官经》六篇"，班固注曰："王莽时，刘歆置博士。"荀悦《汉纪·成帝》篇说："刘歆奏请《周官》六篇，列之于经，为《周礼》。"可见，《周官》乃为王莽摄政时更名为《周礼》。在中国古代社会，"'礼'的范畴里就有所谓制度之礼，起着法的作用"[1]，正所谓"古之治天下者，无所谓法也，礼而已矣"[2]，这也许正是《周官》后来易名为《周礼》之重要原因之一。

《周礼》作为中国古代制度之礼的集大成者，它通过冠以六官为首的职官体系，统摄了包括国家政治、经济、文化、教育、军事、宗教、司法等一系列的制度，而统摄这些制度的基本精神即为礼。正像有些学者所指出的，"在《周礼》中既保留有西周春秋以至战国的一些官制、礼制等历史的印迹，同时也包含着作者的思想倾向和政治主张，更具有一些理想制

---

[1] 王启发：《礼学思想体系探源》，中州古籍出版社2006年版，第202页。
[2] （清）唐晏：《两汉三国学案》，中华书局1986年版，第323页。

度的设置和理想政治的内容"①。因此，千百年来，《周礼》作为中国古代理想政治的制度典章，之所以能够成为先秦以降政治制度建设和政治文化传承的指导思想和经典蓝本，应当归功于以礼统摄的各种制度为教化内容的作用和影响。

需要说明的是，就其《周礼》一书思想体系的理论来源和理论依据而言，并非仅仅儒家一家思想，而是集儒家、法家、阴阳家等先秦诸子之多元思想。王启发在《礼学思想体系探源》中谈道："《周礼》实际上是其作者将先秦诸子思想重新加以整理并纳入自己的思想体系而成的……尤以阴阳家、法家和儒家的思想最为突出。"②彭林在《〈周礼〉主体思想及成书年代》一书中，则更为明确地指出③：《周礼》不能称其为一部纯粹的儒家思想作品，而是具有"多元一体"的基本特征，并将其主体思想在内容上作了治民思想、治官思想、理财思想、阴阳五行思想的划分，指出其中的治民思想带有鲜明的儒家色彩；治官思想和理财思想是法家思想的集中体现；而设官分职思想则是阴阳五行说的形象化体现。当然，体现在《周礼》一书中的先秦诸子的多元思想，并非相互独立，各言其词，各发其声，而是有主有从、互为补充，呈现出一个彼此交融渗透的有机整体。那么，在这个整体中，儒家思想无疑是贯穿《周礼》一书的主线，这与当时社会上至天子、中起六卿、下至民众都要接受儒家化的思想教育，儒家思想已经被垂为万民纲纪这一社会地位不无关系。而阴阳五行思想"只不过是国家政权的一种装潢，犹如宗庙彝器上的饕餮纹，目的是要装点出神圣的气象来"④，法家思想则是"作为从属于礼治教化的手段而出现的"⑤，其最终归旨则在于对儒家思想的有益补充。

1. 构建六官职官体系

这里，之所以将六官职官体系作为礼制教化的重要内容之一加以介绍，其主要原因在于：一是如上所述，《周礼》是通过官制来表达治国方案，通过分官设职体系来统摄国家所有制度的，要想对其他制度有所了解，自然要从其发生和发展的根本制度论起；二是虽然有些学者认为天、

---

① 王启发：《礼学思想体系探源》，中州古籍出版社2006年版，第201页。
② 王启发：《礼学思想体系探源》，中州古籍出版社2006年版，第205页。
③ 彭林：《〈周礼〉主体思想及成书年代》，中国社会科学出版社1991年版。
④ 彭林：《〈周礼〉主体思想及成书年代》，中国社会科学出版社1991年版，第230页。
⑤ 彭林：《〈周礼〉主体思想及成书年代》，中国社会科学出版社1991年版，第230页。

地、春、夏、秋、冬六官是阴阳五行学说的理论框架，但笔者认为，这只构成象征意义上的外在形式，而透过现象看其本质，则体现为儒家借此理论框架来构筑各负其责、各守其职的社会等级秩序体系的初衷和目的。基于以上认识，我们对《周礼》的分官设职体系作以分析和探讨。

《周礼》一书分为六篇，即六类职官各为一篇，分别是天官冢宰、地官司徒、春官宗伯、夏官司马、秋官司寇、冬官百工。《周礼》从官制建设着眼，其思想总纲体现在各篇开篇都讲："惟王建国，辨方正位，体国经野，设官分职，以为民极"，意在强调：王建立国都，要首先辨别方向并确定（宗庙和朝廷的）位置，并以此为中心来划分都城和郊野的界限。接下来就要通过设立职官来各负其责，并以此作为天下民众的榜样和典范。具体来说，六类职官的各自分工为：

天官冢宰：天官冢宰是六官之首，同时也是天官之长。《周礼·天官·叙官》载："乃立天官冢宰，使帅其属，而掌邦治，以佐王均邦国。"也就是说，天官冢宰要率领其所属官吏，即大宰、小宰、宰夫、宫正、宫伯及以下共有63种职官，掌管天下治理之事，以辅佐君王治理天下，使天下人各守其分。

地官司徒：《周礼·天官·叙官》载："乃立地官司徒，使帅其属，而掌邦教，以佐王安扰邦国。"也就是说，地官司徒要率领其所属官吏，即大司徒、乡老、封人及以下共78种职官，掌管天下教育，以辅佐君王安定天下。

春官宗伯：《周礼·春官·叙官》载："乃立春官宗伯，使帅其属，而掌邦礼，以佐王和邦国。"也就是说，春官宗伯要率领其所属官吏，即大宗伯、小宗伯及以下共70种职官，掌管天下礼事，即吉礼、凶礼、宾礼、军礼、嘉礼，以及与礼事相关的服饰、器物等，以帮助、辅佐君王和谐天下。

夏官司马：《周礼·夏官·叙官》载："乃立夏官司马，使帅其属，而掌邦政，以佐王平邦国。"也就是说，夏官司马要率领其所属官吏，即大司马、小司马及以下共70种职官，掌管天下政事，包括军政中军队编制、军士训练、军赋征收、军械管理之事，以辅佐君王，使天下太平、政治公平。

秋官司寇：《周礼·秋官·叙官》载："乃立秋官司寇，使帅其属，而掌邦禁，以佐王刑邦国。"也就是说，秋官司寇要率领其所属官吏，即大司寇、小司寇及以下共 66 种职官，掌管天下禁令，负责刑罚事务，以辅佐君王惩罚违禁之人之事。

冬官百工：这篇本应该为冬官司空，但原文已经失缺，相传后来汉儒以记载先秦时期手工业技术的著作《考工记》补之。冬官掌管工程建筑、制作、营造之事，共 30 种职官，也作冬官百工。《周礼·冬官·考工记》载："国有六职，百工与居一焉"，即百工是国家六种职业之一。

以上六官职官体系中，从中央到地方都有严格的职官编制和具体职责，一方面，可以使得国家机器正常运转。比如，在国家层面上，有"掌建邦之六典"① 的大宰（掌管建立和颁行六种法典的官吏）、"掌建邦之土地之图与其人民之数"的大司徒（最高级别的地方官吏，即对君王负总责的封疆大吏）、"掌建邦之天神、人鬼、地示之礼"的大宗伯（礼事长官）、"掌建邦国之九法"② 的大司马（军事长官）、"掌建邦之三（刑）典"③ 的大司寇（刑事长官），来共同辅佐君王一起治理国家。在地方层面上，大司徒下设实施具体事务的小司徒，再通过下面的州正、乡师、乡老等开展政教事家。另一方面，则通过定名分，达到明等级的目的。比如，王公贵族分公、侯、伯、子、男五个等级，并按照各个等级享有不同的采邑；大宰下设小宰、宰夫、宫正、宫伯等职，有医师、酒正、内小臣、寺人、内竖等人员；内宫也有负责教导后宫和庶子的九嫔、女御、女祝、女史等女官。即使是百工，也根据其技艺来分门别类，明确各自等级。其最终目的在于使得森严的名分等级贯穿于社会生活的方方面面、角角落落，从而要求人们对名分和等级表现出恭敬尊崇的心理导向和不苟、不争、不怨、不逾、不怠的行为趋向。

《周礼》不仅构建了六官职官体系，还通过职官体系的设置分别考察

---

① 《天官·大宰》载"六典"，即：一曰治典，以经邦国，以治官府，以纪万民；二曰教典，以安邦国，以教官府，以扰万民；三曰礼典，以和邦国，以统百官，以谐万民；四曰政典，以平邦国，以正百官，以均万民；五曰刑典，以诘邦国，以刑百官，以纠万民；六曰事典，以富邦国，以任百官，以生万民。

② 《夏官·大司马》载"九法"，即：制畿封国，以正邦国；设仪辨位，以等邦国；进贤兴功，以作邦国；建牧立监，以维邦国；制军诘禁，以纠邦国；施贡分职，以任邦国；简稽乡民，以用邦国；均守平则，以安邦国；比小事大，以和邦国。

③ 《秋官·大司寇》载"三典"，是适用于诸侯国，禁止四方各国叛乱的法律，即："掌建邦之三典，以佐王刑邦国，诘四方，一曰刑三典新国用轻典，二曰刑平国用中典，三曰刑乱国用重典。"

了不同受教群体的不同教育内容，充分体现了先秦儒家以礼教官、以礼治官、以礼教民、以礼治民的重要举措和对礼教影响的极度关注。下面，笔者将尝试着从职官和庶民两个受教群体分别进行教育内容上的考察和梳理。

2. 职官教育内容

在官吏教育的问题上，先秦儒家以往更多地局限在"为政以德"、明德崇礼的笼统泛泛之谈，从这个意义上说，《周礼》在职官教育上所作的全面性、制度性、系统性的设置与安排，在一定程度上弥补了先秦儒家在官吏教育问题上的缺失。这里所言的职官，既指那些由王任命、掌权率众的各级官吏，也指那些由官长任命，在官长手下工作，只领取稍食而无爵禄的"庶人在官者"。由于这些身在官府的具体办事人员，对于官府各部门事务之间的衔接与协调，各项工作的顺利开展发挥着积极的促进作用。因此，他们也要具备为官者所应具备的能力与素养，也应接受为官者所应接受的学习与训练。也就是说，这里所要言及的职官这一受教育群体，包含了《周礼》六类职官体系中所涉及的所有职官。在明确了这一教育对象之后，我们再来对其具体的教育内容作一番探讨。

（1）"教典"："教典"为大宰所建"六典"，即"治典""教典""礼典""政典""刑典""事典"六项法典之一，其施行范围是天子之国的各诸侯官府，是《周礼》所载对诸侯官府实施教育，用以示百官的主要内容。主要作用则在于教育、震慑各诸侯官府，使其以安邦国，以教官府，以扰万民，从而达到天下民众顺服的终极目的。

（2）"教法"：相对于大宰建立的适用于各诸侯官府的"教典"而言，"教法"则是小司徒建立的适用于官府内部的法律条令。官各有制度，是谓法则也。《周礼》中规定："小司徒之职，掌建邦之教法。"清代孙诒让认为，小司徒的职责即在于"建立教官之官法"[①]，即为官之法则。为官法则制定以后，要通过地方行政长官来颁布实施并加强纠察，做到层层贯彻，层层落实，以满足国家治理的需要。

（3）"六廉"：《周礼》是最早把"廉"与为官者的政治行为联系在一起的。"六廉"即："一曰廉善，二曰廉能，三曰廉敬，四曰廉正，五

---

① （清）孙诒让：《周礼正义》，中华书局1987年版，第772页。

曰廉法，六曰廉辨。"① 郑玄《注》云："善，善其事，有辞誉也；能，政令行也；敬，不解于位；正，行无倾邪也；法，守法不失也；辨，辨然不疑惑也。"也就是说，为官者要善长于本职之事，为民众所信服；要能彻底地推行、落实政令；要勤恳务实、尽职尽责、不懈努力；要品行端正、为人正直，公平公正；要守法不失、执法不移；要明辨是非、临事头脑清醒、不疑惑。可见，"六廉"既是职官教育的内容，也是职官考核的标准。

3. 庶民教育内容

在《周礼》中，不仅有关于职官教育的详细记载，同时也极其重视庶民百姓教育，在教育内容、教育对象、施教方式等方面都作以全面、系统阐述，正如宋代学者朱申所说："治民莫先于礼欲民，尽五常之道必以礼教之。"② 礼教对于中国古代传统社会导正民众思想，规范民众行为，有效掌理邦教，安定社会秩序意义重大。《周礼》中关于对庶民的教育内容，主要体现在以下将要介绍的"十二教"和"乡三物"当中。

（1）"十二教"：《周礼·地官·大司徒》中提到的"施十有二教"，是《周礼》关于庶民教育内容的总体大纲，其内容为：

> 一曰以祀礼教敬，则民不苟；二曰以阳礼教让，则民不争；三曰以阴礼教亲，则民不怨；四曰以乐礼教和，和民不乖；五曰以仪辨等，则民不越；六曰以俗教安，则民不愉；七曰以刑教中，则民不虣；八曰以誓教恤，则民不怠；九曰以度教节，则民知足；十曰以世事教能，则民不失职；十有一曰以贤制爵，则民慎德；十有二曰以庸制禄，则民兴功。

也就是说，地官大司徒对庶民要开展和实施十二个教种，分别是以祀、阳、阴、乐、仪、俗、刑、誓、度、世事、贤、庸十二类礼之制度教育之，使民敬让亲和。具体来说，体现在：

一是祀礼教敬。"祭者，教之本也。"③ 作为十二教中的首教，祭祀之

---

① 《周礼·天官·小宰》。
② （宋）朱申：《周礼句解》（卷三），文渊阁四库全书（影印本）。
③ （清）孙希旦：《礼记集解》，中华书局1989年版，第1243页。

礼是教民以尊敬神明和先祖。祭祀神明在于追远虔敬，达到民德归厚，"上所以教民虔也，下所以昭事上也"①的愿望和目的；祭祀先祖在于追养继孝，使人民体察尊尊亲亲，敬养孝道。如此，民众才能时刻感受到自己的所言所行都在神明和先祖的注视下，从而有所顾忌，不可任性随意、苟且行事。

二是阳礼教让。郑玄注云："阳礼，谓乡射饮酒之礼也。"② 乡饮酒礼和射礼都是针对男性参加的礼。其中，乡饮酒礼讲究三揖三让、座次有序，体现尊长敬老、尊贤尚齿和谦以礼让；乡射礼则要求射箭之人心态平和，不可与人发生争讼，做到彼此谦让，不与人争。如此，人们就削除了很多的暴戾之气，从而有利于维护和合乡里、融洽相处的社会秩序。

三是阴礼教亲。郑玄注云："阴礼，谓男女之礼也。……昏姻以时，则男不旷，女不怨。"③ 按此说法，"男女之礼"即指"婚姻之礼"，是说要以男女婚姻之礼那样的阴礼来教民相亲。另外，也有人认为，家人相怨多数情况下是由妇人引起的，阴礼就是要让妇人们能够认清自己的角色和地位，做好分内之事，避免人们之间的相互怨恨，以达到保障家庭秩序井然的目的。

四是乐礼教和。《周礼》看到了音乐对于净化人的精神、纯化人的感情所发挥的促进作用，也看到了礼乐相依、礼乐相成的密切关系。如清人李钟伦所说："既有十二教矣。举其纲者，以礼乐始详其目者，以礼乐终始乎？礼乐者以教化之本言之，则先本而后末。"④ 可见，乐相依于礼，贯穿于礼教始终。《周礼》中还记载了大司徒要"以五祀防万民之伪而教之中，以六乐防万民之情而教之和"⑤，郑司农认为六乐指的应该是《云门》《咸池》《大韶》《大夏》《大濩》《大武》六套乐舞，以此六乐来导民之情思，止民之欲望，达到"以乐礼教和，则民不乖"的目的。

五是以仪辨等。礼的教育不仅有内容上的充实和完备，还配合着相应的程式仪节。至于具体仪节，在《周礼》中随处可见，如《大宗伯》之

---

① 徐元诰撰：《国语集解》，王树民、沉长云点校，中华书局2002年版，第519页。
② （清）孙诒让：《周礼正义》（第三册），中华书局1987年版，第705页。
③ （清）孙诒让：《周礼正义》（第三册），中华书局1987年版，第705页。
④ 转引自齐丹丹《〈周礼〉所见学校外教育专题研究》，博士学位论文，吉林大学，2014年。
⑤ 《周礼·地官·大司徒》。

"九仪之命"，《大司徒》之"五等爵"，《大行人》之"九服"等，所谓"每命异仪，贵贱之位乃正"①。《周礼》注重以仪辨等，借礼仪来辨明尊卑、贵贱、上下的差异，如此便可通过教民礼仪，使民众不僭越，安分守己。

六是以俗教安。《周礼》对大司徒职掌以俗教安这一教育内容，作了"本俗六安万民"的明确规定："一曰微宫室，二曰族坟墓，三曰联兄弟，四曰联师儒，五曰联朋友，六曰同衣服。"即通过建造房屋、按族排列坟墓，团结异姓兄弟，共同从师学习，联合团结朋友，统一民众服饰等一系列民俗活动，"化民成俗"，进一步引申到协调社会各种人际关系，从而营造一种亲情融洽，和乡睦里，合乎礼仪、富于礼教的氛围。

七是以刑教中。《周礼》主张以礼来教化民众，但这种教化具有强制性，民众必须无条件接受，否则将予以刑罚。这一思想主要体现在："以乡八刑纠万民：一曰不孝之刑，二曰不睦之刑，三曰不姻之刑，四曰不弟之刑，五曰不任之刑，六曰不恤之刑，七曰造言之刑，八曰乱民之刑。"② 当然，《周礼》对礼法教育格外关注，不仅制订出民众所要遵守礼法的内容，并且对礼法开展宣传教育的时间（如"正月之吉，受教法于司徒，退而颁之于其乡吏。使各以教其所治"）、方式（如属民读法、观象魏之法）等都做了详尽的规定。只有当礼法得不到遵守时，才用刑来惩罚，从而达到禁止人们违礼的目的。

八是以誓教恤。郑玄注云："恤谓灾危相忧"，即用誓戒来教民敬慎，人们就不会懈怠。

九是以度教节。即以度数教民节制，人民具有了一定的规矩性和制约性，自然就会知足，从而不会做出越等、怠惰、强暴之事。

十是以世事教能。据《周礼·地官·大司徒》记载，"颁职事十有二于邦国；都鄙，使以登万民"，即要根据每个人的具体情况，教以不同的技能，分别是："一曰稼穑（种植谷物），二曰树艺（种瓜果），三曰作材（开发山林川泽的物产），四曰阜蕃（畜牧业），五曰饬材（手工业），六曰通财（商业），七曰化材（纺织业），八曰敛材（采集业），九曰生材（雇工），十曰学艺（学道艺），十有一曰世事（世代相传的职业），十有

---

① 《周礼注疏精义》（卷三）。

② 《周礼·地官·大司徒》。

二曰服事（官府工作）。"当庶民都能够各就其位，各安其职，安居乐业，社会秩序才能得以保障。

十一是以贤制爵。宾兴贤能是《周礼》教育制度中的重要内容，如《乡大夫》云："三年则大比，考其德、行、道艺，而兴贤者、能者。乡老及乡大夫帅其吏与其众寡，以礼礼宾之。"对于贤能之士，给予足够的重视和礼遇，通过举行隆重的乡饮酒礼，并且从三公、乡大夫直到所有乡民都要参加，人人都要加礼宾敬。这种根据贤行给予礼遇或颁授爵位的方式，能够使人们努力自觉地谨慎修养自己的德行。

十二是以庸制禄。明确了要根据每个人对社会的功绩而发放俸禄，从而使得人们能够致力于建立功业。

以上"十二教"教化体系几乎涵盖了人的社会生活的所有方面，使得个人修养与制度规范有效整合，在个体与社会、思想与行为之间协调平衡，从而实现通过礼教达成个体利益与国家利益高度统一。

(2) "乡三物"：《周礼》教民，除"施十有二教"以外，还有"以乡三物教万民"，即：

> 一曰六德：知、仁、圣、义、忠、和。二曰六行：孝、友、睦、姻、任、恤。三曰六艺：礼、乐、射、御、书、数。①

上述六德、六行和六艺三项内容即为"乡三物"。郑玄《师氏》注云："在心为德、施之为行"，即得之于心则为六德，行之于身则为六行。六艺则是在技能上应该开展的教育和达到的标准。以"乡三物"教万民即以六德、六行、六艺教万民。

关于六德。郑玄《注》云："知，明于事。仁，爱人及物。圣，通而先识。义，能断时宜。忠，言以中心。和，不刚不柔。"② 可见，六德是教育万民内在品格、修身养性的六条标准，即遇事不困惑，明白事理可以称之为知；爱人以及物，自爱兼爱可以称之为仁；通达有预见，睿智能化可以称之为圣；适时做决断，各得其宜可以称之为义；忠诚而不欺，言语发自内心可以称之为忠；喜怒中节，刚柔相宜可以称之为和。

---

① 《周礼·地官·大司徒》。
② （清）孙诒让：《周礼正义》，中华书局1987年版，第756页。

关于六行。郑玄《注》云："善于父母为孝，善于兄弟为友。睦，亲于九族。姻，亲于外亲。任，信于友道。恤，振忧贫者。"① 可见，六行是教育万民在行为准则、身体力行上的六条规范，即要孝敬报答父母的养育之恩，珍惜友爱兄弟的手足之情，团结和睦九族，亲善异姓姻戚，信任笃敬朋友，救济体恤邻里乡党。

关于六艺。郑玄《注》云："礼，五礼之义。乐，六乐之歌舞。射，五射之法。御，五御之节。书，六书之品。数，九数之计。"② 可见，六艺是教育万民日后从事各行业的基本技能、技艺和本领。具体来说：五礼是指吉礼、凶礼、宾礼、军礼、嘉礼；六乐是指云门、大咸、大韶、大夏、大濩、大武等古乐；五射是指五种射箭技术，即白矢（箭穿靶子而箭头发白，表明发矢准确而有力）、参连（前放一矢，后三矢连续而去，矢矢相属，若连珠之相衔）、剡注（谓矢发之疾，瞄时短促，上箭即放箭而中）、襄尺（臣与君射，臣与君并立，让君一尺而退）、井仪（四矢连贯，皆正中目标）；五御是指五种驾驶马车的技术，即鸣和鸾（谓行车时和鸾之声相应）、逐水车（随曲岸疾驰而不坠水）、过君表（经过天子的表位有礼仪）、舞交衢（过通道而驱驰自如）、逐禽左（行猎时追逐禽兽从左面射获）；六书是指象形、指事、会意、形声、转注、假借六种书写、识字和文字功底；九数是指方田、粟米、衰分、少广、商功、均输、盈不足、方程、勾股九章算术。六艺之中，书、数为小艺，属于初级课程，礼、乐、射、御为大艺，属于高级课程。根据人的年龄大小和知识深浅程度，循序渐进开展。

以上通过对六德、六行和六艺的考察，可以看出，《周礼》从对民众实施教育的全局和整体出发，将六德和六行视为教育的核心本体，六艺则作为以致其用的具体内容，如李塨所言："《周礼》教民……有六德、六行以立其体，六艺以致其用，则内之可以治己，外之可以治人"，从而达成培养具有内外合一，"诚于中而形于外"这一理想人格的教育目的。

---

① （清）孙诒让：《周礼正义》，中华书局1987年版，第756页。
② （清）孙诒让：《周礼正义》，中华书局1987年版，第756页。

第五章　先秦儒家礼教之践履途径

"以礼修身、以礼齐家、以礼治国、以礼平天下"是先秦儒家在其践履礼教思想过程中的基本理路和实施途径。其中，以礼修身是最早产生、首要实施的践履途径。依据以礼修身的客观规律和内在属性，可以将其概括为约礼——传统规俗以约之，知礼——学思结合以致知，践礼——知行结合以磨砺三个递进的层次。但是，修身正己并不是礼教践履的最终目的，礼教实践的本质在于外施于人。齐家作为外施于人的第一个层面，以"孝"为基点构建家国关系，以"和"为原则维护家国秩序，从而将中国传统文化中的"家"与"国"相互联结，形成了家国同构、家国合一的特殊关系。以此为基，先秦儒家礼教通过人性向善的道德涵育、德化政治的思想感召、礼乐教化的情绪感染、隆礼崇法的行为规范、"天下为公"的愿景展望等实施途径，作为治国平天下的求索路径和理想归依。

一　以礼修身：修身为齐家治平之本

在《礼记·大学》所载儒家治国之道的"八条目"中，"修身"处于重要环节和关键地位。"格物而后知至，知至而后意诚，意诚而后心正，心正而后身修，身修而后家齐，家齐而后国治，国治而后天下平"，格物、致知、正心、诚意是修身的基础和前提，齐家、治国、平天下是修身的必然结果。《吕氏春秋·执一》记载：

> 楚王问为国于詹子。詹子对曰："何闻为身，不闻为国。"詹子岂以国可无为哉？以为为国之本在于为身。身为而家为，家为而国为，国为而天下为，故曰以身为家，以家为国，以国为天下。此四者，异位同本。故圣人之事，广之则极宇宙、穷日月，约之则无出乎身者也。

这里，詹子所谓"身、家、国、天下"四者异位同本，即以身为本，与《大学》之意如出一辙。相关的论述还有很多，如孟子说："君子之守，修其身而天下平。"① 新儒家熊十力先生说："君子尊其身，而内外交修，格、致、诚、正，内修之目也；齐、治、平，外修之目也。家国天下，皆吾一身，故齐、治、平，皆修身之事。"② 《大学》亦讲："自天子以至于庶人，壹是皆以修身为本"③，等等，都是强调修身对于家、国、天下的基础地位和重要作用。

修身既然如此重要，那么如何修身呢？先秦儒家提出以礼修身。孔子讲："不知礼，无以立也。"④ 将"知礼"视为立人修身的前提和育人的基础。孔子的学生子路曾经问孔子"成人"，孔子说："若臧武仲之知，公绰之不欲，卞庄子之勇，冉求之艺，文之以礼乐，亦可以为成人矣。"⑤ 孔子认为，要想成为完美的人，即使是把臧武仲的智慧、孟公绰的无私、卞庄子的勇敢和冉求的学问都集于一身也是不够的，还要"文之以礼乐"，足见礼乐对于修身的重要性。

在礼的发展的逻辑顺序中，以礼修身是最早产生、最为基本的功能，无论社会的经济结构、政治结构、社会伦理关系结构如何，都要以修身为基础和前提，由近及远，推己及人，进而逐步实现齐家、治国、平天下的责任担当。以礼修身，依其客观规律和内在属性可以概括为三个递进的层次：约礼、知礼和践礼。

（一）约礼——传统规俗以约之

"君子博学于文，约之以礼"⑥，礼的内容涉及人们日常生活的方方面面。礼教最根本的意义就在于培养人们时刻以礼的规范约束自己，无论是天子诸侯，还是士大夫阶层或平民百姓，都要严格地以礼为行动准则，小至日常生活的言语饮食、洒扫应对、进退之法等生活琐事，大至国家的祭祀大典、邻邦的友好往来，以至远大深奥的正心诚意之道，在传统习俗的

---

① 《孟子·尽心下》。
② 熊十力：《读经示要》，南方印书馆1945年版，第135页。
③ 《礼记·大学》。
④ 《论语·尧曰》。
⑤ 《论语·宪问》。
⑥ 《论语·雍也》。

具体仪式中不断规范和掌握行为仪节，形成礼仪行为惯常化的养成与发展模式。

1. 日常生活规范

"礼"是一种行为文化，是人们在日常生活中形成的具体的行为规范。这种行为规范，是对人类社会世代相传的经验、智慧、知识、技能等内容的高度概括和总结，现实生活中的人们应该把这种既定的、经验性的和习以为常的规范作为日常行为必须遵循的准则，使自己的行为合乎于礼的要求。

先秦儒家的礼具体、全面、详细，弥散在人们日常生活实践的各个角落，规范着人们的言行举止、衣食起居、迎来送往、揖让周旋、为人处世等方方面面，具有较强的可操作性，使人无时无刻不处于礼的浸染之中。但是人并非生而知"礼"，还需要通过日常生活的"学而时习之"，不仅从思想层面认知，更需要通过实践来不断加以巩固和完善，切实做到"非礼勿视，非礼勿听，非礼勿言，非礼勿动"①，这是先秦儒家以礼之教的基本方法与路径。如小孩子每天的洒扫应对之事，怎么样扫地，怎么样抹桌子，怎么样和师长、父母、朋友讲话，"香九龄，能温席"，"融四岁，能让梨"，这是生活的教育，是做人的基础，也是礼之基础。《礼记·内则》中就详细记述了儿女应该如何在日常生活中对父母尽礼的具体方式：

> 子事父母，鸡初鸣，咸盥漱，栉縰笄总，拂髦冠緌缨，端韠绅，搢笏。左右佩用，左佩纷帨、刀、砺、小觿、金燧，右佩玦、捍、管、遰、大觿、木燧，偪，屦著綦。

子女侍奉父母，要在鸡初鸣的时候就早早起床，洗漱完毕整理好装束之后，才能恭恭敬敬地到父母处请安，并要侍奉父母洗漱，用餐，待父母用餐过后再揖礼告退。正容体、齐颜色、顺辞令，这些都是对日常最基本的小事去规范开来，足见先秦儒家的礼规定得无微不至，事无巨细。"重复性"是日常生活的一个根本特点，寓于生活中的礼的规范正是通过无数次的"重复"，才使得仁义廉耻、忠恕礼让、诚敬中正等礼仪规范在不

---

① 《论语·颜渊》。

断的习得中内化为人的行为的本能自觉和价值取向的最终确立。孔子说"七十而从心所欲不逾矩",即对儒家无时无刻、无处不在的礼在日常生活中积渐而至的最高境界。李泽厚说:"《论语》中多有这种平淡而真确的生活格言,而为黑格尔嘲笑为不够哲学,殊不知这正是中国实用理性的精神所在。它必须体现在许多'以实事程实功'的实践行为和日常生活中,而不求如何高妙抽象的思辨体系,因为那并不解决生活中具体问题和现实疑难。理论毕竟是灰色的,而现实之树常青。"①

2. 道德榜样示范

先秦儒家注重通过对榜样的品德与事迹的宣传来开展教化,认为榜样身上承载着对社会民众的道德范导作用,是社会民众学习与效仿的最佳教材。

那么,什么样的人才能称为榜样呢?先秦儒家认为榜样教化的主体首先是圣王贤君。孟子说:"圣人先得我心之所同然耳。"② 意即圣人要比常人更有内在向善、自我觉悟、自我提升,并帮助他人得以完善的能力。荀子说:"君者,民之原也;原清则流清,原浊则流浊。"③ 君和民是源和流的关系,君是源,民是流,民众要以君为学习的榜样、追求的典范和效仿的楷模。除了优秀的圣人君王以外,先秦儒家学者认为生活中的身边贤者也是榜样教化的主体之一。孔子强调:"三人行,必有我师焉。"身边的每个人都有值得我们学习的长处和闪光点,孔子曾多次推举、赞誉他的学生颜回:"贤哉回也,一箪食,一瓢饮,在陋巷,人不堪其忧,回也不改其乐",将颜回作为其他学生身边的道德榜样和典范而进行施教。

既然完美优秀的圣人君王和身边贤者可以称为榜样,那么如何实施教化呢?先秦儒家要人们见贤思齐。面对德行高尚的榜样,要表现出积极学习和效仿的态度,以榜样为明镜,"每日三省吾身",找出自己身上存在的短板和缺陷,查找自己身上存在的差距和不足,并不断地加以纠正整饬,逐渐完善自己。还要以善祛恶,"择其善者而从之",见到不贤之人、品德败坏之人则也要自我审视,看看自己是否存在同样的问题,有则改之,无则加勉。孔子认为这种通过榜样示范而进行的"无言之教"的影

---

① 李泽厚:《论语今读》,安徽文艺出版社1998年版,第364页。
② 《孟子·告子上》。
③ 《荀子·君道》。

响是巨大的，他曾说：

> 可与言，而不与之言，失人不可与言，而与之言，失言。知者不失人亦不失言。①

适时地开展榜样示范教育，有时候要比过多的说教对人的感化和教导的作用更大。孟子也说"仁言不如仁声之入人深也"②，荀子则明确提出为人师者要"以身正仪"③，都是强调用仁厚的言语教人行仁德，不如用表达仁德的行动来教人行仁德的功效大。

3. 风俗习惯熏陶

风俗乃"天下之大事"④，先秦儒家学者劝诫统治者要经常开展"采风"活动，以完成从考其风俗到化民成俗再到整饬风俗的过程。"俗齐则和，心一则固"⑤，发挥良风美俗在社会治理中"不令而自行，不禁而自止"的教化功能，是先秦儒家一直为之努力的重要目标。

礼源于俗，礼是一种风俗，一种习惯，是基于地方生活条件和人际关系而产生的，约定俗成的，能够被人们所普遍认同和自觉遵守的生存方式。《礼记·曲礼下》载："君子行礼，不求变俗。"礼一旦与风俗习惯相结合，就会相互渗透和整合。礼合于俗，俗涵养礼是礼的生命力所在，也是先秦儒家通过正风正俗来实施先导教化的基本动力所在。

最能体现礼与俗互为结合、互为补充的方式，莫过于人们在生活中按照某个特定时间或者某种规范所举办的或盛大隆重或简单朴素的礼仪活动。庄严的场所、神圣的音乐、合礼的服饰、虔诚的言行都会给参与者的心灵带来极大的震撼，认同感、敬重感、使命感、责任感不禁油然而生，并有助于逐渐内化为自身的道德理想和精神信仰。比如众礼之始的冠礼，是古代成人礼仪式，虽然仪式本身并不复杂，但却在人生成长的关键时期体验了"将责为人子、为人弟、为人臣、为人少者之礼"⑥，意义重大。

---

① 《论语·卫灵公》。
② 《孟子·滕文公上》。
③ 《荀子·修身》。
④ 顾炎武：《日知录集释》，岳麓书社1994年版，第468页。
⑤ 喻岳衡点校：《白居易集·策林·号令》，岳麓书社1997年版，第671页。
⑥ 《礼记·冠义》。

据《仪礼·士冠礼》记载，主人在行礼之前，要选择好举行冠礼的日子和担任加冠执礼的主宾，要在指定的宗庙中摆放好执礼时所需的器具和服装，一切准备妥当方可正式行礼。加冠分为三次，每次所加的冠的材质不同，一次比一次厚重尊贵，祝词也颇有不同，一次比一次高亢激昂，启示冠者要始终立志向上、奋发有为。然后加冠者在主宾的执礼下，到母亲处行礼，最后答谢执礼主宾赐字，礼仪到此结束。一个人行过冠礼之后，就意味着成为真正意义上的社会人，在神圣庄严的行礼过程中，自然而然生发出长大成人之感，应当遵循成年人的礼节，履行成年人的职责，担负起对家庭和社会的责任与义务。体现了成人之道的冠礼如此，其他礼仪如祭祀礼、朝聘礼、宴饮礼、射礼等也皆如此。通过这些风俗习惯，使每一个处于仪式中的人都能感同身受，从而受到感染和熏陶。

（二）知礼——学思结合以致知

在以礼修身的过程中，如果说"约礼"尚处在对习俗或规俗遵守的简单行为层面上，不足以完成个体从外在行为的习惯化遵守到内在认知的理性化探求的转变的话，那么通过理解和探求礼的内在原理与依据，达到学思结合而"知礼"是必要的，也是对以礼修身更高一个层次的必然要求。

1. 重视学习

孔子十分强调学习，并开展了详尽完备的为学论述，柳诒徵先生曾评价道："谓吾民知学自孔子始，可也。"①《论语》开宗明义即言："学而时习之，不亦说乎。"孔子"吾十有五而至于学"，平生勤学好学乐学，"学而不厌"，他评价自己敏而好学、学而不辍的精神，"十世之邑，必有忠信如丘者言，不如丘之好学也"，经常鞭策自己"学如不及，犹恐失之"②，足见孔子真正把学习作为一种习惯、一种追求、一种生活方式，并将其视为君子修身之必由之路。

需要说明的是，这里的学习，孔子是首先"把'学'字限定在接受知识的狭义范围"，"如'读书'、'学文'之类。"③ 在孔子看来，"读书"

---

① 柳诒徵：《中国文化史》，中国大百科全书出版社1988年版，第234页。
② 《论语·泰伯》。
③ 毛礼锐、邵鹤亭：《孔子教育思想论文选》（1949—1980），人民教育出版社1981年版，第55页。

和"学文"是学习过程中必经的初级阶段，如果没有一定数量"学"的积累，就无法谈及"思"和"行"。对此，孔子和子路有一段争论：

> 子路使子羔为费宰。子曰："贼夫人之子。"子路曰："有民人焉，有社稷焉，何必读书，然后为学？"子曰："是故恶夫佞者。"①

子路认为求学未必非要自读书开始，社会实践中的学习也未尝不可。孔子对此持批评否定意见，力主人非生而知之者，必须先读书学习，先"下学"，而后才能"上达"，做事才能游刃有余，并以自己切身体会："吾尝终日不食，终夜不寝，以思，无益，不如学也"②，告诫人们"思而不学则殆"③。

孔子还分别列举了"好仁""好知""好信""好直""好勇""好刚"而"不好学"之弊端，用以进一步强调学习的功能与价值。他说：

> 好仁不好学，其蔽也愚；好知不好学，其蔽也荡；好信不好学，其蔽也贼；好直不好学，其蔽也绞；好勇不好学，其蔽也乱；好刚不好学，其蔽也狂。④

孔子强调如果不能真正学习和理解"仁""知""信""直""勇""刚"等道德品质的内在含义，那么就会发生行为上的偏颇，对应体现为"愚"（受人愚弄）、"荡"（行为放荡）、"贼"（被人利用而遭祸害）、"绞"（话语尖刻）、"乱"（犯上作乱）、"狂"（狂妄自大）。与此一致的观点，孔子在《泰伯》篇中再论：

> 恭而无礼则劳，慎而无礼则葸，勇而无礼则乱，直而无礼则绞。

杨树达在《论语疏证》中说："然则二章（指《阳货》和《泰伯》

---

① 《论语·先进》。
② 《论语·卫灵公》。
③ 《论语·颜渊》。
④ 《论语·阳货》。

两篇）义实同。特彼言不好学，举其因，此章言无礼，明其果，为异耳。此知不好学者正谓不学礼也。"也就是说，如果不通过全面系统地学习，不能够真正地认知礼，那么即使践行着礼，也是徒有表面而无实质意义的礼。因为如果只是注重容貌态度的端庄就未免劳倦，只是注重谨小慎微就未免畏葸懦弱，只是敢作敢为就未免盲目闯祸，只是心直口快就未免尖刻刺人。这也是《礼记·冠仪》"凡人之所以为人者，礼义也"的含义所在。

孟子也深谙学习的价值，在其著述中多有论及，如"学不厌，智也"[1]，认为只有通过学习才能"资之深"，然后才能"取之左右逢其原"[2]，反对"一日曝之，十日寒之"，告诫人们"不专心致志，则不得之也"[3]。

荀子专作《劝学篇》，强调"学不可以已"，并提出学习要通过"闻"和"见"的方式，也就是通过感官接触的方式来完成对不同属性事物的感觉来开展学习活动，所谓"闻见之所未至，则知不能类也"[4]，"君子之学也，入乎耳，著乎心"[5]。当然，荀子这种通过感官的学习，未免会产生因感官的局限性只反映事物之一隅而无法把握其整体之现象，从而陷入"盲人摸象"的主观性和片面性的尴尬之境地，但其对学习重要性的强调和重视是不可置疑的。同时，荀子反对只思不学，他说，"吾尝终日而思矣，不如须臾之所学也"[6]，强调学习要日积月累不停息。

关于对学习的重视，《礼记·中庸》有，"好学近乎知"，等等，足见儒家重学修身之一贯教育理念。先秦儒家的"学而知之论"在某种程度上打破了"生而知之论"的藩篱，奠定了学习理论的认识论和价值论基础。在此基础上，先秦儒家又进而提出学思结合、传习结合、知行结合等教育原则。[7]

---

[1] 《孟子·公孙丑上》。
[2] 《孟子·离娄下》。
[3] 《孟子·告子上》。
[4] 《荀子·儒效》。
[5] 《荀子·劝学》。
[6] 《荀子·劝学》。
[7] 杨冰：《回眸与超越——先秦时期原创性教育思想研究》，博士学位论文，东北师范大学，2010年。

2. 重视思考

思考是渗透在学习之中或继学习之后而开展的一种思维活动，通过这种思维活动，能够把头脑中学到的既有知识进行综合、归纳、重组、演绎，进而通过高度概括和总结升华到理论层面，这是人在修身过程中必须践履的重要策略之一。

孔子认为"学"和"知"是始，是次，在"学"和"知"的基础上，必须重视思考，做到学思结合，学思并重，"学而不思则罔"，没有思考的学习是僵硬呆板的学习，没有思考的学习是收效甚微的学习。君子修身不仅要勤学、好学、乐学，还要讲究策略和方法，要有颜渊"闻一以知十"触类旁通的思考能力，要在学习的过程中做到九思，"视思明，听思聪，色思温，貌思恭，言思忠，事思敬，疑思问，忿思难"，然后才能"见得思义"①。这里主要是强调学习的主体要通过积极的思考，主动地把自己的理性思维调动起来，参与到对感性事物的认识过程当中，以确保认知的选择性和正确性。为此，孔子在教育中尤其注重启发，运用"问答式""举一反三""叩其两端"等方法，鼓励学生独立思考，耐心地引导学生自己得出正确的答案。他的学生颜回曾深有感触地说："夫子循循然善诱人。博我以文，约我以礼，欲罢不能。既竭吾才，如有所立卓尔。"② 孔子这种调动学生思考主动性，激发求知欲，对学生探究能力的保护与培养的教育方法，着实让学生在学习过程中体会到"欲罢不能""所立卓尔"的痛快之感。同时，"疑思问"，鼓励学生"不耻下问"是孔子一直着重强调并努力在教育教育中运用的重要原则和方法。能发问、会发问是独立思考的结果，思则疑，疑则问，问则解，最终使学习主体完成一个独立的、科学合理的发现问题、分析问题、解决问题闭合环式的完整学习过程。在孔子的影响之下，他的学生中有"以能问于不能，以多问于寡"③ 的颜渊，有"博学而笃志，近思而切问"④ 的子夏，可见孔子这些思想对于学生的重要影响。

孟子言："尽信书则不如无书。"⑤ 向我们介绍了一种十分精辟透脱的

---

① 《论语·颜渊》。
② 《论语·子罕》。
③ 《论语·泰伯》。
④ 《论语·子张》。
⑤ 《孟子·尽心下》。

学习方法，要求我们在学习的过程中要有善于独立思考问题、分析问题、解决问题的意识和能力。孟子还说："博学而详说之，将以反说约也。"① 意思是说，学习并非只徒博文广见，将其融会贯通才是不可省约之捷径，博学评说是手段，归于简约才是目的。

荀子也极其重视思考的作用，他说："心据中虚，以治五官，夫是之谓天君。"② 认为"天君"与相当于"性"的"天情"（指"天"赋予人的感情）和"天官"（指"天"赋予人的感觉器官）完全不同，是指人的"心"，人的"心"是思考和认识的主体。主张人性恶的荀子认为，"性"要想完成从恶到善的转变，就要接受"心"的调节，即"心"的"解蔽"，"心"的"解蔽"意味着思考的开始。为此，荀子特别强调对学生"解蔽"能力的培养。"解蔽"的前提，首先要知道什么是"蔽"，荀子认为，"欲为蔽"（心中的欲望是蔽），"恶为蔽"（心中的厌恶是蔽），"始为蔽"（只看到起始是蔽），"终为蔽"（只看到终结是蔽），"远为蔽"（只看到远处是蔽），"近为蔽"（只看到近处是蔽），"博为蔽"（博学是蔽），"浅为蔽"（浅薄是蔽），"古为蔽"（泥古不化是蔽），"今为蔽"（知今不知古也是蔽）。③ 世界上的事物都有差异，有差异就会互相成为蔽塞，这是思想方法上的通病。了解了"蔽"是什么，接下来就是如何"解蔽"，荀子认为要：

> 无欲、无恶、无始、无终、无近、无远、无博、无浅、无古、无今，兼陈万物而中悬衡焉。④

即要对事物进行全方位的分析和比较，兼陈中衡，以全面客观的思维方法来克服人的主观武断，解决人的认识的片面性问题。

《礼记·中庸》中所提到的"博学之，审问之，慎思之，明辨之，笃行之"的教育过程论，也是礼教过程中学、问、思、辨、行五个具体步骤的体现。学、问、思、辨使人知礼，接下来就要积极践礼。

---

① 《孟子·离娄下》。
② 《荀子·天论》。
③ 《荀子·解蔽》。
④ 《荀子·解蔽》。

（三）践礼——知行结合以磨砺

东汉许慎在《说文解字》中释"礼"为"履"，践礼是修身践履的落实，是检验是否真正行礼的实践标准。《荀子·礼论》载："礼之中焉能思索，谓之能虑；礼之中焉能勿易，谓之能固。能虑，能固，加好之者焉，斯圣人矣。"对礼的基本原理和内在规律的深思、领悟、把握、熟虑叫做"能虑"；对礼的践行坚定、果敢、刚毅，不迟疑叫做"能固"。也就是说，不仅要通过"知礼"来存养和提升个体德性修养的内在需求，还要通过"践礼"来磨砺和固化德性修养的笃行意志。

1. 践履躬行

"敦典崇礼，务在躬行"①，学礼、知礼的终极价值在于礼之践行。孔子、孟子、荀子都特别强调践礼的主动性和自觉性的培养，强调将根植于内心的德性与外在的德行修为结合起来，达到思想与行为的统一，通过践履完成对礼的高度认同并自觉笃行。

孔子认为以礼为教不能只用来阐述和讨论，更应该是一种可被实践和生活的洞见。因此，他给了自己一个在人世间复兴"礼"的实践使命，并强调学习与实践的不可分性，即"学而时习之，不亦说乎"。一个主体怎样把德性价值观内在化并形成道德感受，对于孔子来说，它是一个践履躬行的过程。首先，践履躬行有助于对所学知识的练习和巩固。"学而时习之""传不习乎？"的"习"即为践履躬行之表现和要求。孔子将练习、复习、温习作为教育教学过程中的重要环节之一，目的是使所学内容能够被深入理解，达到"温故而知新"的良好效果。子夏说："日知其所亡，月无忘其所能，可谓好学也已矣。"② 这似乎是在练习和复习的时间上又给出了更为具体的规定：当天及时练习，当月系统复习。这与心理学上关于遗忘曲线规律的研究成果不谋而合。应该说，将"习行"纳入教育过程是孔子教育的一个重要创举。其次，践履躬行还有助于对所学的知识进行检验和扩充。《孔子家语》中记载了一则关于孔子与做官的兄长孔蔑和弟子宓子贱的谈话内容。大意是：孔子问孔蔑为官以后，有什么所得和所失，孔蔑说由于忙于王事而无暇学习是自己的三大损失之一，孔子听了之

---

① 王阳明：《王阳明全集》，上海古籍出版社1992年版，第928页。

② 《论语·子张》。

后很不高兴。转而又以同样的问题问他的弟子宓子贱,宓子贱说以往所学已经——履而行之,"学日益明也",孔子非常高兴,赞赏宓子贱能够主动将所学与所行有机结合,在躬行中扩充学之所得。同时,孔子践履躬行的方式灵活多样,不受时间、地点、教育环境和条件的限制,从仕之中可以,席间谈话可以,游走过程中也可以,如孔子周游列国期间,与"弟子习礼大树下",都体现了教育的灵活性。

孔子还强调践履躬行相对于德性品质而言,更具有社会价值和社会意义。因此,孔子极力主张理论知识要与实际实践结合起来。《论语·子路》载:"诵诗三百,授之以政,不达使于四方,不能专对虽多,亦奚以为。"在孔子看来,如果只能够背诗诵经三百篇,却不能或者不会践履,不能独立行使职责,不能"达于四方"为社会和国家带来效益,那读的书即使再多,也不让人赞誉。可见,孔子对学以致用,知行统一重要性的认识。另外,君子还要言行相顾,言行一致,慎言多行,只言不行被视为"耻","古之言之不出,耻躬之不逮也"①。孔子曾批评宰予言语过多,做事懒惰,责备他"朽木不可雕也,粪土之墙不可圬也",赞赏颜渊"敏于事而慎于言""耻其言而过其行"。《礼记·曲礼上》也强调:"修身践言,谓之善行,行修言道,礼之质也",强调对礼节条文和圣贤言论的学习必须付诸行动,亲身实践,方可真正理解和领悟礼之本质。

孟子提出人皆有"四端",正如前面已经作过的说明,此"四端"皆为善之端。要想把善之端扩充成真正的善德就必须经过礼的践履。孟子说:"动作周旋中礼者,盛德之至也。"② 如果没有礼的践履的参与,就不可能保持善性本心,所以孟子提出要"以礼存心"。在孟子看来,"以礼存心"和"求放心"不是仅仅通过学习或者苦思冥想就能完成的,而是必须在日常生活中去践履躬行。肯于主动自觉地以本心践履躬行的人,其举手投足之间、内心追寻之迹才会合乎礼的要求。

荀子重视知礼,更重视践礼,对知行关系乃至整个学习过程的分析全面而系统。他说:

不闻不若闻之,闻之不若见之,见之不若知之,知之不若行之。

---

① 《论语·里仁》。
② 《孟子·尽心下》。

学至于行之而止矣……故闻之而不见，虽博必谬见之而不知，虽识必妄知之而不行，虽敦必困。①

在这里，荀子将"闻""见""知""行"作为一个完整的学习过程加以阐释，强调了他们之间的递进层次关系：耳闻不如目睹，目睹不如明理，明理不如躬行；听得再多，如果没有眼见，也会被谬误所干扰，眼见再多，如果没有躬行，虽然知识还算敦厚但却行不通。荀子认为学习过程是以"行"为目的和归宿的，"行"是检验是否知礼、懂礼的依据，认识只有付诸实践，具体落实到"行"上，才能表现其作用和价值，才能完成这个学习过程。需要说明的是，这里的"学至于行之而止矣"，指的是一个具体的学习任务或者学习项目的相对完成，并非字面上的实践过了学习就可以停止的意思，正如荀子所提倡的"学至乎没而后止也"，学习是无止境，无终点的。荀子在《大略》篇中还提到："夫行也者，行礼之谓也。"认为人的行为在本质上就包含着"行礼"，"行"的过程就是"礼"的实践过程。也就是说，学习了礼并不代表以礼而行，能否做到以礼而行才是检验一个人修身水平高低的重要标志。

2. 积善成德

先秦儒家认为道德品质和道德行为之间有着相互影响、相互促进的密切关系。稳定高尚的道德品质不可能一蹴而就，是长期优秀的道德行为熔铸并建构起来的。一个人要想养成高尚的道德品质，必须注重日常生活中一言一行、一时一事的积累和聚集，可谓"积善"才能"成德"。"积善"亦作"集义"，是对"善行""德行"或者"美德"的保持、培植、发扬和积聚，并不断扩充升华，巩固强化，实现由小善到大善，由小德到大德的过程。孔子强调的"见善如不及，见不善如探汤"、荀子提出的"锲而不舍"，孟子反对的"一曝十寒"，等等，都体现了"积善成德"的道理。"积善成德"既可以涵养善德，也可以防止德性退化。

孟子主张大丈夫要存养浩然之气，存养浩然之气的方法就是积善集义。他说：

敢问何谓浩然之气？……其为气也，至大至刚，以直养而无害，

---

① 《荀子·儒效》。

则塞于天地之间。其为气也，配义与道，无是，馁也。是集义所生者，非义袭而取之也。①

"浩然之气"的养成，非由只行一事偶合于义，也就是说是不可能偶尔行善就能够达到的，而是长期行善积累的必然结果。对此，孟子要求人们应该有足够的认识，如果平日不培养和积累自己的道德认识和道德行为，那么遇到事情时，就不可能做出符合道德的行为。正如明儒湛甘泉所说："集义者，如集聚百货之归也。夫敬，德之聚也。"② 人们在集义积善的基础上，还要把所积聚的德植根于心而敬之。

荀子也认为道德实践活动是提高人的精神境界的重要途径，他说：

积土成山，风雨兴焉；积水成渊，蛟龙生焉；积善成德，而神明自得，圣心备焉。故不积跬步，无以至千里；不积小流，无以成江海。

优秀道德品质的养成与"积土成山""积水成渊"的道理一样，都要经过一点一滴、天长日久积累而成。即使是先贤圣人，其高尚情操并非生而有之，而是重视行为习惯的养成，通过后天的努力和磨炼，以"积跬步以至千里"的精神积善成德。

重视善的积累是先秦儒家倡导的重要修身途径和方法。"善不积，不足以成名，恶不积，不足以灭身。"③ 在先秦儒家积善成德思想的启示下，我们除了要清晰地区别和划分善与恶的界限之外，还要做到"勿以善小而不为，勿以恶小而为之"，善恶所带来的影响和后果虽有大小，但是其性质完全不同。要在自觉修身的过程中，从为小善、去小恶，凡善必为、凡恶必祛做起。

先秦儒家尽管强调修身正己，但并不以此作为礼教践履的最终目的。相反，如果一个人把自己的完善与提升仅仅局限于一己的生活世界和精神世界，对他人和社会漠不关心，高高挂起，那么，在先秦儒家看来，他绝

---

① 《孟子·公孙丑上》。
② 《湛腺先生文集》（卷一）。
③ 《周易·系辞下》。

不是一个道德纯粹和情操高尚的人。礼教之所以有价值，即在于它有利于并造福于他人和社会，是为己利人的理性活动。礼教实践的本质在于施人，施人是正己的目的，也是检验是否真正内得于己的标准。在先秦儒家所设计的礼教实践的操作程序中，外施于人的第一个层面即为"齐家"。

二 以礼齐家：家国一体的社会存在

"家"，"居也，从宀"①，从中可以看出，家首先是一个居住的空间。在这个居住的空间里，"父母与子女，夫与妻这两种关系是家庭组织的基本轴心"。② 我们每个人都必定出生于一个特定的家庭，通常情况下，我们每个人也都要建立或终将建立一个自己的家庭。因此可以说，家庭是自然的个性个体化的首属社会群体，是社会关系的最小单位。与此同时，家庭也是社会关系的重要组织形式。有学者指出，家庭和国家是"并列为中国传统社会的两极模式"，家庭是"最小的一极"，而国家则是"最大的一极"，两者"尽管范围狭广差别很多，但在中国传统社会中却有着一种不同寻常的特殊关系"③。这一特殊关系即体现为家国同构或者家国合一，这与西方社会文化中"家"与"国"之外的"市民社会"所造成的家国分离是有着显著的结构性差异的。而联结中国传统社会家庭与国家这一特殊关系，并使得这一特殊关系得以稳固的基础和媒介，则在于先秦儒家的礼教思想。

先秦儒家认为，"礼"首先要在家庭里得到遵守，然后在多个家庭聚集所构成的家族中得到传播和发扬，或者说"通过家族，社会关系准则从家庭成员延伸到亲戚。只有'礼'被遵守时，包括双方家庭所有亲戚的'家族'才能存在。换言之，当'礼'被延伸的时候"，家族才得以形成，当"'礼'的适用范围再扩大就成了'民族'。中国人之所以成为民族，因为'礼'为全中国人民树立了社会关系准则"④。可见，家庭、家族关系是一切社会关系形成的基点和开端，它们以血缘关系为纽带同社会

---

① （汉）许慎：《说文解字》，上海古籍出版社2007年版，第42页。
② 费孝通：《江村经济》，上海人民出版社2006年版，第27—28页。
③ 岳庆平：《中国的家与国》，吉林文史出版社1990年版，第3页。
④ 邓尔麟：《钱穆与七房桥世界》，社会科学文献出版社1995年版，第7页。

关系紧密连接。因此,处理好家庭和家族关系是构建良好的社会关系的基础和前提。《礼记·大学》讲:"一家仁,一国兴仁;一家让,一国兴让;一人贪戾,一国作乱。"家庭、家族秩序的稳定与和谐同国家治理的稳定与和谐一脉相承,可谓"家道正而天下正"①。在中国古代"家天下"统治模式,以至由此产生的家国同构的社会政治与伦理关系结构中,实现社会和谐的理想离不开家庭、家族的和睦、和谐与稳定,而礼教在家庭、家族秩序的维护中至关重要。

(一) 以"孝"为基点构建家国关系

在中国古代传统社会,特别是禅让制被世袭制取代以后,天下呈现出父子相传,家国同构,家国一体的社会存在模式。在此模式下,伦理与政治紧密结合,家庭伦理成为推进国家治理的重要法宝。家庭伦理是调整家庭成员之间相互关系的行为规范和准则,家庭的稳定与和谐一直被先秦儒家所高度重视,并形成了底蕴深厚、一以贯之的家庭伦理规定。《礼记·礼运》对此提出"父子笃、兄弟睦、夫妇和"的总体家庭伦理要求,继而又提出"父慈、子孝、兄良、弟弟、夫义、妇听"的具体伦理规范。而在夫妇有别、父子有亲、长幼有序的家庭伦理关系,仁爱和谐的家族秩序中,先秦儒家尤其突出和重视"孝"这一父子血缘关系,认为"孝悌也者,其为仁之本与"②,所有的品行教化都由孝悌衍生。正如有学者指出:"中国的伦理关系是以父子关系为'主轴'而推展出去的……要维持以'父子'为主轴而展开的社会关系,乃不能不有一种价值系统加以维系,而'孝'便是儒家所提出的中心价值。"③ 同时,在以孝为本的基础上,移孝作忠,把君臣关系看作是父子关系的扩大化,以孝治天下成为先秦儒家长期秉持的伦理观念和治国之道。

1. 个人修身以孝为本

"孝"是人类血亲关系的体现,"善事父母为孝"④,"孝"主要是指子女对父母和以父母为代表的长辈的敬养,是血缘伦常之本。先秦儒家认

---

① 王通:《中说·礼乐》。
② 《论语·学而》。
③ 麻国庆:《类别中的关系:家族化的公民社会的基础——从人类学看儒学与家族社会的互动》,《文史哲》2008年第4期。
④ 《尔雅·释训》。

为，当基于血亲关系的"孝"被家庭或家族中的每一个成员所认同并自觉遵守的时候，这个家庭或家族必定呈现出和睦团结的良好秩序。同时，"孝"也是人道设教社会政治伦理规范的约定，《孝经·三才章》中把"孝"视为天经地义："夫孝，天之经也，地之义也，民之行也。天之经，而民是则之。则天之明，因地之力，以顺天下。"可见，把"孝"这一家庭伦理扩展为社会政治伦理，是先秦儒家对"孝"进行极力强调和推崇的根本目的所在，也是先秦儒家一直以来治国理政的重要理念。

先秦时期，家庭是社会生产生活的基本单位和经济主体，家庭成员中的每个个体都要依附于这个家庭。而在中国传统的家庭结构中，往往是几代人共同生活在一起的大家庭，总要涉及家庭财产的支配、家庭成员的管理、家庭事务的决策等问题，这时就需要一个人作为家庭的管理者来承担这个职责。为此，先秦儒家确立了父权的家庭伦理准则，通常情况下，辈分最高的"父"即为整个家庭的核心，具有绝对的权威，每个家庭成员都要服从于"父"的意志和支配。《礼记·曾子问》言：

> 天无二日，土无二王，家无二主，尊无二上。

《荀子·致士》亦言：

> 君者，国之隆也；父者，家之隆也。隆一而治，二而乱。自古及今，未有二隆争重而能长久者。

可以看出，在先秦时期父权至上的家庭中，"父至尊也"，"父""子"之间既是血缘亲情关系，也是管理与被管理的从属关系。作为被管理的一方，无论是基于天然的骨肉联系，还是基于身份等级差异，都首要地要求他们对"父"要执孝之心、执孝之行。这是传统家庭在自身结构上，对以"孝"为基点构建家庭关系的必然要求。

个人修身要以孝为本，并贯穿于始终。《孝经·开宗明义章》讲：

> 夫孝，德之本也，教之所由生也。……身体发肤，受之父母，不敢毁伤，孝之始也。立身行道，扬名于后世，以显父母，孝之终也。夫孝，始于事亲，中于事君，终于立身。

孝的根本和核心在于，它是一切道德的发端和本质，并发挥着以一统万的作用，即所有的道德品行均由孝行衍生而来。对人伦特别给予重视的孟子说："仁之实，事亲是也；义之实，从兄是也。"① 唐君毅认为，孟子之所以言仁义，"必在此心性之原始表现，见于吾人之生命之始生时所在之家庭，而有之孝弟之情、孝弟之德上言"②。也就是说，孟子把这种源自于家庭中对父母的孝心和遵从，以及对兄长的亲近与依靠，看成是人人都能够在现实的日常生活经验中普遍体悟和印证，而非远离和超越于现实生活，让人无所适从。因此，孟子主张以"仁""义"这两个最核心的家庭伦理概念为起点，去构建人伦思想的整体理论框架。正如朱熹所言："仁义之道，其用至广，而其实不越于事亲从兄之间。"③ 所以说，孝对于个人修身来说，要以其为始，并贯穿于人生始终。首先，要"始于事亲"，《孝经》孔安国传解释曰："自生至于三十，则以事父母，接兄弟，和亲戚，睦宗族，敬长老，信朋友为始也。"也就是说，遵守孝道，首先要在人生之起始阶段侍奉好父母，处理好家庭内部的关系，与人为睦。其次，要"中于事君"，孔传曰："四十以往，所谓中也，仕服官政，行其典谊，奉法无戴，事君之道也。"中年以后，要把孝道之家庭伦理转化为政治伦理，要把对父母之孝延伸发展为对君主的效忠。最后，要"终于立身"，孔传曰："七十老致仕，悬其所仕之车，置诸庙，永使子孙鉴而则焉，立身之终。"到了老年，要以一生的成就扬名后世、光宗耀祖，以此作为孝道之终。从侍奉父母到效忠君王再到功成名就，完成了孝的始终，人生方可谓圆满。可见，孝从家庭起始，而后发展成为国之孝，最后在更高层次上回归家庭。这种"从家到国，再从国到家的理论逻辑体现了中国传统社会宗法血缘结构下家国一体的特征"④，也使得孝道成为个体修身过程中的起点和核心。

2. 治国安邦以孝教民

先秦儒家把家庭关系作为整个社会关系的辐射中心，正如有学者指出："中国社会只有两种正式而确定的组织，那就是国与家——即国也不

---

① 《孟子·离娄上》。
② 唐君毅：《中国哲学原论——原道篇》，中国社会科学出版社 2006 年版，第 287 页。
③ 朱熹：《四书章句集注》，中华书局 1983 年版，第 103 页。
④ 邢丽芳：《先秦儒家教化及其有效性研究》，博士论文，南开大学，2004 年。

过是家的扩大。"① 国之政治原理实则为家之伦理原则。"有父子，然后有君臣"②。这种融家庭伦理道德之孝于治国之道的思想，就使得父子关系扩展到社会关系，从而发展成为君臣关系。同时，"家"和"国"的关联也就自然而然地"内在预设了'孝'与'忠'相通包容的伦理联结"③。事亲之"孝"因此被提升为治国之条目，守社稷之纲领，要求人们在遵守孝道、维系家庭基本伦理的同时，向上延伸并扩展成为"忠"，通过"移孝作忠"，完成忠孝内化的人格培养目标，这是先秦儒家所设计的政治伦理思想的基本理路。

为了实现这一政治教化思想，先秦儒家主张治国安邦首先要以"孝"教民。具体来说，要通过对存在于社会中的各个阶层，即天子、诸侯、卿大夫、士、庶人五个阶层来实施"五等之孝"。首先，对于天子来说，履行孝道是替天行道，以治万民，要"爱敬尽于事亲，而德教加于百姓，刑于四海，盖天子之孝也"④。也就是说，天子要以身作则地行孝悌之道和君臣之礼，成为民众行孝和忠君的表率和典范，然后才能以"孝"化民，引导广大民众行孝道。其次，对于诸侯、卿大夫和士来说，则是要体悟和领会为官之道。诸侯在先秦时期是指由天子分封的国君，作为列国之君，天子之臣，诸侯要"在上不骄，高而不危；制节谨度，满而不溢。高而不危，所以长守贵也；满而不溢，所以长守富也。富贵不离其身，然后能保其社稷，而和其民人，盖诸侯之孝也"⑤。先秦儒家借"孝"之名告诫那些身在贵位的诸侯要奉天子之命，做到"在上不骄""满而不溢"，鞠躬尽瘁，通过自己行孝，"制节谨度"，来推行仁政"保其社稷，和其人民"。卿大夫的地位仅次于诸侯，主要负责执行国家的具体政令，发挥着上传下达、沟通国家和百姓的桥梁纽带作用。《孝经》中规定："非先王之法服，不敢服；非先王之法言不敢道；非先王之德行，不敢行。是故，非法不言，非道不行；口无择言，身无择行；言满天下无怨恶。三者

---

① 李安宅：《〈仪礼〉与〈礼记〉之社会学的研究》，上海人民出版社2005年版，第55页。

② 《易经·系辞上》。

③ 沈毅：《"家""国"关联的历史社会学分析——兼论"差序格局"的宏观建构》，《社会学研究》2008年第6期。

④ 《孝经·天子章》。

⑤ 《孝经·诸侯章》。

备矣，然后能守其宗庙，盖卿大夫之孝也。"① 可见，卿大夫之孝在于"守其宗庙"。为此，卿大夫要在着装、言论和行为上严格要求自己，遵守为臣之道，如实传达和执行天子的政令，及时准确地反映民情，为维护国家秩序的稳定做出自己的贡献。士是流动性较大的为官群体，《孝经》规定："资于事父以事母而爱同，资于事父以事君而敬同。故母取其爱，而君取其敬，兼之者，父也。故以孝事君则忠，以敬事长则顺。忠顺不失，以事其上，然后能保其禄位而守其祭祀，盖士之孝也。"② 儒家主张为士要"择主而侍"，要恪守士之孝，将对父母的孝顺之心转而成为对天子的忠孝之心，鞠躬尽瘁，为国效力，履职尽责，如此才能够保全自己的禄位，才能使父母有所养，做到"生，视之以礼；死，葬之以礼，祭之以礼"。最后，对于普天下的庶人来说，要做到"用天之道，分地之利，谨身节用，以养父母，此庶人之孝也"③。即要求平民百姓要利用春生、夏长、秋收、冬藏，以及所处的地理条件等自然规律和客观规律来开展农业生产，不辍耕作，辛勤节俭，积富养家，以赡养自己的父母。

以上"五等之孝"，"自天子至于庶人，孝无终始"④，使得不同阶层的人都能够恪尽职守，各安其位，从而建构了一整套严密的、自上而下的教化体系和实施路径，即："君子之教以孝也，非家至而日见之也。教以孝，所以敬天下之为人父者也。教以悌，所以敬天下之为人兄者也。教以臣，所以敬天下之为人君者也。"⑤ 也就是说，孝以修齐家庭为出发点，其内涵不断地被逐步延伸和扩展，最终完成了从敬自己的父母，到敬天下之为人父者，再到敬天下之为人君的"移孝作忠"的完整过程。这个过程把政治上对天子之忠效内化为天性自然而非外力强制的自觉，体现了孝道伦理与政治伦理的有效结合，是先秦儒家实现其政治理想的必由之路。

(二) 以"和"为原则维护家国秩序

中国古代社会进入文明社会的路径，与西方其他国家，如古希腊、古罗马有所不同。古希腊、古罗马是一种贵族君主制的城邦文明，而古代中

---

① 《孝经·卿大夫章》。
② 《孝经·士章》。
③ 《孝经·庶人章》。
④ 《孝经·庶人章》。
⑤ 《孝经·广至德章》。

国则是在血缘家族的基础上建立起来的。邓尔麟在《钱穆与七房桥世界》中也说:"中国文化有一个西方文化没有的概念,那就是'族'。"① 按照《说文解字》的解释:"族,矢锋也,束之族族也",许多家庭聚集在一起即为家族。家族构成要素主要有三:一是必须由一个男性祖先的子孙组成,并且以男系计算血缘关系;二是必须有一定的规范和办法,作为处理族众之间关系的准则;三是必须有一定的组织系统,以领导族众开展活动,并负责管理家族公共事务。② 从中可以看出,家族是一种以家庭关系为基础,以血缘关系为纽带,结合而成的特殊的社会组织形式。需要说明的是,中国古代社会还有一个与"家族"相联系的概念,即"宗族"。《白虎通·宗族》说:"宗者,尊也。为先祖主者,宗人之所尊也。"宗,即为先祖,而在尊宗敬祖、崇尚男权的中国古代,先祖无疑指的是男性祖先,这与上述家族的构成要素恰好相契合。基于此,我们这里的研究,只以"家族"这一概念来展开叙述。

在对中国古代社会是在血缘家族的基础上建立起来这一基本认识的前提下,家族之于社会,就好像水之分流,木之分枝,虽然各有其势,各具其形,但却是血脉相通、本源一致的。只要家家都能够上尊天命之性,下敬宗祖,尊卑有等,群分和谐,那么混合在家族秩序当中的国家秩序就自然而然地得以确立起来。正如有学者指出:"家国关联的实质内涵应当是族权与王权二者之间的连带,二者之间的紧张与衔接可能正决定了传统中国社会结构动荡及稳定的基本走向。"③ 因此,在先秦儒家看来,"家和"是"天下和"的基础和前提,以家族亲缘关系为基础来实现"家和",以亲缘关系的扩展来实现"天下和",从而维护中国文化历史上"家国一体"的社会秩序,是先秦儒家的一贯主张。

1. 以群分和谐的家族亲缘关系实现"家和"

在中国传统社会,人们生产和生活的基础是以家庭或家族为单位的"群",而非个体。"族者,凑也,聚也,谓恩爱相流凑也。生相亲爱,死相哀痛,有聚会之道,故谓之族。"④ 家族作为中国古代传统社会的基本

---

① 邓尔麟:《钱穆与七房桥世界》,社会科学文献出版社1995年版,第7页。
② 徐扬杰:《中国家族制度史》,人民出版社1992年版,第4页。
③ 沈毅:《"家""国"关联的历史社会学分析——兼论"差序格局"的宏观建构》,《社会学研究》2008年第6期。
④ 《白虎通·宗族》。

组织单元,家族秩序就成为中国古代传统社会基本的、典型的政治结构,它不仅是一种现实存在和社会存在,更是作为一种意识形态而存在。荀子说:"人力不若牛,走不若马,而牛马为用,何也曰人能群,彼不能群也。"① 是说虽然人的力气不如牛,奔跑不如马,但牛和马却被人役使,为什么呢?是因为人能结合成社会群体,而牛和马不能结合成社会群体。人又何以能结合成社会群体呢?荀子继续回答说:"人何以能群曰分。分何以能行曰义。故义以分则和,和则一,一则多力,多力则强,强则胜物。"② 人之所以能结合成社会群体,是因为有等级名分。等级名分之所以能够实行,是因为有伦理道德和礼法制度。因此,根据伦理道德和礼法制度确定的名分,使人们能够和睦协调;和睦协调,就有利于团结一致;团结一致,就有力量;力量大了,就能强盛;强盛了,就能战胜外物。"故人之生不能无群,群而无分则争,争则乱,乱则离,离则弱,弱则不能胜物。"③ 所以说,通过伦理道德和礼法制度而建立起来的群而相宜、分而有序的家族亲缘关系是促进家庭或家族和谐的重要途径。

首先,"家和"体现在群而相宜。由于人的社会性存在,使得人与人之间必然要有沟通和交流,其结果则是"群"的生成。人的生存与发展都将在"群"中得以实现,所谓"人之生不能无群"④。每个人都必将以"群"成员的身份,参与"群"的建设和发展,而每个人的原始"群"必定是其所在的家庭或家族。个人必须首先依附于他所处的家庭或家族,家庭或家族是由其成员构成的一个最原初的小群体。作为家庭或家族中的每一个成员,都在这个家庭或家族中居于一定的位次,发挥着一定的价值。如恩格斯所言:"父亲、子女、兄弟、姐妹等称谓,并不是简单的荣誉称号,而是一种负有完全确定的、异常郑重的相互义务的称呼,这些义务的总和便构成这些民族的社会制度的实质部分。"⑤ 正因为所有家族成员权利的合理行使和义务的正确履行,便构成这个家族团结一致、和睦协调、发展壮大的前提条件。

先秦儒家十分强调以群体为本位的和谐。因此,中国人更习惯于把自

---

① 《荀子·王制》。
② 《荀子·王制》。
③ 《荀子·王制》。
④ 《荀子·富国》。
⑤ 马克思、恩格斯:《马克思恩格斯选集》(第4卷),人民出版社2006年版,第24页。

己看成是处于群体关系中的一个分子或者一个角色,而不是一个孤立的个体。从而,作为群体所属关系的派生物,则把自己的命运同这个所属的群体命运密切结合起来,并把仁义、包容、和谐、义务、贡献之类的伦理道德自觉有意识地纳入到群体的规则中去,并固化为该家族的规范、价值和信仰。这使得每个家族成员在其成长和发展的过程中,必定会潜移默化地汲取和领会家族的归属感、道德感、责任感和义务感,从而将其转化并内化为自我人格结构当中。毋庸置疑,这一过程有利于赋予家族成员群体生活更多的积极意义,进而使得家族群体获得进一步的协调与和谐。

其次,"家和"体现在分而有序。"群"作为社会性组织形式,是人赖以生存和发展的基础。但是,"群"并不是社会中每个个体的简单叠加,而必须通过对群中的每个个体所体现的角色定位和角色分工才能得以实现。也就是说,人之所以能够组成"群",则在于"分",即在于人是否讲求礼义。荀子说:"故先王案为之制礼义以分之,使有贵贱之等,长幼之差,知愚能不能之分,皆使人载其事而各得其宜,然后使悫禄多少厚薄之称。"① 荀子认为,"群"虽然是人的本性,但还不足以构成社会,构成社会的关键是"分",有"分"才有最基本的社会秩序,"无分者人之大害也,有分者天下之大利也"②。"分"对于家族关系的和谐与否亦然。家族成员按照"礼"的规范与制约,通过在家族内部的自我定"分",从而摆脱蒙昧和野蛮的自在状态,结成文明和进步的自觉状态的家庭组织形式,如《周易·序卦》所表述的那样:"有天地然后有万物,有万物然后有男女,有男女然后有夫妇,有夫妇然后有父子,有父子然后有君臣,有君臣然后有上下,有上下然后礼义有所措。"因此,要消除家族纷争,从而促进彝伦攸叙,"莫若明分使群矣",也只有通过"明分"才能够"使群"。

2. 以亲缘关系的扩展实现"天下和"

先秦儒家极其重视亲缘关系,中国古代家国同构的特点决定了家族亲缘关系外延的无限扩大,即为社会、国家乃至于天下的人与人之间的关系。正如社会学家金耀基先生在其《从传统到现代》一书中所指出的那样:"中国的家,乃不止指居同一屋顶下的成员而言,它还可横的扩及到

---

① 《荀子·荣辱》。
② 《荀子·富国》。

家族、宗族、而至氏族；纵的上通祖先，下及子孙，故中国的家是一延展的、多面的、巨型的家。"①也就是说，对于中国而言，家族的观念已经渗透到社会生活的每个角落，家族的理念已经超越家族的范围，逐步扩展到社会、团体和组织之中，进而将这些团体、组织及整个社会家族化，演变为一种家族社会观。毛泽东在《湖南农民运动考察报告》中，将"族权""政权"和"神权"三者，并称为传统中国的三大统治支柱②，从中可见中国"家族"的观念意识、结构组织在社会政权结构中的重要地位。先秦儒家礼教理论的重要核心之一，就在于它能够把家族伦理关系加以推广，使其超越于家庭或家族之外，构建新的社会模式和人际关系，同时也能够把家族伦理系统化、规范化，从而推行建构社会关系的基本方案。

中国古代传统社会，小农业与小手工业在家庭或家族内部较为普遍和充分的结合，因此赋予了家庭或家族比较完整意义上的社会功能，从而使得血缘或亲缘关系与生产关系不可避免地交融交织在一起，同时，由生产关系所决定的社会关系也必然存续于血缘或亲缘关系当中。以家族亲缘关系实现的"家和"，提供了家族成员中的个体与其家族成员关系的基本模式，按此模式，又将其家族关系扩展到人与人相互交往的一切社会关系之中。也就是说，家族亲缘关系把每个个体都统一到社会整体的环境中。因此，中国人已经"习惯于从关系中去体认一切"，他们作为其所属关系的派生物，"具有群体生存需要、有伦理道德自觉的互动个体"③，他们会将自己的命运与群体的命运紧密相连。先秦儒家正是借助于亲缘关系能够扩展成其为社会关系这一有力途径，才将以家族亲缘关系实现的"家和"引申为以亲缘关系的扩展，从而实现"天下和"。

当然，先秦儒家的"和"，在伦理道德情感方面，可以指"和睦""和敬""和亲""和顺"等人与人之间关系上的一种状态和面貌。然而更为重要，或者说在更为深层次上，则指那些通过社会或国家制度上的设计和约束，从而使人际伦理道德关系所能够达到的一种和谐状态。这种状态是一个社会、国家或民族在制度设计和安排上的应有之义，即所谓

---

① 金耀基：《从传统到现代》，中国人民大学出版社1999年版，第24页。
② 参见毛泽东《湖南农民运动考察报告》，载《毛泽东选集》（第一卷），人民出版社1991年版，第31页。
③ 参见庞朴《中国文化的人文主义精神》，《光明日报》1986年1月6日。

"和是礼中所有"。在先秦儒家看来，"礼"即作为一种制度上的设计和安排，蕴含着深邃的伦理智慧，在构建和谐社会中发挥着结构性功能，保障着社会成员能够各安其位、各尽其职、各得其所，如朱熹所言，"各得其利，便是和"，"各得其宜，则其和也孰大于是"，让每一位社会成员都能够体会到出爱者爱返，福往者福归，于是，《中庸》所说的"和也者，天下之达道也"的理想目标也就实现了。这一方面反映了"和谐有序"的阶级实质，另一方面也体现了中国古代礼治贵在"和谐"的历史特点。

当然，由于历史局限，儒家关于男尊女卑、贵贱等级方面的论述确有不当之处，但通过父子、兄弟、夫妇伦理思想的教化，实现家庭秩序乃至社会秩序的和谐还是具有一定积极意义的。

三 以礼治国平天下：德礼同原的建构模式

"治国"和"平天下"是《礼记·大学》中与"修身""齐家"相提并论的四个逻辑关系中的两个层次，"什么是国"，"什么是天下"，两者的内涵和界限体现在哪里？吕文郁师在《周代的采邑制度》一书中谈道：

> 在春秋时代以前，用来表示国家这一概念的词汇没有或很少有等级色彩。无论是王朝、盟主，还是诸侯、方国，都可以用邦、国、家、邑来称呼。正如王国维所说："自殷以前，天子诸侯君臣之分未定也，周初亦然。"因此，反映当时国家政权的概念也就没有等级差别。周公"制礼作乐"以后，在制度上开始强调等级名分，王朝与诸侯国有了君臣上下之分。制度的变革必定使沿用已久的某些概念逐步产生某些变化。这一变化的总趋势是使本来没有等级色彩的概念逐步"等级化"，变成专门称呼某一级国家政权的概念。如"天下"成了周王朝统治区域的代称。"邦""国"则逐渐用来专门称呼诸侯国。"都""邑""家"等概念则专门用来称呼卿大夫的采邑。①

从中可以看出，发展到春秋时代，从王朝到诸侯再到都、邑、家，这些概念已经完成了"等级化"的演变，具有与其相应区域范围的性质，

---

① 吕文郁师：《周代的采邑制度》，社会科学文献出版社2006年版，第177页。

并呈现出——对应的关系,即天子之王朝、诸侯之邦国和卿大夫之都、邑、家。"周公践天子之位,以治天下"①,"天下""国"和"家"则分别指的是周天子、诸侯和卿大夫所统治的区域范围。从这个意义上讲,"天下"与"国"只是在地理区域范围和等级上存在着差异,并无实质性区别。匡亚明先生曾经在其《孔子评传》一书中,认为"治国"和"平天下"作为两个层次的界限不是很分明,从而将"治国平天下"作为一个层次来阐述。②基于以上种种,在这里,我们也将"治国平天下"作为一个层次来论及。

先秦儒家主张把礼作为治国的根本和为政的前提,以礼为规范法则构建有序的社会运行机制。孔子提出"礼之用,和为贵"③,"能以礼让为国乎?何有?不能以礼让为国,如礼何"④,荀子则将礼的重要性提高到了关系国家命运的高度,指出"人之命在天,国之命在礼"⑤,"国无礼则不正。礼之所以正国也,譬之犹衡之于轻重也,犹绳墨之于曲直也,犹规矩之于方圆也"⑥。可见,先秦儒家实现"以礼治国平天下"之道有多种提法,概而言之,途径有五。

(一) 人性向善的道德涵育

人人皆有向善的愿望和追求,人人皆有通过培养和教育趋向于善的可

---

① 《礼记·明堂位》。
② 匡亚明在其代表作《孔子评传》中指出:"治国"和"平天下"是界限并不分明的两个层次。他说:孔子对于已经和将要从政的士、君子的修养提出了三个不同层次的要求,这就是……三句话,第一句是"修己以敬",第二句是"修己以安人",第三句是"修己以安百姓"。这三句话就其含义讲,第一句指的是"修身",第二句指的是'齐家',第三句指的是"治国平天下"。程树德《论语集释·宪问》引《刘氏正义》中语:"修己者修身也……安人者齐家也,安百姓则治国平天下也。"相传西汉初年儒生根据曾子所传而辑成的《大学》一书,把修身、齐家、治国、平天下作为为政的四个层次,看来很可能是从孔子的"修己以敬""修己以安人""修己以安百姓"这三句话引申而来的,但把"修己以安百姓"分为"治国""平天下"两个层次。由于"治国"和"平天下"作为两个层次界限不很分明,故本书仍按原意分为"修身""齐家""治国平天下"三个层次。(参见匡亚明《孔子评传》,南京大学出版社 1990 年版,第165—166 页。)
③ 《论语·学而》。
④ 《论语·里仁》。
⑤ 《荀子·天论》。
⑥ 《荀子·王霸》。

能和必然，是先秦儒家礼教得以实施的基本前提。在此前提下，先秦儒家继而构建了一个相对完整、系统的学校道德教育模式，最大限度地发挥人性向善的涵育作用，以实现其化民成俗、移风易俗，从而维护国家长治久安的政治需求。

1. 人皆向善的理论预设

先秦儒家孔子、孟子、荀子，以及在《礼记》中都有关于人性问题的探讨，虽然角度不同，提法各异，甚至有孟子"性善论"和荀子"性恶论"在"善"与"恶"文字意义上的完全相对。但是这里，我们暂且不谈他们对人性善恶的认知问题，只就人性的培养与教育问题来看，他们所论之人性却有相通之处，那就是对人性善恶发展最终取决于后天教育的高度认同。具体来说，从受教育者这一主体来看，人人皆有向善的愿望和追求；从君主实现治国平天下这一统治需求来看，人人皆有通过培养和教育趋向于善的可能和必然。这是先秦儒家礼教得以实施的基本前提和理论预设。

孔子"言性与天道，不可得而闻也"①。钱穆先生说："《论语》唯本章（指《阳货》篇）言及性字，而仅言其相近。"② 虽然孔子很少谈及人性的问题，但是"性相近也，习相远也"却是我们众所周知的著名论断。实际上，孔子在这个著名论断中所言之"性"并未讲善恶，而是与"习"相对，认为人的天性都是相近的，导致相远的是后天的"习"。这与《郭店简·性自命出》中"养性者，习也"，"习也者，有以习其性也"所言之"习"字之意相同。孔子"习相远"中的"远"可以理解为相差得很远，也可以理解为善与恶的天壤之别，孔子强化的是经过"习"之后，人的性就有善恶之分了。也如《郭店简·性自命出》云：

> 凡人虽有性，心无定志，待物而后作，待悦而后行，待习而后定。

就是说，人性之善恶是教育和习化的结果。

在先秦儒家人性论问题上，最著名的要首推孟子性善论与荀子性恶论

---

① 《论语·公冶长》。
② 钱穆：《论语新解》，生活·读书·新知三联书店2002年版，第444页。

之争。

孟子在《滕文公上》言："道性善，言必称尧舜"，明确提出了"性善"一词，继而又强调人人皆有"恻隐之心""羞恶之心""恭敬之心"和"是非之心"，人之所以为人的特质，就表现在与仁、义、礼、智"四端"相对应的"四心"之上。孟子主张的性善论，其人性所侧重的是人"心"，人性之善的关键在于向善之心，而不是人性本善。"人之异于禽兽者几希"①，孟子认为，人与动物的本质差别并不是很大，主要在于人具有精神性，有其精神世界和精神生活，或者说人具有向善之心和向善的动机与可能。"人之学者，其性善"，在学习中培养向善之心，以及如何将"四端之心"扩而充之，或许才是孟子真正关注的问题。

与此相对，荀子在多次阐述其性恶主张时，其人性所侧重的则是人的"性"本身，他说：

> 凡性者，天之就也，不可学，不可事。②
> 生之所以然者，谓之性。之初所生，精合感应，不事而自然，谓之性。③

荀子这里理解的人性，是作为认识对象的人的自然本性，是说人与生俱来的本能行为中并没有礼义，从这个意义上来说，荀子认为人性是恶的。但转而荀子又谈道：

> 礼义者，圣人之所生也；人之所学而能，所事而成也。不可学，不可事而在天者，谓之性；可学而能，可事而成之在人者谓之伪，是性伪之分也。④

从中可见，荀子所说的性恶并不以对人性的认知为最终目的，而是为了给人性修养和道德行为的训练提供基础前提和理论支撑，为了强调礼义

---

① 《孟子·离娄下》。
② 《荀子·性恶》。
③ 《荀子·正名》。
④ 《荀子·性恶》。

教化的必要性和重要性，其最终目的在于"化性起伪"。

张岱年先生对孟子和荀子所言之"性"的相异之处有一段精辟的论述：

> 孟子所谓性，与荀子所谓性，实非一事。孟子所注重的，是性须扩充；荀子所注重的，是性须改造。虽然一主性善，一主性恶，其实亦并非完全相反。究竟言之，两说未始不可以相容……①

至于两者相容之处，以及如何相容，书中并未作交代，倒是可以从蒋伯潜先生的言论中有所领悟，他说：

> 孟子所谓"性"，仅指人之所以异于禽兽之"性"；荀子所谓"性"，则兼包人与禽兽同具之"性"。

按此说法，孟子所言之人性可以理解为它不包括人的自然属性，更强调人的社会属性；而荀子所言之人性是自然属性和社会属性的统一，自然性是人性之本，是人的本"性"，因此要对本"性"予以"伪"和"化"，从而成就人的社会性。需要强调的是，虽然孟、荀两人所言之性相异，但都是基于对人性的培养和教育的重要性问题而展开的讨论，其根本目的都是为人的向善之心的涵育的现实性提供理论根据。在这一点上，我们认为，孟子和荀子的人性论也有相容相通之处。

《礼记》中也有很多关于人性向善的论述，如《中庸》开篇即云：

> 天命之谓性，率性之谓道，修道之谓教。

郑玄注："天命，谓天所命生人者也，是谓性命。……率，循也。循性行之之谓道。修，治也。治而广之，人仿效之，是曰教。"② 强调人之性源自于天，但人的自然天性在后天的生活环境中不可避免地会积淀一定

---

① 张岱年：《中国哲学大纲》，中国社会科学出版社1982年版，第192页。
② 郑玄注，孔颖达正义，吕友仁整理：《礼记正义》，上海古籍出版社2008年版，第1987页。

的社会性，率性为善则性善，率性为恶则性恶。因此，为了循其性之自然，使人的思想和行为合于天道（自然规律）和人道（社会法则）规范和法则，就要施"教"。至此，自"性"而"道"，自"道"而"教"，性—道—教形成一体的、连贯的教育机制。"性"是"教"的本原，是"教"得以发生和存在的基础与前提；"道"是"教"的规律，是"教"得以开展和实施的原则与途径；有了"性"和"道"，使得以"礼"为教育内容的"教"最终得以实现。① 这同样也是在对"人性向善"这一基本理论前提高度认同的基础上所论证的符合逻辑的教育命题。

2. 人性向善的涵育路径

在人性皆善理论预设的前提下，先秦儒家特别重视和强调教育在国家政治生活和社会生活中的地位和作用。《礼记·学记》云：

> 君子如欲化民成俗，其必由学乎！……是故古之王者建国君民，教学为先。

教育于个体可以安身立命、创业齐家，于国家则是"化民成俗"、和谐稳定的必要条件。康有为在《请开学校折》中曾呼吁："今天下之治之不举，由教学之不修也。欲任天下之事，一开中国之新世界，莫亟于教育。"社会治乱的根本在于人心。治国安民，第一要务就是推行德性教化。推行德性教化，最重要的手段和途径莫过于学校教育。《孟子·滕文公上》云：

> 设为庠序学校以教之。庠者，养也；校者，教也；序者，射也。夏曰校，殷曰序，周曰庠；学则三代共之，皆所以明人伦也。

"庠""序""校"是不同的历史时期对学校教育的不同称谓，虽然称谓不同，但其皆以"明人伦"为最终目的。《荀子·大略》亦云：

> 不教无以理民性。……立大学，设庠序，修六礼，明七教，所以

---

① 参见王凌皓、王晶《先秦儒家礼教思想的历史定位及现代镜鉴》，《社会科学战线》2015 年第 4 期。

道之也。

荀子也主张设立学校，并以六礼、七教为庠序之教的具体内容，这与孟子"明人伦"之教意合相通。《礼记·学记》则以托古改制的方式，从制度上设立了较为完备的从地方到中央的学制系统：

> 古之教者，家有塾，党有庠，术有序，国有学。[1]

"家""党""术""国"是从地方到中央的行政区划，"塾""庠""序""学"则是对应设在"家""党""术""国"的学校。这样就使得不同的地方行政机构中建立了不同等级的学校，从而形成了纵横交错的教育网络和教育体系。统治者借助于这个相对完整的教育体系，发展社会教化，提高全体国民的文化素养和道德自觉，以达到百姓遵守社会秩序，化民成俗的目的。

《学记》还对学年编制给予了完整的设计。具体来说：

> 一年，视离经辨志；三年，视敬业乐群；五年，视博习亲师；七年，视论学取友；谓之小成。九年，视知类通达，强立而不反，谓之大成。夫然后足以化民易俗，近者说服而远者怀之，此大学之道也。

把大学教育年限分成了"小成"和"大成"两个阶段，共9年时限。其中，"小成"阶段学习年限为7年，"大成"阶段学习年限为2年。各个阶段的教学任务和学习目标也都有明确规定：第一年"视离经辨志"，孔颖达注疏："离经，谓离析经理，使章句断绝也。辨志，谓辨其志意趣向，习学何经矣。"主要考察的是思想德性方面是否明确了高远的目标和志向；第三年"视敬业乐群"，孔颖达注疏："敬业，谓艺业长者敬而亲之；乐群，谓群居朋友善者愿而乐之。"主要考察的是学习态度方面是否端正、认真、专心，同学之间的关系相处得是否和友好、融洽、互助；第五年"视博习亲师"，主要考察的是学识阅历方面是否涉猎广博，是否对自己的老师尊而敬之；第七年"视论学取友"，主要考察的是学术上是否

---

[1] 《礼记·学记》。

有独立见解，是否能够与德行学问皆好的人为友，如果可以就谓之以小成；第九年"视知类通达，强立而不反"，主要考察的是学术上能否举一反三、融会贯通，志向上能否坚如磐石不动摇，如果可以，那么就可以称之为大成。

视学和考试制度也是《学记》中论述的重要教育管理思想：

> 大学始教，皮弁祭菜，示敬道也。宵雅肄三，官其始也。入学鼓箧，孙其业也。夏楚二物，收其威也。未卜禘，不视学。

可见，先秦时期就十分重视入学教育，在开学这一天，天子要亲自率领文武百官到学宫参加开学典礼，并通过祭祀至圣先师，来表达尊师重道之意。学生则要吟诵《诗经》中体现君臣和睦的诗歌，如《小雅·鹿鸣》《小雅·四牡》《小雅·皇皇者华》等，以树立"学而优则仕"的远大理想。学业训诫仪式相当严肃，学生必须按照鼓声开箱取出学习用品，教师上课之前要展示戒尺，以维持整齐严肃的秩序。在学习过程中，学生每隔一年要接受一次考察，这相当于我们今天的考试制度。

《礼记·中庸》还系统地论述了为学之序，即"博学之，审问之，慎思之，明辨之，笃行之"。即学习要遵循以下五个步骤：首先要把基础知识掌握扎实，拥有良好的知识背景，然后才有可能发现问题、提出问题、解决问题，要通过慎重、仔细地思考，综合分析理解，要通过明辨是非，分清善恶美丑，最终实现并完成由知到行的质的转变，力行践履。

总之，先秦儒家构建了一个相对完整、系统的学校教育体制，最大限度地发挥人性向善的涵育作用，以实现其化民成俗、移风易俗，确保国家长治久安的政治需求。

（二）德化政治的思想感召

道德感召力与政治控制力的完美结合是先秦儒家政治文化的一大特色，正如有学者指出："政治权力的运作在很大程度上依赖于道德的优先性，依赖于道德体系对权力结构作出合理性的解释和认同。"[①] 德化政治

---

① 转引自沈锦发《先秦儒家"圣王原理"探析——兼论先秦儒家政治与道德的关系》，《南昌大学学报》（人文社会科学版）2010年第3期。

正是先秦儒家依赖于道德元素建构起来，并经过实践检验和证明，能够使得政治权力得以道德化辩护并获得社会民众普遍认同的一种治国方略和理政方策思想。从周文王提出的德化政治的思想原型——"敬德保民"，到孔子提出的德化政治的知识论基础——"为政以德"，到孟子德化政治的"仁政"举措，再到荀子德化政治的"王道"理想，无不体现了道德为政治服务，政治依赖于道德的密切关系。以道德为政治，统摄政治于道德，成为先秦儒家德化政治的基本遵循，并奠定了中国传统千百年来国家政治形态的基本模式。

1. 德化政治何以选择

先秦时期，正值诸侯蜂起、礼义失序、"天下无道"之时，原有政治模式已经无法有效整合社会政治秩序，无法获得人们的普遍认同与服从，政治统治摇摇欲坠。纵观古今，"任何时代的政治统治都必须为自己的统治正当性提供理由，从而获得政治统治的基本尊严"[1]。致力于恢复"天下有道"的社会秩序，主张"为国以礼"的先秦儒家对这一政治出路问题给予深切关注，并积极主动地担当起这一历史使命。

面对如何建构政治统治方式，以确保统治者统治的正当性，解决人民对政治权力的认同和服从的问题，先秦儒家将其提升到政治哲学的高度和伦理道德的维度来思考。他们认为"天下无道""礼乐征伐自诸侯出""民免而无耻"都是因为人心内在道德的与日沦丧和对周代以来伦理规范的恣意践踏所造成的。因此，提高人的内在道德自觉，凸显原有伦理规范，对民施以道德教化，依靠道德作为政治保证的统治路径就具有一种天然的合理性。先秦儒家认为，只有基于内心的道德自觉才能够促使统治者以仁心行仁政，"上好礼，则民易使也"[2]，对于民众来说，良好的道德才能够使"民自化"，"有耻且格"。而"君君、臣臣、父父、子子、夫夫、妻妻、兄兄、弟弟、朋朋、友友"的伦理秩序作为道德规范下的人际关系准则，则是社会政治秩序的基本保障。如此政治统治才会被民众所接受、认同和服从，政治统治危机也就得以化解、不复存在。由此可以看出，先秦儒家提倡的彰显人心和仁心的政治价值所在，即为儒家建立政治

---

[1] 任剑涛：《道德与中国传统政治的合法性》，《华中师范大学学报》（人文社会科学版）2005年第1期。

[2] 《论语·宪问》。

统治正当性的德化主旨，这也是儒家所以能够在政治统治正当性问题上成功主导中国传统政治模式的原因所在。

2. 德化政治何以实施

政治统治能否获得民众足够的支持，并心甘情愿、心悦诚服地遵从，依赖于统治者对政治制度和行政方式所作出的选择是否适当。先秦儒家不仅为德化政治这一统治路径的选择提供了理论依据，还为统治者如何实施德化政治提供了现实实践的具体措施。

第一，统治者要先正其身以为民之榜样，实现道德榜样与政治权威合而为一的魅力型统治。纵观历史，我们不难发现，人们对于那些德性高尚、英明伟大的统治者总是推崇至极，而对于那些德性不高、昏庸残暴的统治者总是唾弃不已。统治者良好的政治素养和个人修为是国家统治的关键要素，社会民众总是愿意把自己的命运交由伟大的统治者，期盼着他们能够把自己带入美好的生活世界和精神世界。因此，统治者自身良好的道德修养和政治素养无疑能够帮助统治者树立起自己的政治权威，既获得了民众的广大认同，也建构了政治统治正当性的民意基础。因此，统治者要对通过修己正身来为民众树立道德榜样，进而树立自己的政治权威，给予足够的关注和重视。"政者，正也。子帅以正，孰敢不正"，只有统治者率先正其身，民众才能追随、效仿正其身。所以，君主应该为全能的化身和最高的道德榜样而努力："君者元也，君者原也，君者权也，君者温也，君者群也。"[1] 以此，"其身正，不令而行；其身不正，虽令不从"[2] 的德化政治关系结构也就自然而然地表现出来。

第二，统治者要以"民为邦本"为政治基础，实现富民裕民与政治权力合而为一的民本型统治。政治的价值根源在于仁德。在孔子看来，德治就是要遵循仁德的原则，贯彻爱人的思想，"为政以德"。政治的行政基础在于以民为本，要实现德治礼序的政治运作，必须以"足食""足兵"为前提，讲究利用和厚生，讲究道德关怀，以其"生民意、保民生、得民心的倾向，与封建专制的政治体制相制衡"[3]，使民本的道德温情确

---

[1] 《春秋繁露·深察名号》。

[2] 《论语·颜渊》。

[3] 诸凤娟：《古代民本思想的当代价值探析》，《北京大学学报》（哲学社会科学版）2012年第1期。

保政治权力的顺利实施。事实上，在先秦时期，民本思想作为"儒家治国思想的核心价值"①，已经成为当时社会开明统治者的普遍共识，"民之所欲，天必从之"②"天视自我民视，天听自我民听"③"民可载舟，亦可覆舟"时刻提醒统治者在对待百姓的利益问题上，要先义而后利，要通过"制民之产"使其生活没有衣食之忧。以民为本的政治主张，"一是向上论证了帝制的政治制度和社会法则，保证了统治阶级的各种特权，并使君主得以以民众利益代言人的名义实行统治；二是向下可为广大臣民提供一定限度的利益和权利的保障"，这使得君为政本与民为邦本两者之间不再对立而相互协调、相得益彰。这种对君主有保障，对民众有关怀的民本思想正是政治权力实施的正当性所在。

第三，统治者要以道德教化为政治手段，实现道德教化与政治教育合而为一的人文型统治。"政者，正也"④，政治的重要任务在于化人。西汉刘向曾说："政有三品，王者之政化之，霸者之政威之，强者之政胁之。"⑤ 能行德政教化者可称为"王者之政"，是最理想的政治。由于道德不仅能够规范人的行为，更可以觉醒人心，因此是更为根本、更为有效的维护社会政治秩序的手段。政治统治的目的也在于把人的善良本性扩展出来、弘扬出来，形成一种人人"从善如流"，社会"无讼而治"的稳定的政治局面。为此，统治者不能仅仅以自身之道德完善，以"己立""己达"和"独善其身"为终极目的，还要通过道德教化这一政治手段，建立符合社会政治客观需要的文制，提出符合政治行为的道德原则和规范，并借此去"立人""达人"，从而达到"兼善天下"。孔子将此道德教化过程喻为："君子之德风，小人之德草，草上之风，必偃。"⑥儒家正是通过道德教化这一根本途径，使儒家的政治思想深入民众内心，并形成相应的政治认知、政治情感、政治态度和政治意识，乃至于在广大民众中形成了牢固的政治价值观念和思维存在意识，取得了对儒家伦理道德政治学说的广泛认同和基本遵循，从而实现了儒家道德教化能够控制整个政治系统

---

① 纪宝成：《中国古代治国要论》，中国人民大学出版社2004年版，第54页。
② 《左传·昭公七年》。
③ 《尚书·泰誓中》。
④ 《论语·颜渊》。
⑤ 《说苑·政理》。
⑥ 《论语·颜渊》。

运转的目的。正如荀子对儒者所赞誉的:"儒者在本朝则美政,在下位则美俗。"① 可见,道德教化具有政治教育功能,政治教育也具有道德功能,两者共同构成教化的内在本质,使得人们在接受道德教化的同时,也在接受政治教育;在接受道德规范约束的同时,也在接受政治规范的约束;在对自身道德人格进行锤炼的同时,也在对其政治人格进行塑造。

总体来说,先秦儒家以伦理道德为主导开展的政治统治,是儒家对政治统治方略的理论设计与具体实践,体现了政治文化发生与传播的全过程。行德政,美风俗,以教化民,其根本目的在于构建和谐稳定的社会秩序,维护统治者统治的正当性与合理性。

(三) 礼乐教化的情绪感染

在先秦儒家礼教思想中,"天人合一"所蕴含的自然秩序的不可逆性为人类社会等级秩序的不可违背性提供了坚实的理论基础和遵循依据。但在现实社会生活中,等级制度的规范和等级秩序的森严往往带来社会阶层之间的紧张与冲突,社会矛盾的激化不利于社会的稳定与和谐。对此,先秦儒家有深刻的认识和体悟,并努力试图在其礼教思想之中设计并融入一套用以亲和社会关系、调和社会矛盾的礼乐相合的教化方式。因此,我们看到,先秦儒家的礼教与乐教常常是相提并论并举的,正如有学者指出:"儒家文化是礼乐文化……我们古代讲'礼'的时候实际上包含了'乐',礼和乐二者分不开"②,"乐者,天地之和也。礼者,天地之序也"③,"礼乐皆得,谓之有德,德者得也"④。礼乐相合的教化方式,一方面强调制"中"之礼,中庸和中道思想渗入其中,并结合了乐的艺术化的表达方式,另一方面强调合礼之乐,礼给予乐以特定的传播内容,从而使得刚性的、具有强制性的行为准则在一定程度上转化为柔性的、具有情绪感染力的社会规范,最终有利于形成等级分明、和谐有序、政通人和的社会局面。

---

① 《荀子·儒效》。
② 《礼乐之间:一个久违的思想空间——清华大学彭林教授接受访谈语录》,《光明日报》2011年5月9日。
③ 《礼记·乐记》。
④ 《礼记·乐记》。

1. 强调制"中"之礼

礼的主要功能是"别异""辨异"或"明分",这是先秦儒家学者对礼的本质的共同认识,如:

> 乐统同,礼辨异。①
> 乐合同,礼别异。②
> 礼者,所以定亲疏,决嫌疑,别同异,明是非也。③
> 亲亲之杀,尊贤之等,礼所生也。④

都是强调礼对区分上下等级、明分辨异的功能,这无疑是礼的核心思想。但我们也应该看到,礼在明晰等级关系、维护等级秩序的同时,也讲求中庸之道和适度调节之法,以使得社会不同等级在礼所蕴含的"中"的思想的调节下找到情感和心灵上的慰藉与安抚,从而各安其位,和谐有序。

"中"本为"中间"之义,最晚到西周时期,引申并升华为一种美德,即"中道"或"中庸",而后成为礼教思想中一个独立而有着丰富内涵的范畴。⑤《尚书》中的《酒诰》篇说:"尔克永观省,作稽中德",《大禹谟》篇说:"人心惟危,道心惟微,惟精惟一,允执厥中",这里的"中德"和"厥中"都是中道思想。《周易》中多次出现"中行"字样,如:"中行独复""中行告公,从,利用为依迁国"等,有学者认为此"中行"即为"中道",意指"正确的道"或"无过无不及"⑥,描述的是事物发展的最佳状态。这在解释《易经》的《易传》,尤其是《象传》中体现得更为明显,如"位乎天位,以中正也""文明以健,中正而应,君子正也",这里的"中正"讲的也是中道思想。孔子更加强调中庸之

---

① 《礼记·乐记》。
② 《荀子·乐论》。
③ 《礼记·曲礼上》。
④ 《礼记·中庸》。
⑤ 参见刘丰《先秦礼学思想与社会的整合》,中国人民大学出版社2003年版,第266页。
⑥ 参见喻博文《论〈周易〉的中道思想》,《孔子研究》1989年第4期。

道,他说:"不得中行而与之"①,"中庸之为德也,其至矣乎,民鲜久矣。"② 并且在生活中时刻秉承和践行着中庸之道,《论语·述而》记载:"钓而不纲,戈不射宿",是说孔子认为可以钓鱼但不要用渔网横断流水来竭泽而渔,可以射鸟但不要射杀归巢的宿鸟,在孔子看来,这是无过也无不及的做法,是合乎中庸之道的礼的要求的。《礼记》中专设《中庸》篇,以强调中庸之道:"中也者,天下之大本也;和也者,天下之达道也。"《礼记·檀弓上》云:"先王之制礼也,过之者,俯而就之;不至焉者,跂而及之。"《礼记·仲尼燕居》亦云:"夫礼,所以制中也。",等等。可见,"中"是《礼记》的重要思想。荀子则直接表明礼的主要含义即为"中",他说:"先王之道,仁之隆也,比中而行之,曷谓中?曰:礼义是也。"③ 由上可知,礼不仅仅具有"明分""辨异",区分等级贵贱的功能,还能够在明辨和区别等级贵贱的前提之下,找到一种适度的、灵活的权变,即在维护等级差别的过程中,加强等级之间的协调与沟通,从而达到和谐社会秩序的功能。

2. 强调合礼之乐

对礼的过分强调容易导致人际关系的疏远和离析,为此,先秦儒家主张以乐来和同人们的情感,从而消弭疏离心理对等级秩序的威胁。乐在教化中的功能,与礼相比,体现在"礼异乐同"上,《礼记·乐记》云:

> 乐者为同,礼者为异。同则相亲,异则相敬。乐胜则流,礼胜则离。合情饰貌者,礼乐之事也。礼义立,则贵贱等矣。乐文同,则上下和矣。

乐的主要思想是"和",乐通达内心则心无怨,乐能够有效地和同人们的情感,进而产生互相亲近、互相信任的良好氛围。但是,先秦儒家的乐从来都不是一个完全意义上的、纯粹的,只关乎审美和娱乐的问题,它自产生开始就与社会政治和社会教化之间存在着密切的关系。乐也不应该是单纯的"和",过分了的"和"易使互相亲近的人放荡不羁。因此,以

---

① 《论语·子路》。
② 《论语·雍也》。
③ 《荀子·儒效》。

礼来制约和节制乐是题中应有之义。

孔子崇尚合礼之雅乐，认为"《关雎》乐而不淫，哀而不伤"①，自己曾在齐国闻听《韶》乐到了"三月不知肉味"的程度，并赞赏《韶》乐"尽美矣，又尽善也"②；同时厌恶不合礼之俗乐，评价郑卫之音为"郑声淫"，认为其过于放纵，缺乏节制。"恶紫之夺朱也，恶郑声之乱雅乐也，恶利口之覆邦家者"③，相对于可以"为邦"的雅乐，俗乐甚至于会乱政，所以孔子主张先"正乐"，使"《雅》《颂》各得其所"④，而"正乐"的标准即为礼。于是，孔子慨叹道："礼云礼云，玉帛云乎哉？乐云乐云，钟鼓云乎哉。"⑤目的在于强调提升乐之礼的内涵的重要性，正如《乐记》言："是故先王之制礼乐也，非以极口腹耳目之欲也，将以教民平好恶而反人道之正也。"真正的乐是以礼为准绳和根本，要受到礼的约束和节制，即所谓德成而上，艺成而下。孔子的雅乐和正乐主张奠定了儒家礼乐思想的基础，在此基础之上，孟子认为"仁言不如仁声之入人深也"⑥，赵岐注云："仁声，乐声雅颂也。"在孟子看来，雅乐对于一个人的德性修养乃至政治治理都有着重要影响，明确指出：

> 仁之实，事亲是也；义之实，从兄是也；智之实，知斯二者弗去是也；礼之实，节文斯二者是也；乐之实，乐斯二者，乐则生矣。⑦

强调礼是乐的准则，是乐成立的前提，乐应该以礼为本。《荀子》作以《乐论》专题论述其"贵礼乐而贱邪音"之主张，认为雅乐对于为人和为邦也都会产生积极影响，可谓："乐行而志清，礼修而行成，耳目聪明，血气和平，移风易俗，天下皆宁，美善相乐。"需要说明的是，孟子和荀子对于乐之功能，较之孔子来说多了一份娱乐之情，体现在孟子对齐宣王喜好世俗之乐的认可，荀子对钟鼓、管磬、琴瑟、竽笙等乐器之

---

① 《论语·八佾》。
② 《论语·八佾》。
③ 《论语·阳货》。
④ 《论语·子罕》。
⑤ 《论语·阳货》。
⑥ 《孟子·尽心上》。
⑦ 《孟子·离娄上》。

"养耳"功效的肯定。但总体来看，儒家所论之乐还是"先王之雅乐"并以礼为原则和遵循的。

总之，礼乐相须以为用，礼非乐不行，乐非礼不举。礼乐在教化中互为补充，相得益彰，"乐至则无怨，礼至则不争。揖让而治天下者，礼乐之谓也"①，礼乐是衡量政治的晴雨表，共同构成沟通人的内在自然本性与外在伦理政治的手段，共同维护着天地万物之间人自身、人与人、人与自然之间的秩序与和谐。礼乐教化本身也就成为对社会民众生活有重大影响，并促进人类走向崇高境界的重要媒介。

（四）隆礼崇法的行为规范

先秦儒家认为，"德治"或"仁政"的王制理想以及礼乐盛世的美好愿景，还必须借助礼法的推行来实现。孔子极其重视礼以"齐民"的价值与作用，其"德治"理想实质上就是他所推行的德、政、法、礼四位一体的治国方略。孟子主张礼法相济，提出："徒善不足以为政，徒法不能以自行。"② 荀子在主张"隆礼贵义者其国治"的同时，也承认礼法二者在本质上相辅相成，相通互补，强调"起礼义，制法度，以矫饰人之情性而正之"③，明确礼义和法度共同构成人的行为规范和社会约束，皆有矫正人之恶性和恶行的应有之义。在礼与法的各自功能上，"礼者禁于将然之前，而法者禁于已然之后"④。也就是说，礼把规劝和训导作为规范的手段，更侧重事前预防；法则把惩戒和刑罚作为规范的手段，更侧重事后惩罚；失礼则入刑，失礼必入刑。在礼与法的关系上，礼是法的基本前提，法是礼的必要补充，两者在思想本质和最终目的上一致，都是为了维护礼之秩序。

1. 礼是法的基本前提

先秦儒家礼教思想中包含了法的含义，当时的社会秩序也体现为礼法秩序。在某种程度上，可以说"儒家的（礼教）思想支配了一切古代法典，这是中国法系的一大特色"⑤，也是法始终没有脱离礼之总纲的根本

---

① 《礼记·乐记》。
② 《孟子·离娄上》。
③ 《荀子·性恶》。
④ 《大戴礼记·礼察》。
⑤ 瞿同祖：《中国法律与中国社会》，中华书局1981年版，第320页。

原因。礼作为具有普遍性和公共性的社会规范，同时也具有强制性，指导并支配着由国家颁布实施的法。正如有学者指出："法并没有充分发展到和礼相对立的地步，礼、法并没有各自独立的管辖范围……法依然处在礼的荫庇之下，礼是法的指导原则。"[1] 法以礼为前提，在礼的指导下，发挥着行为规范和社会约束的作用。

首先，礼是"法之义"。先秦儒家强调治国须以礼法结合，礼法兼治，但在实施礼法的先后顺序上，主张礼义教化为先，如若行之不畅，再继之以法。孔子认为礼乐是刑罚的前提，礼的秩序即为法的秩序或礼法秩序，提出了"刑中"思想，即"礼乐不兴，则刑罚不中；刑罚不中，则民无所措手足"[2]，强调在礼的基础上施之以适当、中正的刑，反对不教而杀的虐行。郭店楚简中也提出要"知礼然后知刑"。荀子说："有治人，无治法……故法不能独立，类不能自行，得其人则存，失其人则亡。"[3] "法不能独立"就意味着法要以礼为指导原则和基本前提，礼是法之根本和义理。"不知法之义而正法之数者，虽博，临事必乱"[4]，"法之义"即为法背后所蕴含的礼所规定的正义原则。可见，以礼为教，使民向善是先秦儒家的一贯思想。即使是战国时期的法家也并不绝对地排斥禁言礼，秦孝公曾在商鞅变法时说："变法以治，更礼以教百姓"[5]，更的应该是古礼和先王之礼，强调的是因时制礼。管子甚至还提出了"法出于礼"的观点："人心之悍，故为之法，法出于礼"[6]，是说法在本质上与礼一致。所以，我们认为，礼在作为约束和指导人们行为的普遍原则的前提下，只是在特定的场合和时间上，被统治者根据需要将其精神贯注于国家的律令和制度之中，或者援用礼以作为裁决或判定的依据，并以权力控制的方式要求和强制人们遵照执行，其根本目的仍然是为了维护传统的礼。

其次，法受礼的等级原则的制约。我们不讳言，中国古代的礼制是有贵贱等级区分的，因此，受礼支配的法并不能平等地对待全体社会成员，也并不是我们今天意义上的以公平、正义和权利为核心的"法律面前人

---

[1] 刘丰：《先秦礼学思想与社会的整合》，中国人民大学出版社2003年版，第178页。
[2] 《论语·子路》。
[3] 《荀子·君道》。
[4] 《荀子·君道》。
[5] 《商君书·更法》。
[6] 《管子·枢言》。

人平等",而是明显地表现为等级法,对于违犯法的制裁会根据等级的不同而有所区别。比如,《周礼·秋官·小司寇》中提出的"八议"制度,明确了"亲""故""贤""能""功""贵""勤""宾"八类人物在违犯法之规定时,可以根据情况享受到减免刑罚从轻处分的特殊规定;再如,通过免去官职而折抵罪刑的制度,等等,都是为保障官僚贵族的特权而作出的规定。

需要予以说明的是,法受制于礼的等级,并不意味着有特权的官僚贵族就可以不遵守法,不奉行礼。一直以来,被人们片面强调的"刑不上大夫,礼不下庶人"是不符合历史实际的不确切的说法。关于"刑不上大夫",事实上,在自周秦以至明清的历朝历代法制中,都有违礼入罪并受"重罪"的制裁条款和事例,大夫违犯重罪之一或之几,不但对其刑之,而且"以礼入法",既违礼又违法,加重刑罚"上"于大夫。即使是居于最高位的执政者,也必须奉礼遵法才能推行政令。关于"礼不下庶人",不可否认,王室和官场之礼是"不下庶人"的,这在现代社会也不容否定,比如国家领导出访可以享受对方国家所给予的鸣放礼炮 21 响或 19 响,庶人怎么能又怎么应该享受呢?但就家庭伦理关系结构和社会伦理关系结构层面而言,尊卑等级不容颠倒,礼不但"下于庶人",规范着各个家庭和不同的社会群体,而且对官僚贵族甚至皇族王室也都一视同仁。

2. 法是礼的必要补充

法即政刑或刑罚,是针对不守礼、违犯礼或者不接受礼教者所采取的惩罚性措施,是先秦儒家礼教思想体系中辅助性的制度保障机制。《国语·周语上》祭公谋父云:孔子反对"不教而诛",但倘若有民众教而不化,则"诛之",这就需要一套"宽猛相济"的制度体系作为其判定和执行的依据。

法在国家形成之初,就自始至终与礼密切地结合在一起,共同构成统治者治理国家、维护稳定的权柄和工具。《尚书·吕刑》记载:"伯夷降典,折民惟刑",也就是说,伯夷在制订礼典的同时,又兼作五刑。可见,传说中的上古时代已经有了法的雏形。伴随着人类社会的发展,法也始终在不断地发展完善。据《左传·昭公六年》记载,三代中"夏有乱政,而作禹刑;商有乱政,而作汤刑;周有乱政,而作九刑"。《国语·鲁语下》引孔子言:"丘闻之昔禹致群神于会稽之山,防风氏后至,禹杀而戮之。""国之大事，在祀与戎"，祭祀群神乃为国之礼制范畴，防风氏在备受关注、异常隆重的祭祀大典上姗姗来迟，违犯礼数礼节，禹则杀之，达到以儆效尤的目的。至商纣刑罚也极为残酷，《史记·殷本纪》认为商"重刑辟，有炮烙之法"。即使是在礼乐发展繁荣的周代，在强调制礼作乐、以礼治国的同时，也并未偏废刑罚，"九刑"即为西周时期沿袭商代的五刑（墨、劓、剕、宫、大辟）制度，又增加的赎、鞭、扑、流四种刑罚，其目的在于使"出于礼者入于刑"，维护礼的至高至上的绝对权威。

在法的实施过程中，先秦儒家十分重视对新颁布法令的广泛宣传和普遍推介，积极通过多种方式以告天下。根据记载，至少从西周开始，各国统治者就普遍采用在城楼上"悬法"的方法，即"象魏之法"来公布当时的成文法。象魏，本是周天子或诸侯宫殿外朝门的门阙，左右两边各有一个，用土筑高使其成为台子，类似今天我们所能见到的城楼，由于可以观望，所以也称"观"或"阙"。统治者通常将新颁布的政令或者法令悬置于其上予以公布，要求人们前往认真观读，并由官府进行解释宣传，以达到昭示天下、百姓知法守法的目的，故谓"象魏之法"①。《周礼》中关于"象魏之法"有很多记载，如《地官司徒·大司徒》云："县教象之法于象魏。"《夏官司马·大司马》云："县政象之法于象魏。"《秋官司寇·大司寇》云："县刑象之法于象魏。"虽有学者指出《周礼》所记资料并非完全可靠可信，但《左传·哀公三年》中关于象魏悬法的记载应属史实，说的是鲁国发生火灾，季桓子"命藏《象魏》，曰：'旧章不可亡也。'"杨伯峻先生注云："当时象魏悬挂法令使万民知晓之处，因名法令亦曰《象魏》，即旧章也。"② 这说明象魏作为悬挂法令的地方，久而久之，法令本身也被称作"象魏"了。可见，法悬象魏的制度由来已久，同时也印证了《周礼》中的记载的真实性。悬法即以告知天下、警示天下的方式，强制人们遵法守法，最终达到维护社会秩序和国家稳定的目的。

总之，先秦儒家充分认识到，礼法兼治才是治理国家和稳定社会秩序的王道。礼担负着将严格的社会规范消融在温情的道德仪节之中的历史使

---

① 杨伯峻：《春秋左传注》，中华书局 1990 年版，第 78 页。
② 杨伯峻：《春秋左传注》，中华书局 1990 年版，第 79 页。

命,法担负着维护礼义并对违犯礼义行为进行警戒和惩治的历史使命。在礼法之间,他们选择的是以礼乐文化为主,刑罚为辅的治国方略。一方面"导之以政",通过培养行为主体对社会主流价值观念的认知能力,进而对自身行为进行自我判断、自我选择和自我调整;另一方面"齐之以刑",通过国家权力机构颁布的强制性命令来禁止诸种邪恶奸诈行为的发生,以维护"有道"的社会秩序。

(五)"天下为公"的愿景展望

先秦儒家礼教是一个以全面安排天地人间秩序为目标,以探求理想社会秩序为旨归的完整价值体系,即把从追求"小康"社会实现"天下为家"及至追求"大同"之世实现"天下为公"作为自己的求索路径和理想归依。《礼记·礼运》篇明确提出"大道之行也,天下为公"的大同理想,描绘了"大同之世"的理想图景:

> 选贤与能,讲信修睦。故人不独亲其亲,不独子其子,使老有所终,壮有所用,幼有所长。矜寡、孤独、废疾者,皆有所养。男有分,女有归。货,恶其弃于地也,不必藏于己;力,恶其不出于身也,不必为己。是故谋闭而不兴,盗窃乱贼而不作。故外户而不闭。是谓大同。

这是孔子在鲁国参加祭祀,看到鲁国尚能持礼,但已不尽完备所发出的喟然慨叹,从中可以窥见孔子对于理想社会深沉而执着的追求。在先秦儒家看来,大同之世、天下归仁不仅是中国社会发展的最终最高理想,也是整个人类社会的共同理想。为了实现这一共同理想,先秦儒家无限憧憬、努力求索。

1. 关于两种"天下"观

在中国历史上,大致可以概括出以下两种"天下"观:

一种是统治者的"天下"观。体现在自夏商周以来,特别是秦以后历任朝代的帝王,声称自己"奉天承运"得以"天下"为家,故有"普天之下,莫非王土;率土之滨,莫非王臣"[①]的慨叹。这里的"天下"

---

① 《诗经·小雅》。

"固然可泛指百姓各为其家，但更是指天下（国家）为一家一姓世袭之君主所拥有、所统治，是君主之'父传子，家天下'。"① 体现的是统治者对世袭之君主地位和统治权利的维护。

另一种是儒家的"天下"观。孔子在《论语》中首次提出"天下"之说。《论语·泰伯》云"三以天下让"，《论语·颜渊》云"舜有天下""汤有天下"，《论语·季氏》云"天下有道""天下无道"，等等，这些都是孔子关于"天下"在政治意义上的论述。需要说明的是，孔子讲"舜有天下""汤有天下"，并非指天下是舜和汤的私产，而是由于他们具有高尚的品德，超群的能力，而得到了天的赞许、襄助，并受天之重托，为天下所有人安居乐业谋幸福。孟子以尧舜为例，强调"天子不能以天下与人"②，舜之所以"有天下"，并非作为天子的尧授予，而是尧向天推荐，得到了天的认可，虽然"天不言"，但"以行与事示之而已矣"，所以尧将天子之位禅让给舜，并非私相授受，而是舜以自己高尚的品行昭示于天、昭示于人，才获得了"天与之"。可见，孔子和孟子所指的"天下"为公，是为天下所有人，而非偏私于一部分人，是"关乎世道人心、伦理与政治的总体性存在……有其内在之道"，即"'仁'道，循（此）道而行，可以达到'天下文明'或'天下归仁'"③。也就是说，儒家所指的"天下"，是指诸邦国联盟国家的政权全局，可扩展及至整个人类世界，而非一邦一国意义上"打天下"的"天下"。正如中国革命先行者孙中山先生所言："天下者，是天下人之天下也"，所以他表示自己的理想追求是"用固有的道德和平作基础，去统一世界，成一个大同之治"④。国学大师、新儒家早期代表人物之一梁漱溟先生曾经说过："相对西方人，中国人重天下而轻国家。"⑤ 所以儒家用"天下"一词来形容人类社会作为一个整体存在。这是儒家的"天下"观，也是我们在这里界定历史上两种"天下"观的意义所在。很明显，我们这里所谈的"天下"

---

① 张曙光：《"天下为公"：在理想与现实之间》，《北京师范大学学报》（社会科学版）2016年第2期。
② 《孟子·万章上》。
③ 张曙光：《"天下为公"：在理想与现实之间》，《北京师范大学学报》（社会科学版）2016年第2期。
④ 孙中山：《孙中山选集》（下卷），人民出版社1981年版，第859页。
⑤ 梁漱溟：《中国文化要义》，北京师范大学出版社1992年版，第331页。

观是后者而非前者。

2. 激发"天下"意识

在儒家"天下"观"普天之下"的意义上，先秦儒家认为，礼具有普世价值之用，是"天地之经纬"，与"天地并"。礼以其自身所具有的、深厚的人文道德价值意蕴，激励和鼓舞着广大民众对国家命运、社会前途的责任意识和使命担当，乃至产生了为人类社会、为宇宙万物作出贡献的崇高责任感。

睦邻友善、协和万邦的外交思想是先秦儒家礼教中对统治者及其诸侯、贵族，乃至于全体民众所开展的激发"天下"公有、共有意识的重要途径。春秋战国时期，特别是在战国时代，诸侯国之间战争频仍、诸侯放恣，百姓生活在水深火热之中。对此，先秦儒家在战争与和平的问题上态度明确，提出"发仁施政以王天下"的政治主张，强调以和为贵，反对相互攻战。睦邻友善、协和万邦的外交思想是在春秋战国时期诸侯争霸，协调诸侯国之间关系的过程中形成并完善的。"天下为公"思想本身也是把诸侯、贵族以及其他各种局部利益放置在从属、次要位置的一种立场，其根本诉求是天下归仁、天下文明共生的新秩序。孔子主张"仁者爱人"，反对以强凌弱、以大欺小、以富压贫的争霸兼并战争，认为统治者只有以道德仁义才能赢得天下人心。孟子明确提出：

> 不仁而得国者，有之矣；不仁而得天下者，未之有也。①
> 域民不以封疆之界，固国不以山溪之险，威天下不以兵革之利……以天下之所顺，攻天下之所畔，故君子有不战，战必胜矣。②

荀子则基于孔子崇仁贵义的政治思维作了更为详尽有力的阐述：

> 仁眇天下，故天下莫不亲也。义眇天下，故天下莫不贵也。威眇天下，故天下莫敢敌也。以不敌之威，辅服人之道，故不战而胜，不攻而得，甲兵不劳而天下服，是知王道者也。③

---

① 《孟子·尽心下》。
② 《孟子·公孙丑上》。
③ 《荀子·王制》。

都是忠告统治者不要诉诸武力，不要诉诸权谋，不要实行以力服天下的霸王外交政策，要尽量避免给人民带来巨大痛苦和灾难的战争，要尊重人的生命价值和基本利益，要以仁德服天下，真正实现"不战而胜，不攻而得，甲兵不劳而天下服"。

睦邻友善、协和万邦的外交思想，是对减少或者消除由于诸侯国不同、利益纷争不同而导致的疏离、冷漠、敌视甚至战争的呼吁和期望。《礼记·礼运》"以天下为一家，以中国为一人"，是说天下所有的人都像一家人一样。这种思想突出的是人人都是同胞、人人同呼吸共命运的类意识，体现的是天下博爱的价值观，激发的是全民都要将其作为崇高的价值观来传承的意识。

但是，儒家的"天下"观与当时的社会现实之间毕竟还有着一条不可逾越的鸿沟，它作为一种美好的社会政治理想，在人们翘首展望和努力追寻的过程中，先秦儒家创造性地在理想与现实之间铺就了一条符合当下的通达之路，那就是对"天下为家""小康"之路的践履。为此，浓厚统治者和广大民众的"家国"情怀，成为先秦儒家又一重要和首要的教化任务和措施。

3. 浓厚"家国"情怀

在先秦儒家看来，"天下为家"作为当下最为现实的选择，虽然不是也不及"天下为公"的境界，但是如果能够让"天下为公"的道德价值取向尽可能最大限度地体现出来，作天子或君主的，能够像禹、汤、文、武、成王、周公六君子那样，"谨于礼"，"著其义"，"考其信"，"著有过，刑仁讲让，示民有常"；作民众百姓的，能够"各亲其亲""各子其子"、父子情深、兄弟和睦、夫妻和谐、各安其位、各尽其力，整个社会表现出彝伦攸叙、和谐稳定，天子以家为天下，而不是以私为天下，那么也是极其难能可贵的，也不失为一幅人们所期盼并可为之付诸努力的美好画卷。

为描绘这一美好画卷，先秦儒家认为，关键在于浓厚世人的"家国"情怀。为此，要推行道统主导政统的社会制度，要以道义为先导。具体来说，一方面，要"引君当道"，即"君子之事君也，务引其君以当道，志于仁而已"[①]，君主要做到"居仁由义"，如果"天子不仁"，则四海不

---

① 《孟子·告子下》。

保，不失时机地忠告和劝诫君主要正心诚意，仁民爱物，忧国忧民，要以天下为己任，先天下之忧而忧，后天下之乐而乐。另一方面，民众百姓要接受礼义仁道教化，对国家忠心耿耿，大公无私，要有社会责任感，勇于抵制社会上的不良风气，要讲信修睦，知敬畏，懂廉耻，将礼义道德内化为情感体验，外化为行为自觉。还鼓励其要"学而优则仕"，学优登仕，才能更好地推行仁道。

当然，无论是"天下为家"还是"天下为公"的政治理想，都要受到社会现实条件的制约，在某种程度上，他们都无法超越历史的限定，无法打破君主专制体制的藩篱，只能作为道德劝诫和道德引导上的非硬性约束来引导人们改造现实。但是先秦儒家对于未来社会美好愿景的展望，以及对于实现这一美好愿景而作出的对当下的指导，已经难能可贵，对于缓解和调节统治者与被统治之者的矛盾关系，改善社会风气，维护社会秩序，促进和谐稳定发挥了重大作用。我们不能以今天的眼光苛求于前人，非但如此，"天下为公"这一体现着中华大社会共同体的价值追求，对中国传统文化产生了恒久影响，是中国传统文化中具有普遍价值的思想内核，也是现代中国社会发展中深沉的历史文化基础，值得我们深切体察其厚重的文化基因，共同构筑世界之命运共同体。

第六章　先秦儒家礼教思想之价值意蕴及现实镜鉴

美国人类学家克拉克洪认为："一个社会想要从以往的文化中完全解放出来是根本不可想象的，离开文化传统的基础而求变、求新，其结果必然招致失败。"① 夏、商、周三代均实行礼治，但同样是以礼治国，同样是为政天下，所呈现出的治世景象却全然不同，汤武等圣王开创了王道盛世的理想局面，桀、纣等昏君却酿成了天下亡乱的惨败局面。及至春秋后期，诸侯争霸，礼崩乐坏，天下失序，人心不古之势愈演愈烈，礼治自身的合理性和合法性，即礼的政治价值的确立，并不是顺风顺水，一蹴而就。一方面是以孔子为代表，主张"复礼"，他们把汤武的强盛归因于施行礼治，把桀、纣的衰败归因于对礼治的背弃，竭力为礼治寻找施行的理论现实依据；另一方面是对礼的政治价值合理性的质疑，即便是孔子的学生子张，也对礼治的适切性产生困惑，提出疑问，他说："十世可知也？"孔子回答说："殷因于夏礼，所损益可知也；周因于殷礼，所损益可知也。其或继周者，虽百世可知也。"② 可见，子张对礼治的前途是存有忧虑的，于是试图询问他的老师——孔子，未来的治世之道究竟是什么？孔子由夏以礼治天下，商以礼治天下，周也以礼治天下，三代均以礼治天下，来论证周之后的统治也会以礼治天下。而且，孔子还阐释了三代之礼的相因与损益关系，"殷因于夏礼""周因于殷礼"，即由夏礼可以推知殷礼，由殷礼可以推知周礼，由周礼可以推知百世之礼。至此，礼成为由夏、商、周三代的治道方式发展为超越时空限制的人类永久的治道方式，礼治成为由夏、商、周三代的政治模式发展为具有普遍性的人类永久的政治模式。

---

① C. Kluckhohn: Culture and Behavior, The Free Press, 1962, p. 76.
② 《论语·为政》。

一 先秦儒家礼教思想的价值意蕴

先秦儒家礼教思想是中国传统儒家文化的主体，它的指导思想是儒家思想，它以教化为要务，打破了"学在官府"的传统，创设私学，改变了以往官府垄断教育，只有贵族子弟可以接受教育的情况，进一步推进了教育社会化程度，奠定了"民富"的基础。先秦儒家礼教思想的核心思想"内圣外王"说，即对内实现从物质世界抽离精神本质的思维突破，提倡人格修养，对外具备从现实世界生发超越道德价值观的政治能力，强调推崇王道。既入世又出世，实现了内心道德修养与外在政治实践的共融共合，提炼了一种独特的伦理政治哲学思想，奠定了"国强"的基础。先秦儒家礼教思想的代表人物孔子、孟子、荀子，他们的修身之方、齐家之略、理政之道等思想，形成了中国传统文化的主流价值体系，奠定了中华民族保持恒久民族精神品格的基础。

（一）实现政治性与伦理化的统一

1. 从背景层面分析

特定的时代背景产生特定的社会需要。以孔子为代表的先秦儒家所提出的礼教思想，反映和代表的是在中国古代宗法等级制度下的封建地主阶级利益的一种道德理论。它是以"仁"为核心的社会政治、伦理道德和文化教育集于一体的思想体系。在历史演进过程中，始终高扬"德治爱民"的实践精神，在道德约束与政治规范和谐统一的思维范式中，不断完善政治伦理思想体系。

西周统治者集前朝礼法之大成，提出"敬德保民，以德配天"思想，开德治之先河，进一步完善了礼法体系，制定了较为完备的宗法制。以吉礼、凶礼、宾礼、军礼、嘉礼等为内容的"礼制"和以吉乐、凶乐、宾乐、军乐、嘉乐等为内容的"乐制"，从法律上约束了人们的行为规范，巩固了阶级分化。

春秋时期礼崩乐坏、天下无道，恢复社会的有序状态成为一批思想家的政治渴望。孔子提出"克己复礼"思想，以"仁"为价值核心重振人心，以"礼"为价值取向重建秩序，积极入世，以德为政，形成了以个人修身为首要，以家齐国治天下平的社会秩序为宗旨的士文化。由此，推动形成了伦理与政治相互关联的思想内涵和理论基础，为后来的伦理政治思想研究提供了科学指引和价值参考。

战国时期，诸侯争霸、纷争不止，儒家创始人孔子试图实现人心秩序与社会秩序和谐共融的愿景备受冲击。但以德为政的礼教思想并没有就此动摇。孔子以后，"有子张之儒，有子思之儒，有颜氏之儒，有孟氏之儒，有漆雕氏之儒，有仲梁氏之儒，有孙氏之儒，有乐正氏之儒。"① "儒分为八"，旨趣各异，兼采众论，各显其长。其中，孟子和荀子尤其突出，蔚然形成后来的孟学和荀学。孟子主"仁"讲"性善"，内有"仁心"，外有"仁政"；荀子主"礼"讲"性恶"，内要"积德"，外要"礼法"，较为现实。存心养性、立修身之德，立学为政、成天下之事，逻辑起点或善或恶都是得"礼"求"仁"，终极归宿都是伦理化政治、政治伦理化的人文关怀和秩序追求。

2. 从结构层面分析

儒家礼教的政治伦理思想之所以能够传承至今并发扬光大，就因其具有一脉相承的精神方向、基本论域和价值关怀。儒家创始人孔子在继承周公礼乐传统，汲取《诗》《书》《礼》《乐》《易》《春秋》的精神智慧基础上，直面社会现实，以"修己安人""修己安百姓""修齐治平"为价值理念，提出"内圣外王"学说，目的在于建立一整套伦理与政治互通共融的"修己治世"理论。

就其精神方向而言，礼教思想讲求德性优先，与社会背景、政治环境相关的人格修养、精神品格，成为儒家价值主体的核心要求。礼乐教化中尤其注重维系社会秩序，论证礼乐教化的必要性，如孔子的"不患寡而患不均，不患贫而患不安"②、孟子的"民之为道也，有恒产者有恒心，无恒产者无恒心"③，荀子的"隆礼尊贤而王，重法爱民而霸"④。尤其注重阐发伦理政治，强调礼治的重要性，如《论语·宪问》中的"修己以安人"，《孟子·离娄下》中的"君子以仁存心，以礼存心。仁者爱人，有礼者敬人。爱人者人恒爱之，敬人者人恒敬之"，《荀子·乐论》中的

---

① 《韩非子·显学》。
② 《论语·季氏》。
③ 《孟子·滕文公上》。
④ 《荀子·大略》。

"礼义者，治之始也"、《荀子·正名》中的"法者，治之端也"等诸多论述，都凸显了伦理政治主张。

就其基本论域而言，礼教思想内容丰富，仁、义、礼、智、信、恕、忠、孝、悌是核心内容。就个体而言，关涉伦理范畴，仁爱、孝慈，知耻、明礼，和敬、处世等，如"三纲、四维、五伦、五常、八德"之说；就社会而言，关涉政治范畴，即恭顺、忠勇、文明、和谐、民主、法治等，如"五礼、六乐、五射、五驭、六书、九数"之法。由此阐发的"道德观""天命观""人才观""礼法观""义利观"等，其伦理思想之根本特性在于人与人之间要重视关爱，即礼教思想中折射出的伦理与政治的内在必然联系。

就其价值关怀而言，"仁"是先秦儒家礼教学说的核心，是道德的最高境界。关于"仁"的观点，实际上是对如何处理好人与人、人与社会、人与自我之间关系问题的考量，力求通过关注人的自身发展，达到人的理想品格。在人与人的关系上，讲究"和谐"，如"己所不欲，勿施于人""成人之美，不成人之恶""周而不比""矜而不争，群而不党"；在人与社会的关系上，讲究"恩惠"，如"其养民也惠，其使民也义""周急不继富""信而后劳其民""因民之所利而利之"；在人与自我的关系上，讲究"修身"，如"敏于事而慎于言""讷于言而敏于行""耻其言而过其行""博学于文，约之以礼""君子所性，仁义礼智根于心""富贵不能淫、贫贱不能移、威武不能屈"以及"吾善养吾浩然之气"等，虽然不是专题的"君子"立论，但显然都与"君子"精神相关，既蕴含了适用于各种社会形态的行为准则，也蕴含了充满民本情怀的治国理念。

3. 从功能层面分析

儒家礼教思想充满了对人生问题和生活世界的理论思考和理性觉醒。在"仁者，爱人"主体精神的倡导下，形成了独特的文化价值系统和严谨的人伦社会秩序。

学术性的文化传承。儒家礼教遵循周礼，依据周礼对其典籍文献进行全面深入考察，重新整理研究，并阐发出一套自己的学说。孔子编撰集成《诗》《书》《礼》《乐》《易》《春秋》等文化典籍。荀子之时，在孔门弟子把《诗》《书》《礼》《乐》作为儒家经典的基础上，把《春秋》与《易》纳入儒家经典体系，形成"六经"观念。此后，儒家后学把"六经"作为基本研究对象，并被视为经典引用，使中国远古文化文明得以继承和发展，并成为中国封建社会正统思想的元理念、元思想。正如民国学者李澄源在《经学通论》中所说的那样："吾国既有经学以后，经学遂为吾国人之大宪章，经学可以规定私人与天下国家之理想。圣君贤相经营天下，以经学为模范，私人生活，以经学为楷式，故评论政治得失，衡量人物优劣，皆以经学为权衡。无论国家与私人之设施，皆须于经学上有其根据。"①

政教性的社会服务。儒家礼教思想脱胎于西周奴隶主贵族的文化思想，改造后的儒学与政治有着天然联系，贯穿着整个社会政治、伦理道德和文化教育。一方面，治国平天下的政治理想和政治理论，迫使奉行礼教思想的儒家学者必须永葆参与政治生活的热情和参与政治生活的素养，自觉投身于政治活动。如孔子兴办私学，政治是教育的重要内容，他看重弟子的政治前途，"由也果，于从政乎何有"，"赐也达，于从政乎何有"，"求也艺，于从政乎何有"②，等等。他与弟子周游列国，颠沛流离长达十四载，始终不放弃对政治机会的寻找，即使颠沛流离，仍坚信"苟有用我者，期月而已可也，三年有成"③。另一方面，即便是儒家礼教思想中的孝道、礼仪、诚信等道德理论，其终极归宿仍然是借政治来化解社会矛盾，实现社会治理有序、和谐发展的主观愿望。例如：借政治来解决经济问题，《孟子·滕文公上》中"若民，则无恒产，因无恒心。苟无恒心，放辟邪侈，无不为已""民之为道也，有恒产者有恒心，无恒产者无恒心……是故贤君必恭俭礼下，取于民有制""是故明君制民之产，必使仰足以事父母，俯足以蓄妻子，乐岁终身饱，凶年免于死亡"，孟子认为百姓如果不能够解决温饱问题，他们就会无视道德，铤而走险，势必造成社会动荡。所以他提出"王道之始"在于"保民"。而荀子更是将儒家礼乐教化这一审美修养、道德修养方法发展成为政治服务的手段，对巩固与发展封建社会统治地位产生了重大影响。

以人为本的价值追求。儒家非常重视心理建设和信仰引导，积累了丰富的心理学思想，《大学》《中庸》《论语》《孟子》《荀子》等著述多有

---

① 杨庆中：《经学：知识与价值》，载《回归华夏文明主体（代序）》，中国人民大学出版社2015年版，第2页。

② 《论语·雍也》。

③ 《论语·子路》。

论述。孔子主张以德治天下，使百姓有归服之心，如"道之以政，齐之以刑，民免而无耻；道之以德，齐之以礼，有耻且格"①；孟子主张"仁义礼智根于心"，进一步深化了仁政学说，如"人皆有不忍人之心。先王有不忍人之心，斯有不忍之政矣。以不忍人之心，行不忍人之政，治天下可运之掌上"②。荀子主张知耻求荣，礼义立人以为政，如"憍泄者，人之殃也；恭俭者，偋五兵也：虽有戈矛之刺，不如恭俭之利也。故与人善言，暖于布帛，伤人以言，深于矛戟"③ 等，围绕"人心""民心""君心"对民本思想进行深刻阐述，都体现了"仁者爱人""良知良能""化性起伪"的伦理原则和"为政以德""民贵君轻""君舟民水"的政治主张。

（二）实现统摄性与社会化的统一

先秦儒家礼教思想以其内涵的政治价值与道德理念承担了治理国家、整合社会、服务民众的职能。其中，道德教化、礼俗教化、音乐教化等路径，在实现统摄性与社会化的过程中形成的儒家礼治治国理政模式尤其值得我们关注，其方法论解读理应成为政治实践的基本选择和现实追求的历史观照。

1. 关注道德教化

先秦儒家礼教思想以道德教化思想为基本精神和政治手段，确定了以礼义人伦为基本内容的教育导向，与其社会伦理、哲学观念、政治思想融为一体，构成完整的政治理论体系，试图实现齐家治国平天下的政治功能。

从道德本源分析。春秋时期，随着旧有奴隶主阶级统治的土崩瓦解，以鬼神和天命为主打的"天命论"已经无力维持旧贵族统治。儒家创始人孔子作为统治阶级利益的维护者，提出"克己复礼"观点，开始了对周礼的继承和改造。显然，旧有的鬼神、天命思想已经不能够统摄人民思想，于是他在传统天命论基础上，提出了体系化、理论化的朴素唯物主义天命观。他认为人只有存敬畏之心，才能心有所正，言有所规，行有所

---

① 《论语·为政》。
② 《孟子·公孙丑上》。
③ 《荀子·荣辱》。

止，即"天命"是道德的本源。如"五十而知天命""获罪于天，无所祷也""生死由命，富贵在天""君子有三畏，畏天命，畏大人，畏圣人之言"。由此生发出后天个人道德养成的作用。孟子继承了孔子"天命观"的思想，进而提出"人性本善"的观点，试图从人的生理和心理上寻求道德本源。荀子则在继承"天命观"中削弱了"天命"的作用，提出"人性本恶"的观点，把道德与人们的物质需求联系起来，提出"礼义之治"即"制礼义以分之，以养人之欲，给人以求"。之后，《中庸》就天命论，与孟子和荀子的人性论进行了调和折中，提出"天命之谓性，率性之谓道，修道之谓教"，在天命论中强调了道德的教化作用。

从道德养成分析。孔子在政治经济下移的大社会背景下，顺应历史潮流，打破贵族阶级垄断教育特权局面，总结前人经验教训，开私人办学先河，提出"有教无类""因材施教""学而优则仕"的主张。孔子认为，教育不分贫富贵贱，人人均有受教育的权利，试图通过"人皆可以通过教育成才成德"来培养贤才和官吏，以实现其政治主张。在道德教化过程中，他倡导了许多宝贵的教育主张和原则，尤其是提出以道德养成为教育实践路径，强调"自天子以至于庶人，壹是皆以修身为本"[①]。孔子强调"自省自反"的修身方法，以实现"吾十有五而志于学，三十而立，四十而不惑，五十而知天命，六十而耳顺，七十而随心所欲，不逾矩"[②] 的完美人格；孟子强调"存心养性"的修身方法，充分发挥自己的自觉能动性，以实现"自得之，则居之安；居之安，则资之深，资之深则取之左右逢其源"[③] 的理想境界；荀子强调"由外铄内"的修身方法，遵循礼义重建人伦秩序，以实现"礼及身而行修，义及国而政明，能以礼挟而贵名白，天下愿，会行禁止，王者之事毕矣"[④] 的治国蓝图。殊途同归，儒家礼教思想通过以"仁义"政治道德为遵循培养国家"圣贤"。

从道德辐射分析。儒家思想是一种以礼教为治国理念的伦理政治型文化，它以实现"王道政治"为政治理想。这种理想的政治格局正是通过政治社会化过程而达成的，即达到统摄性与社会化的统一。正是这样一种

---

① 《礼记·大学》。
② 《论语·为政》。
③ 《孟子·离娄下》。
④ 《荀子·致士》。

文化背景，儒家伦理政治把人伦道德、忠孝节义作为主要内容，通过"以教道民""以教化民""以宽服民"，实现"王道"。如孔子认为，"子为政焉用杀？子欲善而民善矣。君子之德风，小人之德草，草上之风，必偃"①，为此，他提出"道之以德，齐之以礼"才能使百姓"有耻且格"。他以"礼"与"仁"为道德规范和日常行为准则，对个人言行举止、内心想法都有细微之处来阐释，以得民风淳厚，人际和谐。孟子认为"恻隐之心，仁之端也；羞恶之心，义之端也；辞让之心，礼之端也；是非之心，智之端也。人之有是四端也，犹其有四体也。"② 他以"四端"说为依据，把"仁义礼智"贯穿宣扬仁政实践过程的始终。荀子认为"若夫君臣之义、父子之亲、夫妇之别，则日切磋而不舍也"③，只有这样才能"隆礼贵义"，实现王道政治。可见，儒家学者都是通过介入人们的日常生活、情感认知，把社会主流价值理念最终内化为社会成员稳定的思想意识，实现政治向心力和政治认同感的高度契合。

2. 关注礼治教化

儒家创始人孔子延续并发展周礼，把"礼"作为治国原则，承担民众的约束力量，通过在制度层面、伦理层面和仪节层面对人们道德思想和行为的教化，建构礼治秩序模式，行使政治约束和规范功能，以达成社会和谐发展的政治理想。

就国家层面而言。儒家创始人孔子提出"克己复礼""援仁入礼""以仁释礼""损益古礼""为国以礼"等政治主张，他继续沿用了周礼的治国模式，把遵守礼的精神确定为政治指导思想，试图实现"礼"的社会秩序。他认为礼对于治理政事非常重要，强调治国先要"正名"。"君君、臣臣、父父、子子"，尊卑有别，长幼有序，僭越违礼就是扰乱社会秩序，直言不讳地讲，就是不能违背"周礼"中的等级制度。如"居上不宽，为礼不敬，临丧不哀，吾何以观之哉"④，"能以礼让为国乎？何有？不能以礼让为国，如礼何"⑤，"上好礼，则民易使也"⑥，"约之以

---

① 《论语·为政》。
② 《孟子·公孙丑上》。
③ 《荀子·天论》。
④ 《论语·八佾》。
⑤ 《论语·里仁》。
⑥ 《论语·宪问》。

礼，亦可以弗畔矣夫"①。孟子是孔子"仁爱"思想的集大成者，他的关于"礼治"的政治主张更注重"内修"，强调的是道德律令。而真正继承并发扬了孔子礼治思想的是荀子，他把"礼"视为为政的关键，是治国的根本，是维护社会秩序的手段。如"为政不以礼，政不行矣"②"礼者，治辨之极也，强国之本也，威行之道也，功名之总也"③ "国之命在礼"④"国无礼则不正"⑤等主张，都格外强调了礼治的重要性。而且荀子并没有就此止步，他认为要想实现"礼"的主张，还必须礼法并用、"隆礼重法"，才能真正达到"礼"的意义，如《荀子·劝学》中的"《礼》者，法之大分，群类之纲纪也"、《荀子·王制》中的"王者之人，饰动以礼义，听断以类。明振毫末，举措应变而不穷，夫是之谓有原，是王者之人也"。可见，无论孔子、孟子还是荀子的礼论思想，他们都强调"礼"是维护国家统治的基本方略，是稳定社会秩序的根本途径。

就伦理层面而言。一直以来把"亲亲"的血缘关系置于"尊尊"原则之上的宗法制度，随着西周统治的覆灭而摇摇欲坠。孔子出于政治因素的考量，为维护"尊尊"原则，不得不削损周礼立足于血缘强化"亲亲"原则的重要性。由此，孔子以"礼""正名"。倡导"君君，臣臣，父父，子子"的礼治思想，重拾伦理教化为礼治思想作重要支撑。孟子把孝悌的家庭伦理外推至人伦，明确地把社会中人与人之间的关系划分为"五伦"，即君臣、父子、夫妇、长幼、朋友，进而将人伦关系普及、推广到整个社会，"老吾老以及人之老，幼吾幼以及人之幼"，围绕"礼"的框架，人际交往所要遵循的道理和准则就有了统一的行为指导。他把"礼"内化成"亲亲""长长"的心理原则运用于政治，强调"亲亲而仁民，仁民而爱物""人人亲其亲、长其长，而天下平"，主张"圣人，人伦之至也。欲为君，尽君道；欲为臣，尽臣道。二者皆法尧舜而已矣。不以舜之所事尧事君，不敬其君也；不以尧之所以治民治民，贼其民者也"⑥。至此，伦理和政治紧密结合起来，成为维护阶级统治的实践标准。荀子继承

---

① 《论语·雍也》。
② 《荀子·大略》。
③ 《荀子·议兵》。
④ 《荀子·强国》。
⑤ 《荀子·王霸》。
⑥ 《孟子·离娄上》。

和发展了孔子、孟子的家庭伦理思想。他在《荀子·君道》篇中对何为君、臣、父、子、夫、妻进行了详细阐释："请问为人君？曰：以礼分施，均遍而不偏。请问为人臣？曰：以礼待君，忠顺而不懈。请问为人父？曰：宽惠而有礼。请问为人子？曰：敬爱而致文。请问为人兄？曰：慈爱而见友。请问为人弟？曰：敬诎而不苟。请问为人夫？曰：致功而不流，致临而有辨。请问为人妻？曰：夫有礼则柔从听侍，夫无礼则恐惧而自竦也。此道也，偏立而乱，俱立而治，其足以稽矣。"除此以外，他强调家国同构，对夫妇、亲子、兄弟"与天地同理，与万世同久"的伦常秩序要与社会基本组织一样，家庭成员之间都必须恪守森严的等级秩序。

就仪节层面而言。仪节是人际交往、日常生活中人们彼此共存的约定俗成的道德规范和伦理准则，即与人们社会生活息息相关的外在样式。基于这一点，先秦儒家礼教思想格外重视社会仪节的价值提炼和思想诠释。"礼仪三百，威仪三千"①，先秦儒家礼仪大到国家典章制度，小到行为准则规范，涉及各个领域。人们在礼治教化的轨道上自觉遵守社会伦理规范，维护社会和谐秩序。《左传·隐公十一年》中"礼，经国家，定社稷，序民人，利后嗣者也"最能体现其主旨。体现孔子践行礼仪最为直接的例证主要集中在《论语》，如体现尊老敬贤的"乡人饮酒，杖者出，斯出矣"②；体现恪守秩序的"席不正，不坐""食不语，寝不言"；体现言行规范的"非礼勿视、非礼勿听、非礼勿言、非礼勿动"③；体现孝道的"生，事之以礼；死，葬之以礼，祭之以礼"④；体现不同场合行为举止的"于乡党，恂恂如也，似不能言者。其在宗庙朝廷，便便言，唯谨尔""与下大夫言，侃侃如也；与上大夫言，訚訚如也；君在，踧踖如也，与与如也"⑤，等等。另外，关于对于丧葬、祭祀礼仪风俗的基本原则和态度，无不渗透着对稳固统治的考虑。孟子践履礼中突破传统礼节"恭"的标准，而提出"敬"的主张，一方面，他认为礼仪只是外在形式，是否应该"敬"取决于礼仪的发出者的道德自觉和受礼者的贤德程

---

① 《礼记·中庸》。
② 《论语·乡党》。
③ 《论语·颜渊》。
④ 《论语·为政》。
⑤ 《论语·乡党》。

度，如"用下敬上，谓之贵贵；用上敬下，谓之尊贤。贵贵尊贤，其义一也"①，又如"牺牲既成，粢盛既絜，祭祀以时，然而旱干水溢，则变置社稷"②。另一方面，提出民本思想，以百姓的利益作为衡量礼的标准。如"民为贵、社稷次之，君为轻"③，他以符合内心原则为准绳，开创了礼仪评价的新标准。荀子把"礼"置于无上的政治地位，"礼者，人道之极也"，认为只有遵守外在的道德准则、行为规范和礼节仪式，国家才能长治久安。他十分注重遵守"礼制"，并把仪节上升为法律化的条款。在《荀子·大略》篇中有明确的表述，如"天子外屏，诸侯内屏，礼也。外屏不欲见外也，内屏不欲见内也""诸侯召其臣，臣不俟驾，颠倒衣裳而走，礼也。《诗》曰：'颠之倒之，自公召之。'天子召诸侯，诸侯辇舆就马，礼也。《诗》曰：'我出我舆，于彼牧矣。自天子所，谓我来矣。'""天子山冕，诸侯玄冠，大夫裨冕，士韦弁，礼也。天子御珽，诸侯御荼，大夫服笏，礼也。天子雕弓，诸侯彤弓，大夫黑弓，礼也"，等等，"隆礼遵贤"思想以及各种仪节可窥一斑，足见其对礼法关系和政治制度的思考。

3. 关注乐治教化

乐论思想是先秦儒家礼教思想中的重要美学命题。音乐的运用把人们内在情感的陶冶方式发展形成为一套集思想性、教育性、文化性、政治性于一体的乐治体系，以"求治"思维，达到美与善、情与理、知与行的和谐统一，这对于稳定社会秩序、维护社会和谐产生了深远影响。

实现美与善的和谐。先秦儒家礼教思想非常重视音乐的审美价值在社会活动中的重要作用，并把"美"与"善"作为音乐审美标准中的两大重要原则，在"美""善"中体现"中""和"观念，达到形式与内容的高度统一，为治国理政提供了音乐美学思想的价值参考。先秦儒家孔子把音乐思想性和艺术性的高度统一归结为"美"与"善"的统一，把"尽善尽美"作为音乐审美的最高境界。如《论语·八佾》记载："子谓《韶》'尽美矣，又尽善也。'谓《武》'尽美矣，未尽善也。'"《韶》乐既有对君王功绩、昌平盛世的歌颂，也有对君王平心成政和为国以礼的

---

① 《孟子·万章下》。
② 《孟子·尽心下》。
③ 《孟子·尽心下》。

劝谏，被孔子评价为尽善尽美的艺术。《武》乐是周武王讨伐商纣时奏的乐曲，虽"师出有名"，但孔子认为不符合"平和""礼政"的政治主张，因此不能"尽善"。足见，孔子对音乐的审美评判是以政治标准为前提的，即"仁德"为善，"平和"为美。孟子延续了孔子的美善观，强调"美善合一"。从"仁义"角度诠释音乐："仁之实，事亲是也；义之实，从兄是也；智之实，知斯二者弗去是也；礼之实，节文斯二者是也；乐之实，乐斯二者，乐则生矣；生则恶可已也，恶可已，则不知足之蹈之手之舞之。"① 认为音乐之美会随仁义的本心自然显现，音乐之善会随快乐的本心自然流露。荀子强调"美善相乐"。"故乐行而志清，礼修而行成，耳目聪明，血气和平，移风易俗，天下皆宁，美善相乐。"② 在他看来，音乐必须体现审美娱乐性和意识形态性两个重要方面。只有既具有美感又合乎礼教要求的音乐才是美善统一的礼乐，才能达到陶冶情操、愉悦心灵的双重作用。

实现情与理的和谐。音乐作为沟通人际情感的最佳艺术形式，具有无与伦比的感化力量。它借助听觉神经既能诱发出人不同的心理反应，又能激发出情景交融的心灵感应。儒家思想把"乐"作为其礼教系统中的重要组成部分，化人情性，归于宁和，移情入理，移风易俗，彰显德行。站在统治阶级立场的孔子看到了艺术情感表现中情与理的和谐统一的重要意义。孔子主张"理"化之情，孔子发挥音乐"移风易俗"的功用，推崇"乐而不淫，哀而不伤"的雅乐，反对"郑卫之声"的俗乐。孟子主张情理兼容，他不反对俗乐新声，认为音乐给人的美感是与生俱来的，闻乐而知德、知政也是在情理之中。他提出"独乐乐不如众乐乐"的"与民同乐"思想，以使天下得治。荀子主张情理统一，提出"中和"原则，认为音乐美在于"中和"，中和之美足以达成情与理的统一、内容与形式的统一。如《荀子·乐论》中："故乐者，审一以定和者也，比物以饰节者也，合奏以成文者也；足以率一道，足以治万变。是先王立乐之术也。"

实现知与行的和谐。儒家礼教美学思想是根据艺术的审美娱乐性和熏陶性的特点，把乐与政治秩序建构紧密联系起来，充分利用人文化育作用，达到知行和谐，使社会成员自觉遵守社会伦理规范，自觉服务于宗法

---

① 《孟子·离娄上》。
② 《荀子·乐论》。

等级社会。在孔子的乐教思想中,他认为音乐是提高个人修养的必不可少的美育手段,并把它上升为维护公众秩序的政治工具。因此,乐教实践中他把"行"作为学习的延续,强调知行合一的重要性。孔子学习音乐勤谨刻苦,造诣深厚,他从"习其曲""习其数",到"得其志""得其为人",表明了他"成于乐"的主张在于实现理想的君子人格。换言之,通过音乐教育引人入善,顺从天道,即实现他的礼乐抱负。孟子发展了孔子"重知重行"的思想,把音乐作为道德修养的最高境界,强调"心知"。他重视音乐的社会教化作用,认为"有诸内,必形于外","仁声"表现"仁义"的艺术形式,"仁言不如仁声之入人深也,善政不如善教之得民也。善政民畏也,善教民爱之,善政得民财,善教得民心"①,他把"仁声""善教"置于"善政"之上,把"乐"当作治理社会的重要手段,实行德行教化。基于"性恶论"的观点,荀子强调"由行致知",即以行为目的、以行验知,认为"乐者,所以导乐也"。表明要通过"乐"把由人的情感生发出的不符合道义的"乐"引向礼义。换句话来说,就是以雅颂之"乐""善民心""移风俗",以致人们"所谈者仁义,所传者圣法"②。

(三)实现现实性与理想化的统一

先秦儒家礼教思想是围绕"德政"建构的一系列治国方略,其修己治人、仁者爱人等民本思想都是基于这一现实政治背景形成的完整的德政理念,是先秦儒家礼教思想在治国理政和教化人心等方面源于现实、又高于现实的教化体验,是儒家礼教思想超越现实完美人格、理想社会等方面的理论升华和价值探索,至今对建设和发展中国特色社会主义的治国方略仍有重大借鉴意义。

1. 塑造内圣外王的理想人格

就以周礼道德原则为理论预设的儒家而言,对理想人格有着强烈的价值关怀并展开积极思考和理论实践。内圣外王的理想人格建构就是其最高政治目标和现实关怀的内在张力和终极价值指向。孔子虽然没有把实现人格理想和王道政治理想的"圣人"理想定义为"内圣外王",但是他却奠

---

① 《孟子·尽心上》。
② 《后汉书·儒林传论》。

定了"内圣外王"的思想基础。孔子认为"人有五仪：有庸人，有士人，有君子，有圣，有贤。审此五者，则治道毕矣""所谓圣者，德合天地，变通无方，究万事之终始，协品之自然，敷其大道而遂成惰性，明立日月，化行若神，下民不知其德，睹者不识其邻"①，在他看来，圣人是至高至大，至圣至神的理想人格。他倡导并力图实现对理想人格的探索与追求，"克己复礼"是内圣外王思想的最核心体现。"克己"在于个人修养是实现"内圣"的途径，"何事于仁，必也圣乎！尧舜其犹病诸！夫仁者，己欲立而立人；己欲达而达人。能近取譬，可谓仁之方也已。"② 可见，孔子所认定的理想人格典范是连尧、舜、文武周公都未必能企及的。"复礼"在于以礼为国是实施"外王"的手段，他以"德"为前提，以"礼"为保证，提倡"仁政"，主张"道之以政，齐之以刑，民免而无耻；道之以德，齐之以礼，有耻且格"③。足见，"内圣外王"思想已初具规模。孟子继承和发展了孔子的圣人思想，主张"仁者无敌于天下""修其身而平天下"，在孔子基础上进一步强调了通过"内圣"而达到"外王"的主张。荀子则超越了孔孟注重的道德修养圣王人格，强调"内圣"的道德修养和"外王"的社会事功相互作用、相互影响，不可偏颇。关于"内圣"，他提出"君子至德，嘿然至喻，未施而亲，不怒而威；夫此顺命，以慎其独也"④ 的"慎独"修养说，进一步发展了孔子的"圣人"观。关于"外王"，他认为霸道和强道德同等重要，外在事功不能孤立于内在修养之外，如"王者之人：饰动以礼义，听断以类，明振毫末，举措应变而不穷，夫是之谓有原。是王者之人也"、"知强大者不务强也，虑以王命，全其力，凝其德。力全则诸侯不能弱也，德凝则诸侯不能削也，天下无王霸主，则常胜矣：是知强道者也。"⑤ 只有"尽伦""尽制"，才能"内圣外王"，实现"王道"。

2. 构建和而不同的理想社会

先秦儒家礼教思想对"和而不同"的理想社会有着审慎的系统思考和社会实践，这表明儒家思想已经从君子人格的行为指导上升为对社会理

---

① 《孔子家语·五仪解》。
② 《论语·雍也》。
③ 《论语·为政》。
④ 《荀子·不苟》。
⑤ 《荀子·王制》。

想的政治选择。追溯到西周末期，郑国史伯提出了"和实生物，同则不继"① 的命题。他认为"和"是万物的法则，相互转化，相互包含而存在，"同"却不能增益。之后"和"与"同"的差异性也越来越被人们所认同。孔子提出"君子和而不同，小人同而不和"的"君子观"，并涉及修身、齐家、治国各领域，成为儒家君子人格的基础与核心。孔子明确了求同存异思想，对"和"有了更深刻的阐释，"乐者，天地之和也。礼者，天地之序也。和，故百物归化。序，故群物皆别"② "礼之用，和为贵"等，孔子关于人生哲学的感悟不过是他实现政治理想的铺陈，他的"中庸之道"在于建构他的"大同"社会，实现和谐共生的理想状态，即"大同无邦国故无有军法之重律，无君主则无有犯上作乱之悖事，无夫妇则无有色欲之争、奸淫之防……无爵位则无有恃威、估力……无私产则无有田宅、工商、产业之讼。"③ 孟子是孔子"仁"主张的集大成者，对"和"的重要性有着精彩的阐述，如"天时不如地利，地利不如人和""得道多助、失道寡助"。同时，从《孟子·告子上》关于"争地以战，杀人盈野；争城以战，杀人盈城"和"庖有肥肉，厩有肥马，民有饥色，野有饿莩"不同场景的对比描述也可以看出"和"的困境。这对于秉持"性善论"立场的孟子，那种倡导以"仁"求"和"的"民本思想"无疑是一种打击，"夫人必自侮，然后人侮之；家必自毁，而后人毁之；国必自伐，而后人伐之"④，从其忧国忧民之心可见，孟子对"和而不同"的自然达成最初也是有所质疑的。而提倡"性本恶"的荀子却较之前者来得直接，他认为"义以分则和，和则一，一则多力，多力则强，强则胜物"⑤，显然，"和"的思想作为一种政治手段或是政治目的或是政治价值，就先秦儒家而言已是共识。但荀子的"和"强调与"礼""法"共存，提出"君人者隆礼尊贤而王，重法爱民而霸"⑥ "法不能独立，类不

---

① 《国语·周语》。
② 《礼记·乐记》。
③ 《大同书》。
④ 《孟子·离娄上》。
⑤ 《荀子·王制》。
⑥ 《荀子·大略》。

能自行，得其人则存，失其人则亡"①"庶人安政，然后君子安位"② 等，他的政治思想从某种意义上来说却成了"和而不同"理想社会的真正践履者。

3. 达到天人合一的理想境界

"天人合一"思想是礼教文化的思想核心与精神实质。"天道""人道"属道德范畴，"天命""人事"相互影响、相互融合而达至理想状态，即"天人合一"，这是儒家礼教思想的基本精神。孔子主张顺天命而行事，认为"天生德于予，桓魋其如予何"③ "天之为丧斯文，匡人其如予何"④。同时，他认为顺应天命行事就是遵循自然规律，把"仁"归结为天道，是自然本性使然，把孝悌之举归结为"为仁之本"。由此，他的天命观中保留了人的主观能动性判断，这一理论设想开辟了孟子的理论道路。孟子把天人合一思想贯穿于"性善论"这一主要命题，把"天道"理解为"道德"，提出"尽心知性""良能良知""四端""万物一体"主张，把人性归结于天性，人理与天理相合，人心与天道相通，奠定了儒家"天人合一"思想的核心。荀子的"天人合一"思想较之孔孟主张，弱化了顺应天意的超验主义，把"天命"理解为自然法则，而是认为"从天而颂之，孰与制天命而用之"⑤，在人与自然的关系上，把人的主观能动性推向极为重要的位置。由此，"天人合一"的儒家思想不仅成为儒家的基本实践，更达到了一个卓越超迈的理想境界。

（四）局限性：固守"家天下"的应然逻辑

诚然，礼教政治伦理思想的政治性与伦理化的统一、统摄性与社会化的统一、现实性与理想化的统一等价值意蕴，在合目的性、规律性的总原则之下，对于实现人与自然之间的和谐、人与人之间的和谐、人与社会全面发展的和谐统一，具有不容置疑的正当性与合理性，至今仍具有重要的理论和现实意义。然而，由于礼教政治思想中"家天下"时代背景下"仁"的本体性，使其必然带有与生俱来的消极因素，所以于今天的政治

---

① 《荀子·君道》。
② 《荀子·王制》。
③ 《论语·述而》。
④ 《论语·子罕》。
⑤ 《荀子·天论》。

背景或社会情境中探讨礼教思想的价值意蕴,首要任务应该对其进行深刻反思和质疑,避免忽略历史背景研究带来的诸多不确定性甚至是局限性而使其研究陷入理论虚化困境。

1. 重私德轻公德的政治伦理传统

道德始终是儒家政治伦理奉为圭臬的理性。它是礼教思想的根基和出发点,从提高个人道德素养到协调人际关系乃至治国安邦,在人类社会生产生活中发挥着重要作用。比如孝悌之说:"子曰:'夫孝,德之本也,教之所由生也。'有子曰:'君子务本,本立而道生。孝弟也者,其为仁之本与?'。"① 又如孟子的性善说:"人性之善也,犹水之就下也。""人无有不善,水无有不下。"② "人之性恶,其善者伪也。今人之性,生而有好利焉,顺是故争夺生而辞让亡焉;生而有疾恶焉,顺是故残贼生而忠信亡焉;生而有耳目之欲,有好声色焉,顺是故淫乱生而礼义文理亡焉"③ 的性恶论,无论是非功过却都为道德源起,生发师法之化、礼义之道、文治武功,"道德"修正概莫能外。

然则这种儒家政治伦理传统一旦从"家国同构"的宗法社会抽离出来,置于价值效能框架下则也有不能"概"。论及先秦儒家"道德"必谈"孝道"。"先王有至德要道,以顺天下,民用和睦,上下无怨。汝知之乎?"在《孝经》中孔子的大量言论都在论述"孝治",致使贯彻两千年封建社会的都是"以孝治天下"的治国纲领。基于此,道德无论走多远其实仍然没有离开"家",仍然囿于"私德"范畴。"不可否认的是,在历代儒家的经典著作中,家庭伦理关系都具有不容侵犯的地位,哪怕是面临公共美德无存的危险。当然,儒家经典有其本身的逻辑:家庭是公共生活最小的单位,家庭也是滋养一切美德的场所。"④ 这样看来,儒家礼教的道德是私德,从小处着眼是修身,从大处来说便是人治。若觉得言辞过于绝对,充其量在某些领域可算得上"美德",却无论如何与"公德"不搭界。故而,就当前社会情形"公德"的呼吁置于儒家礼教思想领域的研究尚有借鉴之中的空白。

---

① 《孝经·开宗明义章》。

② 《孟子·梁惠王上》。

③ 《荀子·性恶》。

④ [美] 狄百瑞:《儒家的困境》,北京大学出版社2009年版,第35页。

2. 重德治轻法治的政治伦理秩序

礼教思想"仁"的本体化性质要求道德教育成为必然路径选择，把实践体验作为道德教育的通行范式和重要维度，根植于个人内心的道德修养。一方面强调"修己"的德育观，上至君主贵族下至平民百姓试图以道德的自我约束和榜样示范，发挥道德教化赋予的责任期待和社会调节，实现构成公序良俗"无讼"的理想社会，如孔子认为"听讼，吾犹人也，必也使无讼乎"①。另一方面继孔孟之后，荀子成为儒家"隆礼重法"思想集大成者，提出了德法并举的治国思想，特别注重强调"隆礼尊贤而王，重法爱民而霸"②，不但延续和发展了孔孟重德育观念，更具前瞻性地开启了儒法合流的先河，呈现出了政治法律思想的端倪。这种从"以礼为教"角度出发，脱胎于等级制度且能超越等级制度来建构的法治思想，为个人道德养成尤其是社会趋向道德制度合理化、为当代社会治国理政研究提供了不可多得的政治参考。

但反观宗法制度的历史背景，这一政治理想和社会愿景一产生就势必成为符合阶级利益、等级观念的远景规划。尤其是"礼""法"观念的逐步成熟，阶级立场和道德主观界定不可避免地使这种法治意识一萌生就充满了人治色彩和等级观念。归根结底，这种无法回避的政治文化背景下决定了这种道德规范无论是治人还是治于人必然掣肘于治人者的道德品行。

3. 重安民轻民权的政治伦理价值

民本思想是礼教政治思想中一项较为重要的治国理念。孟子在孔子"礼治"和"德政"思想基础上，将民本思想推到了一个全新的政治高度，尤其难得的是其"重民"主张已经初步呈现出人权意识。立足"仁政王道"，他关于"民心"的阐释十分深刻，如"得道者多助，失道者寡助；寡助之至，亲戚畔之；多助之至，天下顺之。以天下之所顺，攻亲戚之所畔，故君子有不战，战必胜矣"③，"民为贵，社稷次之，君为轻"④，"得其民斯得天下"⑤ 等，他注重得民心之道，在爱民、保民、利民方面为君主提出了一系列远见卓识的建议和措施，为维护和巩固阶级统治地位

---

① 《论语·颜渊》。
② 《荀子·性恶》。
③ 《孟子·公孙丑下》。
④ 《孟子·尽心下》。
⑤ 《孟子·离娄上》。

和长远利益发挥了重要作用。

尽管孟子将民本思想进行了很好地梳理整合，归纳提炼了较为完备的理论形态，但一旦我们真正用人权或民权来校正，这里的"民本"实质上是在"民本"掩盖下的"君本"，"保民"旨在"保君"，有了这层面纱，就可以"根据自己的社会角色确立自己的名分，并且能够依自己的名分尽到自己在各种人伦关系中的义务，整个社会即成以义务为主的社会，在治理社会问题上只能是义务为主权利为辅，义务为本权力为末，而不能如今日以权利为本来治理社会，规范人伦"①，如此，只知义务不识权利便是忠孝之举，否则便为"不忠不孝"悖逆纲常人伦。显见，政治立场不同政治效能便不同。因此说，借鉴儒家礼教"民本"思想，依照当下的政治秩序探讨公民的权利与义务，关键要转换政治思维，在警惕这种主体的不对等性中慎重诠释提炼符合新时代政治需求、符合新时代民众期待的民主精神。

二 先秦儒家礼教思想的现实镜鉴

礼教思想的教化传承的实现是通过儒家经典独特的文化范式来影响并渐进浸滤人们共同遵循的行为方式、社会秩序和价值观念。春秋初始，社会秩序的政治整合、组织结构制度化的构建、思想文化的缺失、精神信仰的迷茫等各种变革条件契合了儒家礼教思想的逐步成熟。这样的思想关照和政治参照也粹成了儒家礼教思想从生命个体到信仰追求、从社会秩序到国家制度所折射出的文化精神，维度之广阔、意义之深远，势必在历史洪流中折射出它历久弥新的思想光辉。

中华民族和中华文明得以生生不息靠的就是这种精神文化道统的贯通融合。即使处在当代社会转型时期的发展进程中，对于民族传统文化的继承与发展研究也从来没有停止过。毋庸讳言，儒家礼教的现代转换，势必导致构建适应社会主义市场经济体制的文化体系是一个异常艰苦的过程。但是"抛弃传统、丢掉根本，就等于割断了自己的精神命脉"，加强社会主义核心价值观教育，完善中华优秀传统文化教育已经势在必行。

---

① 蒋庆：《政治儒学——当代儒学的转向、特质与发展》，生活·读书·新知三联书店2003年版，第234页。

(一) 公民层面: 性命之理的自觉与超越

何谓性命之理? 孔子如此释说:"殷因于夏礼,所损益可知也;周因于殷礼,所损益可知也;其或继周者,虽百世可知也。"① 这"百世可知"的天道性命之理正是这信仰信念的精神建构之理。因为,一方面人的生命物性与其他生物体无本质区别,都要有满足维持生命存在并得以延续的需求;另一方面人的生命理性又是其他生物体所不能企及的,这是与生命体征相随相生的主观精神世界的理性需求。儒家礼教思想的超验主义智慧就在于它是总结于政论思想理念又超然于政治的对于生命的尊重和敬畏。

由此,人从生物之自然生命体到社会之价值生命体的共生共赢共荣,势必要经历一个承载并追求人类生命独特价值观念和文化取向的历史进程。在探索生命价值的过程中,礼教思想关于生命意义的伦理拷问和人生哲学的科学探索,引导人们认识生命、尊重生命、关爱生命、珍视生命,通过实现人生价值的理性自觉,达到圣人生命境界的最高层次,进而实现礼教思想深远达观的生命价值体系地构建。

个体道德的塑造和个体价值的实现离不开礼教思想的潜移默化,概莫能外。这种思想所蕴含的丰厚思想哲学和人文内涵的文化浓缩,通过自我修身、榜样示范等方式方法实现了个人层面人格理想和价值取向的完满教化,并将继续成为由人本能意识升华为精神品质的深度引领,是中华民族赖以生存和发展的精神纽带和动力支撑因礼教的高阶文明而奠定。

1. 以君子教化塑造人格理想

《礼记·大学》中有云:"古之欲明明德于天下者,先治其国;欲治其国者,先齐其家;欲齐其家者,先修其身;欲修其身者,先正其心;欲正其心者,先诚其意;欲诚其意者,先致其知,致知在格物。物格而后知至,知至而后意诚,意诚而后心正,心正而后身修,身修而后家齐,家齐而后国治,国治而后天下平。"在礼教思想中,"修齐治平"作为一个主体人格完整的成就途径,从个体到家庭再到国家、天下,皆起源于品性修养。人无信仰无以安身立命,要立大本,行达道,无品性修养更是道阻且长无以维系。正如"天下之人,知觉有主宰处,获得信仰与信念,心才有定;心定,天下才能不乱;获得性命之理与道德精神,才知何处去,才

---

① 《论语·为政》。

能疏解最大的焦虑"①，实现君子人格一直为礼教终极价值观的理想典范。

为达成君子人格，先秦礼教在儒学主导意识形态形成过程中极其注重通过自我修身等克己模式提升道德修养，穷其心志意力促使其感知并觉悟天道性命之理，锤炼品行促使其习得道德约束和慎终追远的定力和境界，也就此总结和成就了信仰信念的价值箴言。比如"修齐治平"的人生理想，"穷则独善其身，达则兼济天下"的精神境界，"寡欲""自省""知耻""改过"的教化理念，"格物""致知""积善""致诚"的践行原则，"己所不欲、勿施于人""三省吾身""君子慎独"的修身途径等这种以崇尚君子人格，践行君子修养之道而升发并凝练的儒家道德规范标准，已经固化为道德模式的思维养成，也成就了数千年来自我修身的发展模式和人格理想的时代引领。

"中华文化是中华民族永远不能离别的精神家园。正在接受现代市场经济考验和洗礼的中华民族，不会离别自己的精神家园"②，"中国文化的人格模式中，衍伸最广、重叠最多、渗透最密的，莫过于'君子'，这也可以说是一个庞大民族在自身早期文化整合中的'最大公约数'"③，并经过儒家礼教的选择、提炼，最终阐释了君子人格，成为中国人最独特的人格理想。君子之道成为中华民族践行人格理想的集体人格模式。中国改革开放以后，人们一直处于压抑和受限制状态的物质欲望，在市场经济下的物质利益原则的不断冲击下急剧膨胀，不少人在金钱的诱惑下突破了道德底线，不讲职业道德、不思家庭美德、不顾社会公德的现象如数家珍，人格理想正在随着道德因素地逐渐暗淡而失去精神家园。生态积淀人品，这种人格较量中岔路的选择，还是让多数社会成员警醒了自己与君子的差距。遵循自然性命之天道，守护仁义大德之伦常，在于生活点滴处、举手投足之间，其实这万般仍以儒家礼教为宗本，正如"富与贵，是人之所欲也；不以其道得之，不处也。贫与贱，是人之所恶也；不以其道得之，不去也"④。所以说，以君子人格为参照，正确处理公与私、义与利的关系，就不再仅仅是一个多方位的社会问题，而更是一个锻铸人格的过程历

---

① 司马云杰：《礼教文明》，华夏出版社 2015 年版，第 80 页。
② 叶小文：《激活中华传统文化的精神基因》，《中国青年报》2014 年 3 月 17 日。
③ 余秋雨：《君子之道》，北京联合出版公司 2014 年版，第 9 页。
④ 《论语·里仁》。

练问题。不妨以礼为鉴，洗心养性，克己修身，从礼教的君子之德中提升精神境界、陶冶道德情操、磨炼意志品行和培养浩然正气，这不仅有助于启迪普通民众树立一路向景永不止息的人格动员之风，也有利于社会朝着健康良性的发展轨道迈进。

2. 以榜样教化引领价值取向

诚如人的性命之理在于人的主观认知程度，其价值取向是在面临工作学习生活的各种矛盾冲突的立场决断和价值选择中，本能地表现出来的信念指引。价值取向兼具普遍性的理论品格和现实性的实践品格，个体价值经过验证趋同形成社会价值，社会价值反过来主导和支配个体价值选择，对社会个体产生深刻影响甚至是被普遍认定并为之长期追求的人生信念，价值取向的广泛性和认同度越高，价值取向的社会影响力越持久。

一个国家的文明进步程度与国民价值取向的认知程度休戚与共、息息相关。正如有学者论述："相对于国家层面价值目标和社会层面价值取向来说，公民个人层面的价值准则，更具有广泛性、渗透性和大众性；在广泛的社会领域深入开展涵养公民个人优良价值观的实践活动，不啻是培育和践行社会主义核心价值观的基础工程。"[①] 由此，对于一个正处于经济社会发展转型期的社会主义国家而言，培育和弘扬社会主义核心价值观是增强国家文化软实力的根本要求。

单就发挥榜样示范作用而言，其价值取向的培育和凝聚在媒介技术尚不发达的先秦时期礼教思想体系中通常归纳为三种路径来达成。一是通过祭祖追思祖先的平生业绩，彰显先辈的德行示范，以继承遗志光大门楣来承袭和坚守唤醒道德情感和价值养成；二是以君子形象打造世人的道德楷模，上至国君士大夫下至黎民百姓，人人奉为圭臬，以达到仁人境界引领和追求道德自律和价值理想；三是君王、官吏等把自身作为传播主体言传身教，以榜样对照来激励和矫正道德风尚和价值取向。

总之，无论是追述"仲尼祖述尧舜，宪章文武"的帝王风范，还是遍布"君子之德风，小人之德草，草上之风必偃"的修身训诫，抑或是选树"君仁，莫不仁；君义，莫不义；君正，莫不正。一正君而国定

[①] 包心鉴：《凝聚全党全社会价值共识的重要纲领（3）——学习〈关于培育和践行社会主义核心价值观的意见〉》，《光明日报》2014年2月24日。

矣"① 的榜样教化等，其价值理念对普通民众的思维方式、言行举止、伦理规范都产生了深远影响，推动形成了国民高度认可的礼教统一规范，促进了社会的良性循环和谐稳定。

可见，在一个以社会意识形态为主要内容的观念体系中，核心价值观是一个国家赖以维系的最深层次的精神纽带，人们之间只有有了这个紧密的"命运共同体"意识，这个国家才能实现文明进步。

（二）社会层面：文明秩序的规范与维护

马克思认为，人与社会是密不可分的，人是社会的人，社会是由人组成的，个人与社会的关系是伦理道德领域中重要的理论问题和现实问题之一。"社会是人同自然界的完成了的本质的统一，是自然界的真正复活，是人实现了的自然主义和自然界实现了的人道主义。"② 如此说来，其实礼教思想对于理想人格的倡导，不仅可以说是一种积极的人世态度，更是自然界和社会环境的整体和谐的一次精神追求，这是超越阶级超越时空超越国界的普世伦理价值观的最为朴素的再现与表达，所维护的正是人类赖以生存繁衍的文明社会的基础。

当今社会已经进入了一个崭新的历史发展阶段，信息技术、互联网迅猛发展，劳动生产不再是生活的全部内容，衣食住行也只是最基本的生活需求，人类的生存发展更加离不开高度发达的物质文明，随之对精神文明的要求变得越来越高，人与人之间的公共生活领域变得越来越广泛，人的私利属性愈加暴露的同时人的公德渴望愈加强烈。重拾礼教思想的普世价值，规范和维护现代社会文明秩序显得极为迫切。

1. 以伦理教化凝聚社会功能

儒家的社会伦理首当其冲的是家庭伦理，礼教思想得以赓续薪火的一个重要原因就是家国同构的伦理教化作用。"修齐治平"思想达成了国家体制与社会认同的高度重合。如果说"齐家"是通往"治国""平天下"的重要环节，那么"三纲四维五伦五常八德"就是实践过程走向政治参与的行为规范，君臣、父子、兄弟、夫妇、朋友的人伦关系在"成教于家"个体转换中实现了社会化过程，为稳定社会秩序、维护阶级统治起

---

① 《孟子·离娄上》。
② 马克思、恩格斯：《马克思恩格斯全集》（第42卷），人民出版社1979年版。

到了至关重要的作用。可见，家风家规家训是礼教思想中家国同构伦理教化的成功范例。

"家风是一个家庭的精神内核，也是一个社会的价值缩影。"虽然"家国同构"是宗法社会利益格局下的社会组织机制和社会文化模式，但其体现民族传统道德思想与规范、实现社会和谐的家风教化的潜功能，对于规范和维护社会秩序文明不能不说具有凝聚作用。

礼教伦理思想以孝为原点，以家庭为中心，不仅在祭祀祖先中直面生命体悟、追思生命恩惠，更重要的是在现实世界中感念生命延续，以维护现实伦理存续的血缘来实现生命观照，这种通过"孝"意识的涵养与扩充，把我们对父母孝敬感恩之情推及为对所有人伦的尊重和守护，以期达成"慎终追远，民德归厚矣"的社会文明。如儒家经典"三礼"——《周礼》《礼记》《仪礼》都详细阐述了父慈子孝、夫妇和顺、兄友弟恭的人伦之教。除却反映宗法制度的君臣、父子、夫妇之间的特殊道德约束为人所诟病外，那种符合人伦之道的是家族伦理教化仍不失为超越时代的鲜活教材。尤其是礼教伦理中的代际教化，这种家风传承把代际问题很好地消解在天伦人道，对于如何处理好新时期父代与子代之间的关系，是难得也是有益的重要启示和指导。对于国家重提家风建设的今天，唯以弘扬并传承中华民族家风美德，重建并升华中华民族家风文化，才能激活国民固有的家风传承基因。由此看来，无论社会发展到什么样的历史阶段，家族伦理都要放在且必须放在政治范畴之外去摆位和说理，才能不悖于自然伦常，这才是处理好家族伦理的关键认知。同理可证，如果把礼教的政治色彩滤掉，然后分析，那么把仁、义、礼、智、信的"五常"之道用来调整和规范父子、夫妇、长幼、朋友之间的行为准则，对于达到"父子有亲，夫妇有别，长幼有序，朋友有信"就是最简捷适用的通行法则。可见，只有滋养生长并放大"明礼、孝亲、忠厚、诚信、勤俭"的中国式家风基因，才能促动国民对新时期家庭伦理问题的深刻反思，并能够以传承的态度审慎处理家庭伦理问题，最终形成集体主义观念的强大社会合力，在推动社会伦理道德的弘扬和固化中，在培育和发展社会主义市场经济的新伦理和新精神中，显示出深深融入民族血脉、代代延传的家风传统高度自觉的规约意识和高度文明的信仰意识。

2. 以和谐教化涵养社会风范

承上所言，家风家规家训是以礼教家国同构为主体的伦理教化。遑论家国意志，对于维护社会和谐确实取得了实实在在的效果，符合了中华民族传统道德的久行教化之理念。纵观礼教思想的发展脉络，它发端于礼崩乐坏社会秩序混乱时局下"克己复礼"的思想倡导，它以"仁"为核心思想道德教化体系，以"仁人君子"为道德教化目标，以"仁者爱人"为道德范畴体系，以"大同"为社会理想。可以说，它既是儒家经典文化的衣钵传承，又是道德修养维护和巩固社会秩序的利器，对中国传统社会秩序的稳固与发展有着深远的影响。

世界无论有多大，人是万物的主宰，人作为社会主体在一定的社会关系中生存繁衍、生产生活，在从事实践活动中因天性利益分化生发组建产生不同的社会政治力量如阶级、阶层、集团、民族、国家等，互相成为一个社会存在和发展的支柱。归根结底，人是这个社会的缔造者，是这个社会得以发展和进步的主体因素，因此，人与人之间的和谐，是实现社会和谐发展的必然基础和重要前提，或者可以直截了当地认为，达成人与人的和谐是人得以生存发展的关键条件，即人的个体和谐是维持自然界长期发展与实现社会劳动实践生存共赢的必然结果。"日月有常，星辰有行；四时顺经，万姓允诚"[1]；"唯彼陶唐，帅彼天常"[2]，足见追求和乐、美好、有序，一直是人类孜孜以求的美好愿景和高尚境界。

从儒家孝道思想的传袭延展为教化中的人伦之"道"，到归结为构建和谐社会奠定伦理道德建设的方法论，都离不开"仁"这个道德纽带。也就是说，和谐教化终归离不开一个"仁"字，唯"仁"能建立起人与人之间的默契融洽，打开建立起与这个社会圆融通达的和谐处世之风范的方便之法门。从人本主义观念出发，造就个体自我和谐，就要强调以人为本，强调"爱人"精神，唯此才能谈及健全人格，才能涉关世界观方法论。要做到融入自然、融入社会、融入集体，就必须合理汲取礼教"仁"的思想，才能注重人际和平和睦和谐，实现人与人、人与社会的和谐共处。

"和"为儒学精要，"和"作为礼教一脉相承的儒家文化，始终以一种源远流长的生命力浸润在中华文明的温情中，成为中华民族数千年来薪火不熄，代代相传的一种特殊思维模式。和气生财、和而不唱、和而不

---

[1] 《尚书大传》。
[2] 《左传·哀公六年》。

同、和睦相处、和气致祥、和如琴瑟、和颜悦色、和衷共济……恐怕再没有比中华民族更懂得这个"和"字。这里不谈国家层面如何为"和"而努力,单就社会层面的人际关系而言就已经能够成为一个非常值得探讨的重要课题了。

礼教伦理道德规范中详尽了关于"仁'的主张,它包含了一切关于人生法则、内省自胜、涉世为人、修身立世的行为准则和道德规范。以史为鉴,思考当代社会的和谐课题,不如从此处着眼,必有四两拨千斤之成效。依托礼教人际和谐之方式方法,以群体理念为整体本位指导,把群体和睦、社会秩序和谐作为出发点和落脚点,提倡以和平方式调和人际关系,相信这样的视角对于新时期仍然是实现遵循和谐通达的处世为人之道的价值参照。为者常成,行者常至,顺应礼教的规诫,把人际交往的行为准则内化为个体心理认同的有效方式,把道德养成贯穿于成长成熟的人生锤炼,以"仁者爱人"的道德意愿和道德情感凝聚价值理念,以"和而不同"的大气魄和大格局引领社会风尚,以此指导实践路径,如果社会成员都能够"随心所欲而不逾矩",那么人际和谐就不再是问题,社会和谐就不再命题,社会成员共享良好价值观带来的社会福祉就不再是梦想。

(三)国家层面:"德治礼序"的弘扬与摒弃

"礼义也者,人之大端也","故坏国、丧家、亡人,先去其礼"①,"在中国,礼,从根本上说,就是依托家庭、社会、国家这些伦理性实体,借助于包括丧、祭、射、御、冠、昏、朝、聘等各种制度化、程序化、规范化的礼仪,使每个社会成员在潜移默化中自觉承担起必要的伦理责任,以保障各层面的伦理性实体稳定、有序地运行"②。可见,"礼"从小处讲与个人家族息息相前,从大处说与社会国家密不可分。"德"是自律,"法"是他律,"礼"则承担着其中的伦理责任。所以说,无论是以德治国还是以法治国都离不开礼治的得力辅弼,这是当代中国人不可推卸的责任。

当前,要推进依法治国,实现国家的有效治理,就必须把握德治、礼治、法治之间的互补性、兼容性和一致性,坚持"德治""礼治""法

---

① 《礼记·礼运》。
② 姜义华:《礼治与德治、法治的内在联系》,《北京日报》2014年10月20日。

治"并举，重教以化之，隆礼以节之，立法以禁之，让崇德重礼与遵纪守法并行，把道德约束和法律规范有机统一起来，确立起共同维护社会公序良俗、促进社会和谐稳定的现代化国家治理体系。

1. 以德治教化践行礼治约制

就"德"而言是个人内心情感上的认知范畴，既可说有规有矩，又可说无规夫矩，全凭个人德行衡量。正如《礼记·曲礼》中所说"恭而无礼则劳，慎而无礼则葸，勇而无礼则乱，直而无礼则绞"，德无礼便再无考据，为此"礼"必须担负起规范责任，对道德予以制约。所以说，实现德治不仅要通过借助道德认知、道德情感、道德意志等道德品质来影响社会成员实践精神世界的价值理性和社会信仰，还必须通过礼治把道德规范引入社会秩序。显见，这里的德治功能及其发挥方式是要通过礼治约制，来发挥德治对社会个体思想道德意识的自我评价构建并完成道德社会化工具作用的。因此说，德治规范体系建设的关键条件是礼治要对道德的个体行为方式上提供共同的伦理支撑，这个支撑是要能够统领个人改造主观世界的社会主流道德价值秩序，使之协调政治经济、社会生活秩序，即实现人的理性立法。

"德治礼序"，顾名思义，就是要以德为先，以礼为上。礼教"为政以德"的德治论主张，把德治、礼治作为治理国家的最高尚的治国之道，通过"为政以德"主导下的"以礼为教"来实现治国治世的目的。"礼者，因人之情而为之节文"，这一因人性教化而制定礼数的德治主义治国模式虽服务于宗法社会统治阶级，但也不能不说对于"人皆可以为尧舜"的独具自省精神特质的中华民族来讲，社会形态的更替并没有影响为国家治理体系和治理能力现代化提供现实参考和价值借鉴。

德治、礼治的结合价值意义就在于其作为社会规范的一种治理手段，对社会精神文明建设和法治精神建设所具有的功用和效能。公众道德规范通过道德标准调节机制来弥合和化解社会利益群体的矛盾冲突，以达到稳定社会秩序和调和公共利益的社会效应。礼治始终以道德为教化纲领，把道德作为社会治理的最高原则，从"为政以德"到"以德化民""以德服民"，以其独特的制约方式在规范社会秩序方面发挥了举足轻重的作用，为人类社会发展提供了国家治理方略的重要佐证。当前，正是加速推进国家治理现代化进程的关键时期，赋予德治完成公共权力所负载的维持一定的社会秩序、追求全社会的公众权益的工具作用不失为明智之举，这必将在社会政治经济文化及生态文明领域产生关键影响。

对于法治的外在强制力所不能触及的内在行为约束，德治礼治的结合是以软性规范方式的道德教化，涵养法治精神最有效途径。德治礼治的落脚点在于提升全民族的思想道德素质，实现人的自由全面发展，这也正契合了国家治理现代化的可能路径和现实目标。因此，道德教育不是简单的道德观念的灌输宣传和引导，而是建立在礼治基础上对道德养成和道德品格的理性认同。德治不在于要求每个国民素质都要有"高大上"的生活方式，而是本着客观务实原则提出不同地域、不同层次、不同岗位的礼治规范。因为在多元价值观社会，道德判断与道德的自我建构很难整齐划一，所以如果把道德界定在上层建筑范畴，就必须借助礼治思想充分考虑价值判断和价值选择的独立性、选择性、差异性和多样性，使社会成员的个体思想意识和社会价值理想在多元价值观念之间保持合理张力。

2. 以法治教化实现礼治融合

德治礼序说到底是对社会成员必须遵守的道德的底线实现一种约束，这种约束是维护公共权力不被践踏的最低的道德要求。从社会历史发展来看，德治礼序的规范化、制度化对社会成员的人格养成和全面发展发挥了不可替代的作用。但德治礼序的功效仍是偏重于乡俗民约规章制度，自律性大于他律性，虽可容纳规则意识却因其道德规范先天的弹性维度终不能以其本身立法，一旦发生利益纷争，其赖以维系的公共权力所有者利益和意志的保障就会受到消解。可见，无论是修身养性还是为人处世虽然都有其共同遵循的道治礼序，但如果没有为社会所维护并以此建立起的常道法则，没有围绕秩序所建立起来的包括政治、哲学、伦理、神学、历史、法律、文学、经济、教育、美学等在内的文化制度体系，这个准则就会失去为天地立心，为生民立命的根本，法治必然要承载常道法则的历史使命。

法治是为切实维护社会公平正义而对社会个体行为实施规范的强制手段。现代社会的法治内涵包括治国方略或社会调控方式；依法办事的原则；良好的法律秩序；某种具有价值规定的社会生活方式；一个融会多重意义的综合观念和社会理想。[①] 法治通过法律建立社会普遍行为准则，调

---

① 参见张文显《马克思主义法理学》，高等教育出版社2003年版，第336—340页。

节社会成员的利益关系,确保其在公平正义的社会环境下行使权利履行义务,维护权利承担责任,从而实现从源头上预防和减少社会矛盾,从制度上实现社会管理,从根本上维护社会和谐稳定。法治是推进政治文明和社会进步的基本要求和重要保障,全面落实依法治国的基本方略,加快法治国家建设水平,需要遵循法治原则,弘扬法治精神。

结　　语

中华文明是以礼为核心、为精华、为特色的文明，中国传统社会的一切基本特征，都能从不同角度体现出与礼的不同程度的关联，都可以从礼中找到理论基础和客观依据。先秦儒家以礼为教，在阐述和论证礼教的意义、内容、实践途径的同时，切实担当起了维护礼和实现礼的政治使命，奠定了中国古代传统文化的结构体系和基本走向。今天，当我们反观先秦儒家礼教思想之时，不能只满足于领略它对以往人们生活的影响和表现，更应该让其中富含的内在精神和价值意蕴鲜活起来。

一　先秦儒家礼教思想是植根于中国古代传统社会的"大成"智慧

先秦儒家礼教思想是深深植根于中国古代传统社会的"大成"智慧，在其形成之初乃至于经孔子、孟子、荀子遗传承继发展至今，在几千年文明发展和人们伦理关系的道德践履中历久弥新，彰显于世，并在其自身不断革新、损益的过程中，逐渐发展成为成熟完备的教育理论体系。这一教育理论体系：

以伦理道德为核心。先秦儒家礼教思想是一个内容丰富、涵盖广阔的文化体系，它以伦理道德为核心价值。礼教在修身正己、个人道德不断提升的前提下，以礼教伦，以礼安伦，致力于淳朴和深厚包括君臣、父子、兄弟、夫妇、朋友之间的社会伦理关系，进而达到凝聚人心、积聚力量，促进社会秩序和国家治理安定有序、和谐共生。伦理道德的社会化最终必然推动社会道德的伦理化，一个以伦理道德为核心并向全社会辐射的价值体系必将促进这个社会不断地趋于成熟和完善。

以社会国家为本位。先秦儒家礼教思想将个人、家庭、社会、国家有机地联系和结合在一起，形成了个体与集体、局部与整体、小局与大局的相互依存关系。与个体（或家庭）、局部、小局的定位相比，集体、整体和体现大局的社会和国家是本位，具有优先性。或者说，与权利道德相比，儒家礼教更关注和侧重义务，体现的是义务道德。礼教思想以社会国家为本位，虽然有压抑个人本位之嫌，但个体与个体赖以生存的社会和国家相比，无论怎样都不应该置于社会和国家之上。否则，当社会和国家权益得不到保障之时，个体的权益又何以安在。当然，现代社会在维护社会国家本位的同时，应该给予关注的则是个体的存在和主体精神的尊重。

以民本主义为依据。以民为本、民为邦本是中国古代传统社会各个历史时期一以贯之、占有主导地位的政治治理理念。从周公的"保民"主张，到孔子"惠民""安百姓"思想，再到孟子对"民贵君轻"的提倡，都体现了先秦儒家礼教重民意、保民利、促民生的民本主义传统。虽然这种政治理念的提出最初是以维护君权、为统治阶段服务为前提，但在一定程度上，对于君权的限制与制约发挥着积极的作用。同时，对于"民可载舟，亦可覆舟"的思想认识，从客观上促进了从思想到制度上的古代民主建设，也必将为现代民主建设提供理论基因和实践借鉴。

以完美人格为理想。先秦儒家礼教将人格的形成看作是人之为人的基本标志，强调每个个体都应该把自身的道德完美作为人生的最高理想，都应该为达成完美人格而为之付诸终身的努力和实践。"内圣外王"作为先秦儒家所追求的完美的理想人格模式，孔子将其表述为"修己以敬，修己以安人，修己以安百姓"，提出"仁"是人的最高德性，注重个体的内在体验和德性自觉。孟子对此进一步继承和发挥，提出"君子之守，修其身而天下平"的人格理想。《大学》则为实现"内圣外王"铺就了一条通往德性、由近及远的"八条目"递进之路。这是先秦儒家礼教思想以德性润泽个体生命存在之价值，高扬崇高完美人格的具体体现。

以世界大同为归宿。先秦儒家礼教一方面强调"天人合一""天人合德"的理想境界，从而引发出人与自然环境和谐统一，人与社会环境和谐统一的思维观念；另一方面强调"仁者爱人""泛爱众""近者悦，远者来""四海之内皆兄弟"的博大胸怀，从而引发、升华为人道主义、世界精神和人类精神的思维情怀，其宗旨在于追求和构建"天下为公""世界大同"的气象和格局。这一气象和格局，是先秦儒家礼教思想自身发展的逻辑推演，它既是儒家一直以来奋力追求的社会理想，也是现代社会人类正在憧憬向往的终极归宿。

二 先秦儒家礼教思想得到中国传统社会各个历史时期的检验和认可

先秦儒家礼教思想在其自身不断的因革、损益的过程中，逐渐具备了"与时偕极"、与时俱新的品格和特征，使其始终能够与社会结成一种"互动"关系，在面对社会出现的新问题时，历代儒家总能不断地调整与创新，从而为中国古代传统社会各个历史时期的统治者解决社会问题提供了有益参照，切实担负起了人性教化和国家与社会治理的历史使命，对维护中国古代社会的稳定与发展作出了有益的贡献。

先秦儒家礼教思想在西周时期即已得到初步的检验和认可。周公制礼作乐，强调敬德保民。这里的"德"既指个人德行，体现为个体对礼的尊重与遵循；也指政治德政，体现为上与天命相应得天之佑，下修保民慎罚之政得人之和。通过礼乐教化实施统治的意义在于，不但匡正了周室，纯化了民俗，敦厚了民风，而且繁荣了当时的经济、文化和教育。

面对春秋末期出现的"礼崩乐坏""无道"之世的社会现实，先秦儒家以重建"有耻且格"的社会秩序为己任，积极地汲取前辈圣贤的有益营养，孔子整理"六经"，孔门后学"说之以仁义，观之以礼乐"，为纠正和解决"天下无道"等社会秩序问题，不断地建构和完善礼教思想的理论依据与实践途径。以此为基，孔子在为政期间，将其礼教思想得以实施，并取得了一定的成绩。如，在为职司空期间，出现了"物各得其所生之宜，咸得厥所"的大好局面；在为职鲁国大司寇期间，鲁国出现了和平晏然的景象，正如《孔子家语·相鲁》篇记述的那样："男女行者别其涂，道不拾遗，男尚忠信，女尚贞顺。四方客至于邑，不求有司，皆如归焉。"尽管有传世文献记载，孔子因不为所用而招至陈蔡绝粮、"适郑，与弟子相失"等多次困厄和落魄，但这实为无序世道之所累，而与礼教思想本身并无直接联系。恰恰相反，礼教思想虽然招至僭越礼制的士大夫的抵制，但诸侯国君和新兴的士阶层却给予认同。同时，礼教思想所具有的"绌于上，自行于下"的特点，使其在文化下移的过程中逐渐为社会民众所接受。战国时期，在孟子、荀子等儒者"私淑"孔子，欲以礼重建社会秩序的努力下，礼教思想得以进一步广泛传播。

礼教思想虽然受到秦朝焚书坑儒和颁布《挟书令》的影响，使其在政治思想建设方面受到限制,但在加强王权统一的过程中,依旧发挥着一定的作用。秦始皇为扩大政治影响,在位期间的五次出巡,每到一地均对百官开展教育,均对社会风俗进行整饬,其内容所体现的都是儒家礼教的观念。另外,还通过设置儒家官职来加强对民众的教化实践等。可以说,礼教思想的传承非但没有中断,并且仍在一定范围内发挥着教化作用。

汉初以来,儒家深刻反思秦王朝的覆亡教训,对礼教思想进行理论创新,为统治者提供解决社会现实问题的方略对策,在此过程中礼教思想的政治地位与影响力逐步提升。随后,汉武帝采纳了汉代儒家教化理论的集大成者——董仲舒"罢黜百家,独尊儒术"的建议,并通过对天人关系、纲常伦理、德刑观念等理论的教化实践,确立了儒家思想在意识形态领域的独尊地位。这种以思想统一实现天下一统的政治模式,适应了当时社会发展的要求,得到了民众的普遍认同和自觉践行,有利于政治统一和社会稳定,并成为汉代以后统治者效仿的典范,对中国传统政治社会产生了深远影响。继董仲舒之后的班固、王充等儒家学者顺应时代潮流,继承和发扬儒家礼教思想。班固在《白虎通·三教》中提出了"三教"教化论,将夏、商、周三代的道德教育分别概括为"尚忠""尚敬"和"尚文",主张对社会民众施行以忠、敬、文"三教"为核心的礼的教化,这对于遏制人性之恶,引导民众从善,发挥了重要作用。王充在把人性分为三品的前提下,对以礼为教的必要性和可能性进行了论述,强调礼教对于改造人性、安顿民心以及国家治理的积极作用。

隋唐以来,政治上的统一促使礼教思想再度官学化,为盛世唐朝的全面鼎盛提供了文化形态上的理论支撑。到了北宋,形成了以程朱理学为主体的礼教思想。程颢、程颐、朱熹等思想家以"圣人之道"为教育宗旨,汲取孔、孟等古代礼教的思想精华,积极地发挥儒家礼教的道德调节功能,将儒学改造为理学,创造性地建构了理学礼教思想体系,对"明人伦""穷天理""格物致知"的教化内容和教化方法给予详尽的阐释,为儒家礼教作出了新的哲学论证。这对于应对佛、道两家的挑战,加强政治统治,巩固中央集权,维护社会秩序,乃至于对宋以后至清代的中国古代教育,均产生了直接而深远的影响。

明朝晚期,随着程朱理学的式微,心学面对社会危机的乏力,统治者和思想家所呼唤和期望的仍然是重建儒家精神。清代以来,包括儒家礼教思想在内的中国文化曾与西方文化有益交流,取长补短。然而遗憾的是,由于中国内部的政治变动,却使这种文化交流被迫中断。

　　总之,在历经二千余年的中国传统社会发展过程中,以孔子为代表的先秦儒家礼教思想虽然屡经跌宕,但在面临来自外部的不同挑战之时,总能不断调整,不断变革,其最高统治地位几乎从来不曾动摇。它所提倡的德化人生、德化社会思想,是中华炎黄子孙共同的文化心理基础,它所提倡的和而不同、和美与共思想,为维护中华民族团结和国家统一作出了卓著的贡献。

三　先秦儒家礼教思想为我们提供了具有中国特色社会治理的思想资源

　　"礼义"乃理想信念之基石。《礼记·冠仪》言:"凡人之所以为人者,礼义也。""礼义"关切的是人的理想信念和精神世界,规定着人生的最高价值标准。理想信念和精神世界,于个人,系乎其政治信仰,于民族,系乎其凝聚力和战斗力。理想信念一旦形成,就会成为决定和支配人们活动的持久精神动力。作为一个个体生命,首先以自然生理属性的肉体生命而存在,但更应该始终不懈地追求其内在精神世界,讲求内心诚敬,从而不断地丰盈人之为人的精神生命。先秦儒家历来重视内圣外王之道,修身有成,方为内圣。作为本于天道法则,直指人心,体察人性的先秦儒家礼教思想,在当今社会某种程度上存在的信仰缺失、信念动摇、精神空虚、人性扭曲的种种弊病面前,确应担负起筑牢理想信念、引领精神世界的责任,不断强化个体的精神自觉和文化自觉,增强个体对自身道德水准与社会道德要求之间差距的体认,建构个体道德修养的内在心理机制,从而形成全体民众和民族整体上的文化认同和伦理共识。

　　"礼仪"乃行为规范之准则。"礼义"是内在的修身之道,"礼仪"则是外在的践履之途。"礼仪"使得"礼"这一价值观融入社会生活,成为具体而非抽象、易操作而非难驾驭的行为规制,让人们在生活实践中去感知、去体悟,使人们对"礼"的遵守有了明确的方向。先秦儒家"礼仪三百,威仪三千",繁荣的礼仪文化涉及全部人生领域,贯穿落实于生活的每个细节,大到国家典章制度、重大礼节仪式,小到日常洒扫应对、具体行为规范,无时不有,无处不在,事无巨细,尽管有烦冗之嫌,但人们葆有对传统的敬畏与尊重,自觉地遵照社会伦理道德要求和社会主导价值取向，不断地调整和完善自己的道德行为，从而维系着古代社会正常的生活秩序。由此，对于现代社会生活秩序的维系，先秦儒家礼教思想启示我们：除了以"礼义"作用于个体的内在意识层面，引领其精神世界以外，还要以"礼仪"作用于个体的外在规范层面，制约其行为举止，使其能够将内心的诚敬彰著于外，有意识地有所为有所不为，最终通过人们现实的道德行为，张扬中华民族礼仪精神的道德风帆。

"礼俗"乃良风美俗之本源。"礼俗"是"世俗化"了的"礼"或者"礼化"了的"社风民俗"。《礼记·曲礼上》言："君子行礼，不求变俗"，"俗"是人们在长期的生活环境和人际关系中约定俗成，并且能够被人们普遍接受和自觉遵守的生活方式，在现实生活中发挥着先入为主、潜移默化的作用。《礼记·曲礼下》又言："教训正俗，非礼不备"，具有行为规范功能的"礼"极其容易与风俗习惯相互结合、渗透，从而使"礼"凝结为生活中的道德，发挥正风正俗的作用。先秦儒家始终秉持"求治之道，莫先于正风俗"的治理理念，尤其注重以"采风"来考察民风民情民义，适时适宜地通过整饬风俗来实施道德教化和理想政治统治。"俗齐则和，心一则固"，风俗确乃关系国家和民族命运之大事，现代社会如何整合文化，化民成俗，发挥良风美俗在社会秩序建设中"不令而行，不禁而止"的教化功能，是提升国家治理能力的必由之路。

"礼制"与"礼治"乃社会治理之利器。周公制礼作乐，奠定了"礼治"和"礼制"并举建构社会秩序的雏形。之后，以孔子、孟子、荀子为代表的先秦创始儒家从伦理道德角度出发，对其给予理论上的全面梳理，并将其付诸社会实践，将"礼"的外在约束融入民众生活，内化为人们必须遵守的自觉观念，最终发展成为一种有效的、顺乎人情的，实现个人道德和社会公德有机结合，并不断向制度规范转化的社会治理观念。

先秦儒家礼教思想作为人类社会迄今为止创造出的历史悠久的一种教育思想和观念体系，其永恒的生命力在于，它在未来可能的生活方式中，将始终致力于完善人性，服务人类。因为，在任何时代，对于任何民族，优雅的礼仪容貌，适度的礼节风范，包容的礼让精神，淳朴的礼俗民风，和谐的礼秩良序，都是应该保持并发扬光大的，它们在人类社会文明化进程中不可或缺。

主要参考文献

一 典籍、论著

（汉）伏胜撰，郑玄注，陈寿祺辑校：《尚书大传》，商务印书馆1937年版。

（汉）刘向编集，贺伟、侯仰军点校：《战国策》，齐鲁书社2005年版。

（汉）司马迁：《史记》，中华书局1982年版。

（汉）许慎撰，（清）段玉裁注：《说文解字》，上海古籍出版社1988年版。

（汉）郑玄注，孔颖达正义，吕友仁整理：《礼记正义》，上海古籍出版社2008年版。

（宋）程颢、程颐：《二程集》，中华书局1981年版。

（宋）朱熹：《四书章句集注》，中华书局1983年版。

（明）王守仁：《王阳明全集》，上海古籍出版社1992年版。

（清）顾炎武：《日知录集释》，岳麓书社1994年版。

（清）胡培翚撰，段熙仲点校：《仪礼正义》，江苏古籍出版社1993年版。

（清）黄以周撰，王文锦点校：《礼书通故》，中华书局2007年版。

（清）刘宝楠：《论语正义》，中华书局1990年版。

（清）阮元校刻：《十三经注疏·孟子注疏》，中华书局1980年版。

（清）孙希旦撰，沈啸寰、王星贤点校：《礼记集解》，中华书局1989年版。

（清）孙诒让撰，王文锦点校：《周礼正义》，中华书局1987年版。

（清）王夫之：《周易外传》，中华书局1977年版。

（清）王国维：《观堂集林》，中华书局1999年版。

主要参考文献

（清）王国维：《王国维文集》，北京燕山出版社1997年版。

（清）王聘珍撰，王文锦点校：《大戴礼记解诂》，中华书局1983年版。

蔡尚思：《中国礼教思想史》，上海古籍出版社2006年版。

曹德本：《中国政治思想史》，高等教育出版社2004年版。

常金仓：《周代礼俗研究》，黑龙江人民出版社2005年版。

陈来：《古代宗教与伦理——儒家思想的根源》，生活·读书·新知三联书店1996年版。

陈其泰等：《二十世纪中国礼学研究论集》，学苑出版社1998年版。

陈戍国：《先秦礼制研究》，湖南教育出版社1991年版。

陈戍国：《中国礼制史》（先秦卷），湖南教育出版社2002年版。

陈戍国点校：《周礼·仪礼·礼记》，岳麓书社1989年版。

程树德：《论语集释》，中华书局1990年版。

邓尔麟：《钱穆与七房桥世界》，社会科学文献出版社1995年版。

杜维明：《儒学第三期发展的前景问题》，台湾联经出版事业公司1989年版。

段熙仲：《礼经十论》，载《文史》第一辑，中华书局1962年版。

费孝通：《江村经济》，上海人民出版社2006年版。

冯友兰：《中国哲学史新编》，人民出版社2001年版。

高春花：《荀子礼学思想及其现代价值》，人民出版社2004年版。

葛兆光：《中国思想史》，复旦大学出版社1997年版。

龚建平：《意义的生成与实现——〈礼记〉哲学思想》，商务印书馆2005年版。

勾承益：《先秦礼学》，巴蜀书社2002年版。

辜鸿铭：《中国人的精神》，海南出版社1996年版。

郭齐勇：《"四书学"的过去与未来——序新版〈四书章句集注〉》，岳麓书社2008年版。

郭齐勇：《儒家文化研究》（礼学研究专号），生活·读书·新知三联书店2010年版。

韩钟文：《先秦儒家教育哲学思想研究》，齐鲁书社2003年版。

黄侃：《黄侃论学杂著》，上海古籍出版社1980年版。

黄钊：《儒家德育学说论纲》，武汉大学出版社2006年版。

纪宝成：《中国古代治国要论》，中国人民大学出版社 2004 年版。

蒋庆：《政治儒学——当代儒学的转向、特质与发展》，生活·读书·新知三联书店 2003 年版。

金景芳：《知止老人论学》，东北师范大学出版社 1998 年版。

金耀基：《从传统到现代》，中国人民大学出版社 1999 年版。

李安宅：《〈仪礼〉与〈礼记〉之社会学的研究》，上海人民出版社 2005 年版。

李春青：《先秦文艺思想史》（上册），北京师范大学出版社 2012 年版。

李泽厚：《论语今读》，安徽文艺出版社 1998 年版。

李泽厚：《由巫到礼 释礼归仁》，生活·读书·新知三联书店 2015 年版。

李泽厚：《中国古代思想史论》，人民出版社 1985 年版。

梁家荣：《仁礼之辨——孔子之道的再释与重估》，北京大学出版社 2010 年版。

梁启超：《先秦政治思想史》，中华书局 1936 年版。

梁漱溟：《中国文化要义》，北京师范大学出版社 1992 年版。

凌廷堪：《校礼堂集》，中华书局 1998 年版。

刘丰：《先秦礼学思想与社会的整合》，中国人民大学出版社 2003 年版。

刘师培：《古政原始论》，江苏古籍出版社 1997 年版。

刘泽华：《先秦礼论初探》（中国文化研究集刊），复旦大学出版社 1987 年版。

刘泽华：《中国传统政治哲学与社会整合》，中国社会科学出版社 2000 年版。

刘泽华：《中国政治思想史集》（第一卷），人民出版社 2008 年版。

柳诒徵：《中国文化史》，中国大百科全书出版社 1988 年版。

鲁洁、王逢贤：《德育新论》，江苏出版社 2000 年版。

陆建华：《先秦诸子礼学研究》，人民出版社 2008 年版。

陆建华：《荀子礼学研究》，安徽大学出版社 2004 年版。

罗国杰：《中国伦理思想史》（上卷），中国人民大学出版社 2007 年版。

吕思勉：《先秦学术概论》，中国大百科全书出版社 1985 年版。

吕文郁师：《周代的采邑制度》，社会科学文献出版社 2006 年版。

马小红：《礼与法：法的历史连接》，北京大学出版社 2004 年版。

毛礼锐、邵鹤亭：《孔子教育思想论文选》（1949—1980），北京人民教育出版社 1981 年版。

南怀瑾：《论语别裁》，复旦大学出版社 2012 年版。

彭林：《〈周礼〉主体思想与成书年代研究》，中国社会科学出版社 1991 年版。

彭林：《儒家礼乐文明讲演录》，广西师范大学出版社 2008 年版。

彭林：《仪礼译注》，中华书局 2012 年版。

彭林：《中国古代礼仪文明》，中华书局 2004 年版。

彭林：《中华传统礼仪概要》，高等教育出版社 2006 年版。

钱穆：《国学概论》，商务印书馆 1997 年版。

钱穆：《论语新解》，生活·读书·新知三联书店 2002 年版。

钱穆：《中国学术思想史论丛》（卷一），安徽教育出版社 2004 年版。

钱玄、钱兴奇：《三礼辞典》（自序），江苏古籍出版社 1998 年版。

钱玄：《三礼通论》，南京师大出版社 1996 年版。

瞿同祖：《中国法律与中国社会》，中华书局 1981 年版。

沈文倬：《宗周礼乐文明考论》，杭州大学出版社 1999 年版。

司马云杰：《礼教文明——中国礼教的现代性》，华夏出版社 2015 年版。

孙培青：《中国教育史》，华东师范大学出版社 1992 年版。

孙正聿：《孙正聿讲演录》，长春出版社 2011 年版。

孙中山：《孙中山选集》（下卷），人民出版社 1981 年版。

汤恩佳：《孔子论集》，文津出版社 1996 年版。

唐君毅：《中国哲学原论——原道篇》，中国社会科学出版社 2006 年版。

唐凯麟、张怀承：《成人与成圣——儒家伦理道德精粹》，湖南大学出版社 1999 年版。

陶行知：《陶行知教育论著选》，人民教育出版社 1991 年版。

王炳照、阎国华：《中国教育思想通史》（第一卷），湖南教育出版社 1994 年版。

王锷：《〈礼记〉成书考》，中华书局 2007 年版。

王锷：《三礼论著研究提要》，甘肃教育出版社 2001 年版。

王凌皓：《中国教育史论》，吉林人民出版社 2000 年版。

王梦鸥：《礼记月令校读后记》，载李曰刚等《三礼论文集》，黎明文化事业股份有限公司 1982 年版。

王启发：《礼学思想体系探源》，中州古籍出版社 2005 年版。

王世舜、王翠叶译注：《尚书》，中华书局 2012 年版。

王文锦译解：《礼记译解》，中华书局 2001 年版。

王先谦撰：《荀子集解》，中华书局 1988 年版。

王秀梅注：《诗经》，中华书局 2016 年版。

熊十力：《读经示要》，南方印书馆 1945 年版。

徐复观：《徐复观文集》（第三卷），湖北人民出版社 2002 年版。

徐复观：《中国人性论史》（先秦篇），商务印书馆 1969 年版。

徐复观：《中国思想史论集》（续篇），上海书店出版社 2004 年版。

徐复观：《中国政治思想与政治制度论集》，中华文化出版事业委员会 1945 年版。

徐扬杰：《中国家族制度史》，人民出版社 1992 年版。

杨伯峻：《春秋左传注》，中华书局 1980 年版。

杨伯峻：《论语译注》，中华书局 1980 年版。

杨伯峻：《孟子译注》，中华书局 1960 年版。

杨朝明：《周公事迹研究》，中州古籍出版社 2002 年版。

杨华：《先秦礼乐文化》，湖北教育出版社 1997 年版。

杨宽：《古史新探》，中华书局 1965 年版。

杨宽：《西周史》，上海人民出版社 1999 年版。

杨天才、张善文注：《周易》，中华书局 2011 年版。

杨向奎：《宗周社会与礼乐文明》，人民出版社 1997 年版。

杨志刚：《中国礼仪制度研究》，华东师范大学出版社 2001 年版。

余秋雨：《君子之道》，北京联合出版公司 2014 年版。

俞启定：《先秦两汉儒家教育》，齐鲁书社 1987 年版。

岳庆平：《中国的家与国》，吉林文史出版社 1990 年版。

战学成：《五礼制度与〈诗经〉时代的社会生活》，中国社会科学出版社 2013 年版。

张斌贤:《教育是历史的存在》,安徽教育出版社 2007 年版。

张创新:《中国政治制度史》,清华大学出版社 2005 年版。

张岱年:《中国哲学大纲》,中国社会科学出版社 1982 年版。

张焕君:《制礼作乐——先秦儒家礼学的形成与特征》,中国社会科学出版社 2010 年版。

张世欣:《中国古代思想道德教育史》,浙江大学出版社 2010 年版。

张寿安:《十八世纪礼学考证的思想活力——礼教论争与礼秩重省》,北京大学出版社 2005 年版。

张双棣撰:《淮南子校释》,北京大学出版社 1987 年版。

张文显:《马克思主义法理学》,高等教育出版社 2003 年版。

张自慧:《礼文化的价值与反思》,学林出版社 2008 年版。

邹昌林:《中国礼文化》,社会科学文献出版社 2000 年版。

[美] 狄百瑞:《儒家的困境》,北京大学出版社 2009 年版。

[美] 威廉·J. 古德:《家庭》,社会科学文献出版社 1986 年版。

[法] 孟德斯鸠:《论法的精神》,商务印书馆 1959 年版。

[英] 马林诺夫斯基:《巫术、科学、宗教与神话》,中国民间文艺出版社 1986 年版。

二 期刊论文

陈赟:《王船山对〈礼运〉大同与小康的理解》,《船山学刊》2015 年第 4 期。

陈来:《"儒"的自我理解——荀子说儒的意义》,《北京大学学报》(哲学社会科学版) 2007 年第 5 期。

陈杰思:《人文礼教与封建礼教》,《孔学研究》2009 年第 1 期。

陈宗章、尉天骄:《"教化":一个需要澄清的概念》,《河海大学学报》(哲学社会科学版) 2011 年第 12 期。

蔡尚思:《孔子的礼学体系》,《孔子研究》1989 年第 3 期。

蔡尚思:《中国礼教思想之我见》,《学术界》2008 年第 4 期。

丁鼎:《"礼"与中国传统文化范式》,《齐鲁学刊》2007 年第 4 期。

付林鹏:《论乐的性质及其义理化进程》,《孔子研究》2011 年第 6 期。

高小强:《论孔子与礼教——重建华夏共同的伦理政治基础何以可

能》,《西南民族大学学报》(人文社会科学版) 2013 年第 11 期。

韩星:《礼教的社会功用与现代复兴》,《北京行政学院学报》2015 年第 6 期。

黄玉顺:《绝地天通——天地人神的原始本真关系的蜕变》,《哲学动态》2005 年第 5 期。

黄巩:《五经一贯于礼讲义》,《船山学刊》1935 年第 7 期。

姜殿坤、王凌皓:《孔子原创性美育思想理论及实践探析》,《社会科学战线》2011 年第 3 期。

金景芳:《谈礼》,《历史研究》1996 年第 6 期。

江净帆:《论传统礼教的工具性与虚伪性——兼论当前礼仪教育的价值取向》,《道德与文明》2011 年第 2 期。

惠吉兴:《近年礼学研究综述》,《河北学刊》2000 年第 2 期。

李建:《论孔孟的教化思想及其意义》,《齐鲁学刊》2006 年第 4 期。

李开:《中国礼学文化的嬗变》,《江苏社会科学》2012 年第 3 期。

李丽丽、王凌皓:《传统儒家孝悌之道的现实观照》,《学术交流》2010 年第 6 期。

李丽丽、王凌皓:《教育视阈下先秦创始儒家的天道观》,《社会科学战线》2010 年第 5 期。

李丽丽、王凌皓:《先秦儒家人学思想探析:以教育为视角研究》,《教育研究》2009 年第 11 期。

李叔华:《试论孔子对传统礼乐文化的贡献》,《孔子研究》1994 年第 4 期。

疗德清:《先秦秦汉之际礼制的演变与封建礼教思想的形成》,《辽宁大学学报》(哲学社会科学版) 1979 年第 6 期。

刘冠生:《荀子的礼治思想》,《管子学刊》2002 年第 2 期。

刘家和:《先秦儒家仁礼学说新探》,《孔子研究》1990 年第 1 期。

刘志琴:《礼——中国文化传统模式探析》,《天津社会科学》1987 年第 6 期。

刘作翔:《转型时期的中国社会秩序结构及其模式选择》,《法学评论》1998 年第 5 期。

刘辉:《儒家理想人格略论》,《社会科学战线》2005 年第 4 期。

刘泽华:《王、圣相对二分与合而为一——中国传统社会与思想特点的考察之一》,《天津社会科学》1998 年第 5 期。

林金水:《儒教不是宗教——试论利玛窦对儒教的看法》,《福建师大学报》1983 年第 3 期。

黎红雷:《礼道·礼教·礼治——荀子哲学建构新探》,《现代哲学》2004 年第 4 期。

麻国庆:《类别中的关系:家族化的公民社会的基础——从人类学看儒学与家族社会的互动》,《文史哲》2008 年第 4 期。

彭继红:《德育价值新论》,《湖南师范大学社会科学学报》1992 年第 3 期。

沈锦发:《先秦儒家"圣王原理"探析——兼论先秦儒家政治与道德的关系》,《南昌大学学报》(人文社会科学版) 2010 年第 3 期。

沈毅:《"家""国"关联的历史社会学分析——兼论"差序格局"的宏观建构》,《社会学研究》2008 年第 6 期。

任剑涛:《道德与中国传统政治的合法性》,《华中师范大学学报》(人文社会科学版) 2005 年第 1 期。

商国君:《先秦礼学的历史轨迹》,《天津师大学报》1994 年第 4 期。

宋宁娜:《〈三礼〉中的教育思想》,《南通大学学报》(教育科学版) 2005 年第 1 期。

司马云杰:《礼教与宗教》,《文化学刊》2012 年第 5 期。

唐凯麟、邓志伟:《先秦礼文化凸显的道德生活》,《伦理学研究》2007 年第 6 期。

汤一介:《论儒学的复兴》,《新华文摘》2010 年第 1 期。

王晶:《"礼治秩序"建构视阈下的先秦儒家礼教思想价值》,《安徽师范大学学报》(人文社会科学版) 2015 年第 5 期。

王凌皓:《论中国传统儒家道德教育理念的基本特质》,《教育史研究》2003 年第 2 期。

王凌皓、高英彤:《孔子广义美育思想理论探究》,《复印报刊资料》(美学) 2008 年第 8 期。

王凌皓、李术红:《先秦原创性教育思想研究》,《河北师范大学学报》(教育科学版) 2006 年第 3 期。

王凌皓、王晶:《先秦儒家礼教思想的历史定位及现代镜鉴》,《社会科学战线》2015 年第 4 期。

王凌皓、杨冰：《先秦原创性教育思想的创生机制探析》，《东北师大学报》2012年第5期。

王启发：《〈礼记〉的礼治主义思想》，《孔子研究》1990年第1期。

王文东：《善的追寻：先秦儒家礼论之比较》，《上海师范大学学报》（社会科学版）2001年第11期。

王兴周：《重建社会秩序的先秦思想》，《社会》2006年第5期。

王杰为：《为政以德：孔子的德治主义治国模式》，《中共中央党校学报》2004年第2期。

魏衍华：《原始儒学：早期中国的大成智慧——孔子思想与先秦社会互动研究》，《曲阜师范大学》2010年第10期。

徐迎花：《先秦礼学核心思想探微》，《牡丹江师范学院学报》（哲学社会科学版）2002年第4期。

杨冰、王凌皓：《论春秋战国之际的学术原创精神：以教育学说原创为视角》，《东北师大学报》2010年第2期。

杨志刚：《中国礼学史发凡》，《复旦学报》1995年第6期。

喻博文：《论〈周易〉的中道思想》，《孔子研究》1989年第4期。

曾长秋：《礼教：中国传统德育的重要内容和有效载体》，《中国德育》2011年第2期。

詹子庆：《先秦礼学研究刍议》，《社会科学战线》2009年第5期。

张秉楠：《礼—仁—中庸—孔子思想的演进》，《中国社会科学》1990年第4期。

张曙光：《"天下为公"：在理想与现实之间》，《北京师范大学学报》（社会科学版）2016年第2期。

张圣洋：《荀子王道观念的内在逻辑》，《大众文艺》（学术版）2013年第11期。

张自慧：《先秦"礼教"再认识》，《山西师大学报》2006年第1期。

张自慧：《礼文化的人文精神与价值研究》，《山西师大学报》（社会科学版）2006年第1期。

周启荣：《儒家礼教思潮的兴起与清代考证学》，《南京师大学报》（社会科学版）2011年第3期。

朱志峰、杨冰：《论先秦儒家传统价值观的现代价值——以教育为视角》，《西北师大学报》（社会科学版）2011年第4期。

邹昌林：《试论儒家礼教思想的人文价值》，《湖南大学学报》1996年第4期。

诸凤娟：《古代民本思想的当代价值探析》，《北京大学学报》（哲学社会科学版）2012年第1期。

［韩］张静互：《从荀子礼论看"礼教"的三个层次——试论"执礼"、"知礼"和"行礼"的教育内涵》，《孔子研究》2001年第1期。

［韩］张静互：《儒家礼教论——论"仁"、"人性"、"文"和"礼"的关系》，《湖南大学学报》（社会科学版）2003年第2期。

三　学位论文

白华：《儒家礼学价值观研究》，郑州大学2004年。

郭胜团：《先秦儒家礼治思想研究》，吉林大学2015年。

韩云忠：《先秦儒家礼乐文化的德育价值研究》，山东师范大学2015年。

李桂民：《荀子思想与战国时期的礼学思潮》，西北大学2006年。

李丽丽：《先秦儒家和谐教育思想研究》，东北师范大学2010年。

吕红平：《先秦儒家家庭伦理及其当代价值》，河北大学2010年。

皮伟兵：《先秦儒家"和"政治伦理思想研究》，湖南师范大学2006年。

齐丹丹：《〈周礼〉所见学校外教育专题研究》，吉林大学2014年。

乔安水：《荀子礼论研究》，华东师范大学2004年。

武宇嫦：《礼与俗的演绎——民俗学视野下的〈礼记〉》，北京师范大学2007年。

王美凤：《先秦儒家伦理思想研究》，西北大学2001年。

王纪波：《〈礼记〉与儒学意识形态的建构研究》，湖南师范大学2013年。

薛晓萍：《先秦儒家道德价值思想及其现代启示研究》，河北师范大学2010年。

邢丽芳：《先秦儒家教化及其有效性研究》，南开大学2004年。

杨冰：《回眸与超越——先秦时期原创性教育思想研究》，东北师范大学2010年。

张自慧：《礼文化的人文精神与价值研究》，郑州大学2006年。

四 报刊

包心鉴：《凝聚全党全社会价值共识的重要纲领（3）——学习〈关于培育和践行社会主义核心价值观的意见〉》，《光明日报》2014年2月24日。

姜义华：《礼治与德治、法治的内在联系》，《北京日报》2014年10月20日。

彭林：《守望中华礼仪之邦》，《光明日报》2006年7月13日。

彭林：《礼乐之间：一个久违的思想空间——清华大学彭林教授接受访谈语录》，《光明日报》2011年5月9日。

庞朴：《中国文化的人文主义精神》，《光明日报》1986年1月6日。

汤勤福：《中华礼制变迁的现代启示》，《人民日报》2016年3月25日。

叶小文：《激活中华传统文化的精神基因》，《中国青年报》2014年3月17日。

后　　记

　　随着指尖戛然而止的敲击声，思绪翻滚，一颗澎湃涤荡的心，竟一时无处安放。流年似水，又是一年夏花烂漫时，却怎么也盛不下那些睿智的指引、殷切的期盼、温馨的祝愿……光阴浸染的情怀终将成为停留在记忆深处的约定。

　　研学几载，铺展了生命至今最美的风景，芬芳着年华，明媚着岁月，虽过往无法一一历数，却亦常因如此沐浴恩泽、恣意成长而生发惴惴之情。故以此记为念，于斯人、斯事，俱在心头、凝聚笔端，须臾不敢忘怀。

　　几年前恩师的办公室里，王凌皓教授第一次提到先秦儒家礼教思想的选题意向。"知之者不如好之者，好之者不如乐之者"，从那一刻起，我灵感萌生，点燃了对孔孟荀儒家礼教文化研究孜孜以求的热切渴望。抚今追昔，鉴往知来，身处中华文明复兴的伟大时代，一方面安享现代文明所带来的便捷和舒适，一方面涵养传统文化所润泽的性情和志趣，使我总希望自己的课题研究能深入这博大精深的儒学文化，去探访先哲的足迹，撷取智识精华，用以启迪今人之叩问——以儒家文化为借鉴的礼教思想，在当今社会经济、文化高速碰撞融合的大背景下，如何传承、恢弘五千年中华文化文明复兴的文化诉求。于是所思所想所感所悟，便日日向这个方向寻觅。

　　以此缘起，从选题初定到框架成型，从脉络梳理到路径选择，从方法举要到治学态度，那些开启我思维瓶颈的独到精想，那些教导我严谨治学的循循善诱，那些给予我中肯建议的平和睿智，师生间那一望之际的千言万语仍然点滴在心。孟子曰："君子之所以教者五：有如时雨化之者，有成德者，有达财者，有答问者，有私淑艾者。此五者，君子之所以教也。"不论成德者、达财者、答问者还是私淑艾者，教之首要在于，恩师"有如时雨化之者"，给予我术业的督导提点，鼓舞我求知的执著探求，启发我处世的谦贤洞然，奠基我人生的自在通达。此时，我便是那年轻的蒙童，师之道，师之尊，师之爱，师之恩，无不令人感念至深。

如今稿成，点墨之间，个中情谊弥厚弥深……

深深感谢我的恩师们，给我诸多点拨教化和真知灼见。其景融融，使我上下求索，痴心不改；深深感谢我的同门，给我诸多肺腑之言和中肯之鉴。相切相磋，使我策马扬鞭，精进不懈；深深感谢我的友人，给我诸多深情关怀和殷切期许。其情历历，使我踏实前行，日益笃定；深深感谢我的家人，给我诸多包容理解和支撑依赖。相与相洽，使我舒阔愉悦，丰盈完整。

春去秋来，花开花谢，人情世味中万顷清澈的，惟有那带给我源源不尽的精神指引和内心力量的恩泽，犹如一颗没有年轮的树，扎进我的生命，萦人心胸，永不老去。

我的前辈，我的师友，我的至亲，一切安好！

王 晶
2021 年 6 月